TRENTINO-ALTO ADIGE
TRENTO
FRIULI-VENEZIA GIULIA
TRIESTE
AOSTA
VALLE d'AOSTA
LOMBARDIA
MILANO
VENEZIA
VENETO
PIEMONTE
TORINO
Italia settentrionale
EMILIA-ROMAGNA
BOLOGNA
LIGURIA
GENOVA
MAR LIGURE
FIRENZE
TOSCANA
MARCHE
ANCONA
MAR ADRIATICO
PERUGIA
UMBRIA
L'AQUILA
Italia centrale
ROMA
LAZIO
ABRUZZO
MOLISE
CAMPOBASSO
PUGLIA
BARI
CAMPANIA
NAPOLI
POTENZA
BASILICATA
MAR TIRRENO
SARDEGNA
CAGLIARI
Italia meridionale e insulare
CALABRIA
CATANZARO
MAR IONIO
PALERMO
SICILIA
MAR MEDITERRANEO

Appunto 3

Schülerband

C.C. Buchner

Appunto

Unterrichtswerk für Italienisch
Herausgegeben von Andreas Jäger und Karma Mörl

Appunto 3

Erarbeitet von Michaela Banzhaf, Verena Bernhofer, Alessandra Bianchi, M. Cristina Fronterotta, Luciana Gandolfi, Ursula Hoffmann, Andreas Jäger, Isabella Maurer, Karma Mörl und Anneliese Pohl

Bildnachweis: Archiv für Kunst und Geschichte, Berlin - S. 8, 101, 102, 103, 104 (2), 112; Associazione Creativisinasce, Salerno - S. 47 (5); Atlantide Phototravel, Firenze - S. 112; Verena Bernhofer, München - S. 55, 62 (2); Biblioteca Apostolica Vaticana, Rom - S. 115; Czartoryski Muzeum / Muzeum Narodowe, Krakau - S: 116; Der Spiegel, Hamburg - S. 88; Andrea Dever, Bamberg - S. 20, 21; Die Zeit der Staufer, S. XVI, Württembergisches Landesmuseum, Stuttgart - S. 102; dpa Picture-Alliance, Frankfurt - S. 8 (2), 9 (4), 37, 40, 53, 54 (3), 55 (3), 83, 101 (2), 104, 132 (2), 155; FC Bayern München - S. 14; S. Fischer-Fabian, Die Deutschen Cäsaren, Droemer-Knaur, S. 254/255, 259 - S. 102, 104; FOCUS, Nr. 151, Mai 2005, S. 37 (2), 38 - S, 32, 33; Cristina Fronterotta, Münster - S. 62; Luciana Gandolfi, München - S. 62, 95; Interfoto, München - S. 8; Keystone Pressedienst, Hamburg - S. 9; Matthias Lederle, Nürnberg - S. 77, 82; Leonardo da Vinci, Verlag Giunti, Firenze - S. 113 (2), 114(5), 115; Stefan Malzkorn, Hamburg - S. 8; Isabella Maurer, Bad Krozingen - S. 104; Caroline Meidenbauer, Bamberg - Einband, S. 7, 31, 51, 122, 123 (3), 124, 129; Musée Carnavalet, Paris - S. 9; Musée National du Louvre, Paris - S. 117; Royal Library, Windsor - S. 115; Sammlung Gesellschaft für ökologische Forschung, München - S. 32 (2); Scala, Antella - S. 103; Superbild, Taufkirchen - S. 82; Ullstein-Bild, Berlin - S. 26; Universitätsbibliothek, Heidelberg - S. 103; www.lynxlab.com - S. 26, 29; www.panorama.it - S. 60

Trotz entsprechender Bemühungen ist es uns nicht in allen Fällen gelungen, den Rechtsinhaber ausfindig zu machen. Gegen Nachweis der Rechte zahlt der Verlag für die Abdruckerlaubnis die gesetzlich geschuldete Vergütung.

Dieses Werk folgt der reformierten Rechtschreibung und Zeichensetzung. Ausnahmen bilden Texte, bei denen künstlerische, philologische oder lizenzrechtliche Gründe einer Änderung entgegenstehen.

1. Auflage 1 5 4 3 2 1 2016 14 12 10 08
Die letzte Zahl bedeutet das Jahr dieses Druckes. Alle Drucke dieser Auflage sind, weil untereinander unverändert, nebeneinander benutzbar.

www.ccbuchner.de

Gestaltung: Artbox Grafik & Satz GmbH, Bremen
Umschlagmotiv: Bagheria, Sizilien
Druck: Creo Druck & Medienservice, Bamberg
Bindearbeiten: Stürtz GmbH, Würzburg

ISBN 978-3-7661-**4983**-1

Liebe Schülerinnen und Schüler, cari appuntisti!

Mit ***Appunto 3*** setzt ihr euren Italienischlehrgang im dritten Lernjahr fort. Mit diesem dritten Band schließt ihr auch die grundlegende Spracherwerbsphase ab und geht über zur Arbeit in der Oberstufe. Zur Einleitung hier noch einige grundlegende Informationen zu eurem Buch:

Appunto 3 umfasst sechs Lektionen: Die ersten fünf Lektionen behandeln Themen, die nicht nur für die Italiener und in Italien, sondern auch über Italien hinaus, in Europa und weltweit von Bedeutung sind. In anderen Worten: Wie wird in Italien mit globalen Phänomenen umgegangen und wie hat Italien das Leben in Europa und in der Welt beeinflusst?

Die Lektion 6 ist als fakultativ zu betrachten. Sie bietet zum Abschluss des Lehrwerks ***Appunto*** eine Auswahl von italienischen Originaltexten unterschiedlicher Sorten, die euch auf die Oberstufenarbeit einstimmen und vorbereiten sollen.

Die Lektionen 1–5 bestehen jeweils aus drei Abschnitten, **A**, **B** und **C**; während die Abschnitte A und B neue Grammatik beinhalten, werden im Abschnitt C landeskundliche Aspekte und literarische Texte präsentiert, ohne dass unbekannte grammatische Phänomene eingeführt werden. Die Bearbeitung der C-Teile ist daher fakultativ.

Jeder Lektion vorgeschaltet ist ein sogenannter ***Ingresso***, der in die Bearbeitung der Lektion einführt. An jeden Textabschnitt schließen sich Übungen (***E*** = *esercizio*) an, ein **G** (= *grammatica*) verweist auf den zugehörigen Paragrafen im Grammatikteil ab S. 149.

Im Unterschied zu den ersten beiden Bänden enthält ***Appunto 3*** statt einer lektionsbegleitenden nun eine systematische Grammatik, die alle wesentlichen grammatischen Phänomene des Italienischen behandelt.

Der neue Grammatikstoff des dritten Bandes ist farblich hervorgehoben.

Erscheinungen, die ihr zwar erkennen und verstehen sollt, aber nicht aktiv anwenden müsst, sind in der Grammatik ebenfalls durch eine farbliche Hinterlegung als ***rezeptiv*** gekennzeichnet: REZEPTIV

In den Lektionen und Übungsteilen begegnen euch außerdem folgende Zeichen, die euch auf bestimmte Arbeitsformen hinweisen:

Achtung Baustelle! Wo Salvatore auftaucht, muss gearbeitet, d. h. meist aus einem vorangegangenen Text eine grammatische Regel ermittelt werden.

Hier handelt es sich um eine Partnerübung.

Hierbei handelt es sich um einen Lesetext.

Hier sollst du nicht wörtlich übersetzen, sondern frei das Wesentliche des Textes einem Gesprächspartner in der jeweils anderen Sprache mitteilen.

Hier seid ihr aufgefordert, über Gesetzmäßigkeiten der italienischen Sprache nachzudenken, Querverbindungen zu anderen Sprachen zu ziehen und euer besonderes Augenmerk auf häufige Fehlerquellen zu richten.

Dieser Text liegt auch als Hörtext auf CD vor. Das Symbol kennzeichnet zudem alle Hörverstehensübungen.

Hier arbeitet ihr am besten in einer Gruppe zusammen.

Diese Aufgabe sollte schriftlich ausgeführt werden.

Nach den Lektionen 1 bis 5 findet ihr jeweils zusätzliche Seiten: **Strategie** und Übungen zur Selbstkontrolle (Autocontrollo). Auf diesen Seiten werden einige besonders wichtige Fähigkeiten vorgestellt, die ihr im Rahmen eures Italienischunterrichts des dritten Lernjahres erwerben sollt, um sie dann im weiteren Verlauf des fremdsprachlichen Unterrichts der Oberstufe zu vertiefen und anzuwenden.

Und nun viel Vergnügen und viel Erfolg bei der Erweiterung und Vertiefung eurer Italien- und Italienischkenntnisse! Forza ragazzi!

Euer ***Appunto***-Team

Inhalt

Lezione 1

Chi sono e chi vorrei essere?

Ingresso

Jovanotti

Umberto Eco

Giuseppe Garibaldi

Gianna Nannini

Ernesto „Che" Guevara

Martin Luther King

Madre Teresa di Calcutta

Mahatma Gandhi

San Francesco d'Assisi

Sergio Castellitto

Maria Montessori

Luca Toni

E 1 **_Chi sono?_**

Dividetevi in 12 gruppi; ogni gruppo si informa su una persona e la presenta in classe.

E 2 **_Quale sarebbe il tuo sogno?_**

Diventare

- uno scrittore famoso/una scrittrice famosa
- un attore famoso/un'attrice famosa
- un calciatore ricco e amato/una calciatrice ricca e amata dal pubblico
- un cantante/una cantante di successo
- una personalità politica
- altro?

Scegliete quale fra queste professioni vi piacerebbe di più e scrivetela su un foglio. Raccogliete i fogli e contateli. Scrivete i risultati in cifre e in percentuale alla lavagna.

A Idoli moderni

T1 I miti e le mete degli studenti italiani

1 *la fiera:* die Messe

3 *il datore di lavoro:* uno che dà un posto di lavoro a qn

5 *il curriculum (vitae):* der Lebenslauf; 6 *lo stand:* der (Messe-)Stand; 8 *il colloquio di lavoro:* das Vorstellungsgespräch

Anche quest'anno, alla Fiera di Roma, ha avuto luogo per tre giorni il "Salone dello studente", opportunità per manager, ingegneri, avvocati e commercialisti di domani per contattare alcuni datori di lavoro. 22 mila giovani hanno partecipato all'evento ed è notevole che tanti di loro abbiano colto l'occasione di presentare i propri curricula ai trenta stand organizzati dalle varie aziende.
Lo scorso anno il 30 % di chi ha partecipato al salone è stato contattato per un colloquio di lavoro.
[...]

Interessanti i risultati di un'indagine condotta tra i partecipanti al Salone, su chi, tra i personaggi storici, sia considerato dai ragazzi un "sognatore". Nel passato i miti degli studenti erano Che Guevara, Carlo Marx o Sigmund Freud, ma ciò non vale più per i giovani di oggi. È una sorpresa notare che tra i miti internazionali oggi sia rimasto solo Martin Luther King, che, fra i sognatori di tutti i tempi, batte San Francesco e Che Guevara.
Per il 32 % dei ragazzi Martin Luther King è al primo posto e supera anche Mahatma Gandhi (23 %) e San Francesco d'Assisi, terzo classificato con il 19 %. Il mito degli anni Sessanta e Settanta, Ernesto Che Guevara, raggiunge solo il 14 %.

Per quanto riguarda il lavoro e la realizzazione personale, il 36 % vorrebbe diventare uno scrittore conosciuto, il 19 % un attore famoso, il 17 % un calciatore ricco e amato dal pubblico, il 15 % un cantante impegnato socialmente e il 13 % un politico.

Alla domanda: "Se avessi una macchina del tempo, in quale epoca vorresti vivere?", i ragazzi preferiscono periodi di forti cambiamenti sociali: il 27 % pensa al 1789, anno della Rivoluzione francese, il 25 % sceglie un anno molto vicino, il 1989, per vivere la caduta del muro di Berlino.

Corriere d'Italia, 1 novembre 2003 (testo adattato)

E 1

Tutto chiaro?
Scegli la risposta giusta:

1. Il Salone dello studente si fa per studenti
a. universitari del primo anno.
b. che fra poco finiranno gli studi.
c. che cercano una camera nella casa dello studente.

2. Hanno visitato il Salone dello studente
a. il 36 % degli studenti.
b. 22 000 studenti.
c. 1 789 studenti.

3. Secondo i giovani di oggi al primo posto fra i sognatori è
a. Che Guevara.
b. Mahatma Gandhi.
c. Martin Luther King.

4. La maggior parte degli studenti vorrebbe diventare:
a. uno scrittore famoso.
b. un manager ricco e di successo.
c. una star.

5. Con una macchina del tempo la maggior parte dei ragazzi vorrebbe vivere
a. in un periodo di ricchezza.
b. ai tempi del "poverello" d'Assisi.
c. in tempi di rivoluzione.

E 2 ***Riassunto del testo***

1. Trova un titolo per ogni paragrafo.
2. Cerca le parole chiave in ogni paragrafo.
3. Scrivi il riassunto del testo.

E 3 ***Ricordi l'indagine dell'ingresso?*** (→ Strategia 1)

Paragona la vostra statistica con quella del Salone dello studente. Che cosa è simile? Che cosa è diverso? Spiega le tue osservazioni.

Modello: Il __% degli studenti della nostra classe/del Salone dello studente vorrebbe ...

E 4 ***Alla ricerca dei nostri idoli***

Ogni gruppo decide chi mettere al posto del punto interrogativo dell'ingresso e dice perché.

ATTENZIONE! LAVORI IN CORSO!

il congiuntivo passato:
È una sorpresa notare che tra i miti internazionali oggi **sia rimasto** solo Martin Luther King ...

Come si forma il congiuntivo passato? **G** → 8.11

E 5 Mettete le forme seguenti al congiuntivo passato.

... che io vada, tu faccia, lui legga, noi siamo, voi capiate, loro dicano, tu prenda, lui venga, lei sappia, io bevva

E 6 Dopo il Salone dello studente

Formate delle frasi con il congiuntivo passato e usate i seguenti verbi:

credere – sperare – chiedersi – aver paura – sembrare

Modello: Ai datori di lavoro sembra che ...

i datori di lavoro

la madre di Silvia

Silvia

Maurizio

organizzatore

E 7 Ti dispiace che il cane ieri non abbia comprato il giornale?

Combinate. Chi trova la frase più assurda?

È ovvio		Chiara	partire presto	l'anno scorso
È meglio		Giuseppe	arrivare tardi	in estate
È utile		il sindaco	vedere la partita in TV	a novembre
È naturale		la bambina	leggere bene i curriculum	due settimane fa
È impossibile		i datori di lavoro	amare i fumetti	ieri
Non importa	che	il professore	comprare il giornale	nel 2007
Mi piace		le studentesse	andare a trovare la nonna	
È peccato		il cantante	sentire l'odore della pizza	
Mi dispiace		la dottoressa	scrivere una lettera	
Bisogna		il cane	finire il lavoro	
Può darsi		il gatto	andare a caccia di topi	

T2 Carolina Pini al Bayern di Monaco

Carolina Pini, 19 anni, è la prima calciatrice italiana a giocare nella Bundesliga. La giovane centrocampista della Nazionale italiana ha deciso il suo trasferimento al Bayern di Monaco dopo essere stata notata nel 2006 da un'allenatrice tedesca a Francoforte durante una partita Germania-Italia.

3 *il/la centrocampista:* der/die Mittelfeldspieler/in;
4 *la nazionale:* die Nationalmannschaft

8 *l'allenatore/ l'allenatrice:* der Trainer/die Trainerin

Carolina, come mai questa scelta di andare all'estero?

Penso che il sogno di ogni ragazza che gioca a calcio sia quello di fare un'esperienza all'estero. Si sa che il campionato italiano femminile non è paragonabile a quello di altri paesi come per esempio gli Stati Uniti, la Germania, la Svezia ... Già all'età di sei anni, avevo sempre quel sogno dentro di me di diventare bravissima e giocare in Nazionale. Mi sono accorta che il mio desiderio sarebbe stato quello di imparare e crescere il più possibile. E so che, per farlo, ho bisogno di confrontarmi con i migliori e la Germania mi sembra il posto ideale; però, non mi sarei immaginata di giocare proprio con il Bayern. Al momento la Germania ha la più forte nazionale del calcio femminile. Ha vinto gli ultimi due Mondiali.

15 *il campionato:* die Meisterschaft

23 *i Mondiali:* die Weltmeisterschaften

Ti senti matura per fare questa esperienza?

È da molto tempo che penso a questa scelta. So che non molte ragazze italiane avrebbero fatto lo stesso. Andare all'estero è la realizzazione di un sogno che portavo con me da molto tempo e nei sogni bisogna credere sempre.

Molte calciatrici italiane vorrebbero andare all'estero. Secondo te, perché?

Il campionato femminile in Italia non offre ciò che invece c'è all'estero. Partiamo dalle società: qui in Italia le squadre femminili si creano da sole e vanno avanti con i propri mezzi. In Inghilterra, Germania, Francia, Spagna e altri paesi le squadre maschili hanno anche le squadre femminili che possono crescere con il loro aiuto. Poi, i metodi di allenamento sono migliori e la mentalità è molto diversa.

www.calciodonne.it 2 luglio 2007 (testo adattato)

E 8 ***La nuova vita di Carolina***

1. Spiega i motivi per cui Carolina è venuta a Monaco.
2. Come vede Carolina il calcio femminile in Italia?
3. Quali sono le sue speranze e i progetti per il futuro?

E 9 ***Carolina pensa a casa***

Hai la scelta:

1. Scrivi la prima lettera di Carolina al suo ragazzo rimasto in Italia.
2. Inventa un dialogo con la mamma al telefono.
3. Scrivi un'e-mail di Carolina al suo ex-allenatore.

INFO

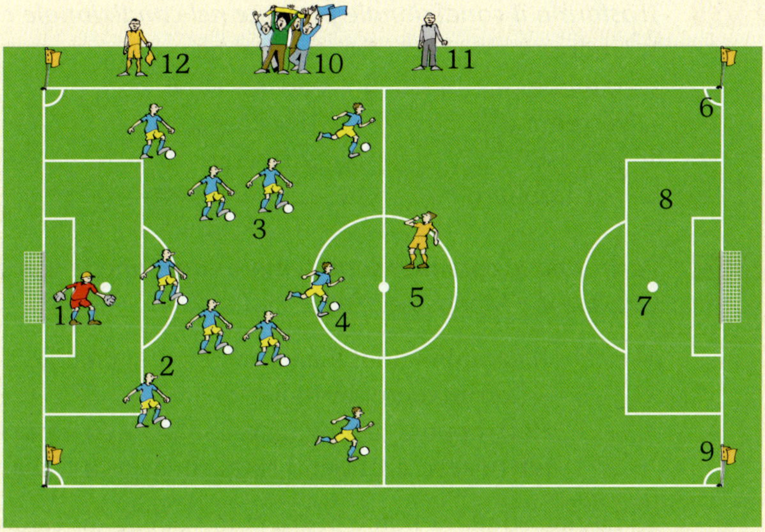

1. il portiere
2. il difensore
3. il centrocampista
4. l'attaccante
5. l'arbitro
6. il calcio d'angolo
7. il dischetto
8. l'area di rigore
9. la linea di fondo campo
10. i tifosi
11. l'allenatore
12. il guardalinee

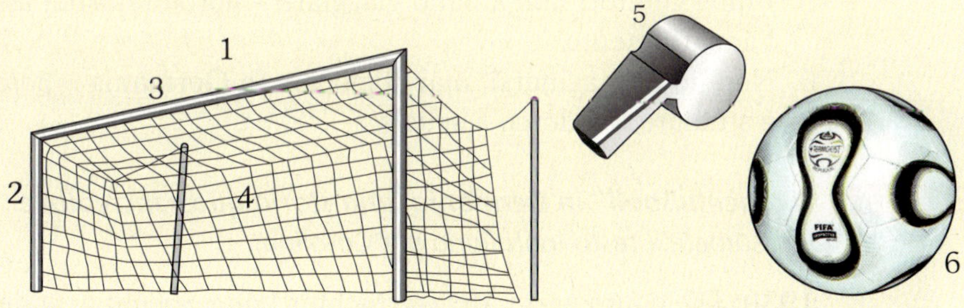

1. la porta
2. il palo
3. la traversa
4. la rete
5. il fischietto
6. il pallone

E 10 ***Il linguaggio del calcio***

Hai comprato la Gazzetta dello Sport e non capisci tutte le parole. Scegline alcune e fattele spiegare dal tuo amico italiano.

Modello: I tifosi? Sono i fan che vanno allo stadio e gridano e cantano.

ATTENZIONE! LAVORI IN CORSO!

Non mi sarei immaginata ...
Non molte ragazze avrebbero fatto lo stesso ...
Come si forma il condizionale composto? G → 8.10

E 11 ***Trasforma il condizionale presente nel condizionale composto***

1. andrei
2. farebbe
3. verremmo
4. potreste
5. partirebbero
6. capirebbe
7. giocherebbe
8. ti accorgeresti
9. scriverei
10. riceverebbero

E 12 ***Purtroppo le cose non sono sempre come uno le vorrebbe***
Carolina è a Monaco e riflette.

Modello: Il campionato italiano non è paragonabile a quello di altri paesi - (io/rimanere) in Italia.
Purtroppo il campionato italiano non è paragonabile a quello di altri paesi, altrimenti sarei rimasta in Italia.

1. La mia squadra non è brava come quelle all'estero - (noi giocatrici/non partire) per gli Stati Uniti, la Germania o la Svezia.
2. Una giocatrice in Italia non ha il futuro sicuro - (io/non prendere) la maturità.
3. La nazionale italiana non ha vinto i Mondiali - (giocatrici di altri paesi/giocare) anche da noi in Italia.
4. La mia amica studia all'università di Roma - (lei/venire) con me.
5. I miei genitori non amano viaggiare - (loro/aiutarmi) a sistemare l'appartamento.
6. Non (io/immaginarsi) mai di giocare in Germania - (io/cominciare) a studiare il tedesco a scuola.

E 13 ***"Frauenfußball" in Germania, una storia quasi incredibile ...***
Riassumete il testo in italiano per Carolina:

1930: Die couragierte Metzgertochter Lotte Specht gründet Deutschlands ersten Damenfußballclub. Die Kickerinnen werden als Mannweiber verlacht. Einige Männer bewerfen sie mit Steinen.

1955: „Fußball ist kein Frauensport, wir werden uns mit dieser Angelegenheit nie ernsthaft beschäftigen", erklärt 1955 der DFB-Präsident. Der DFB[1] lehnt Damenfußball aus ästhetischen Gründen ab und verbietet seinen Vereinen, ihre Spielplätze für Damenfußballspiele zur Verfügung zu stellen.

[1] Deutscher Fußballbund (DFB): *federazione tedesca calcio*

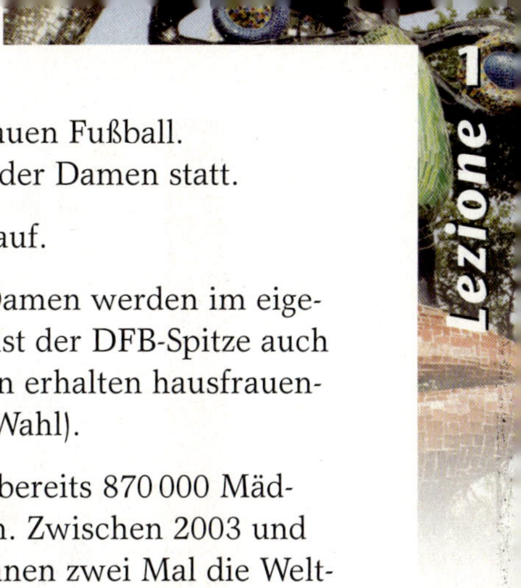

1957: Trotz DFB-Verbot spielen immer mehr Frauen Fußball. 1957 findet das erste Fußball-Länderspiel der Damen statt.

1970: Der DFB hebt sein Damenfußball-Verbot auf.

1989: Der Durchbruch gelingt: Die deutschen Damen werden im eigenen Land Europameisterinnen. Der Titel ist der DFB-Spitze auch eine Prämie wert: Die Europameisterinnen erhalten hausfrauengerecht ein Tafelservice in 1b-Qualität (2.Wahl).

2003–2007: Im Jahr 2005 verzeichnet der DFB bereits 870 000 Mädchen und Frauen unter seinen Mitgliedern. Zwischen 2003 und 2007 gewannen die deutschen Fußballerinnen zwei Mal die Weltmeisterschaft und die Europameisterschaft.

Bundeszentrale für politische Bildung: Geschichte des Frauenfußballs. www.bpb.bund.de (testo adattato)

E 14 ***Il calcio femminile in Italia***

Nel 2007 Elena Donati, capitano del Livorno, ha detto in un'intervista in TV:
"Nessuno ci conosce, ci ha mai viste giocare, ma tutti ci giudicano. Se chiedi a dieci persone se ci conoscono, dieci persone rispondono di no! Ma se alle stesse dieci persone chiedi di dare un'opinione sulle calciatrici la risposta è ... maschiacci. Non è assolutamente così."

www.calciodonne.it & media

Paragona la situazione descritta da Elena Donati con la situazione in Germania.

E 15 ***La vostra opinione: vi piace il calcio femminile?***

„Fußball ist kein Frauensport, wir werden uns mit dieser Angelegenheit nie ernsthaft beschäftigen"
Siete d'accordo?

ATTENZIONE! LAVORI IN CORSO!

Secondo alcuni giornalisti Carolina si sarebbe subito comprata un costume bavarese per la festa della birra.
Che cosa esprime il condizionale composto in questa frase? **G** → 8.10

E 16 ***Carolina a Monaco***

Secondo alcuni giornalisti Carolina
1. andare subito in un ristorante italiano.
2. iscriversi a un corso di tedesco.
3. prendere il sole nel Giardino inglese.
4. imparare alcune parole in dialetto bavarese.

INFO

Abbina i nomi degli sport agli simboli. Se necessario, consulta un dizionario.

il judo
l'ippica (l'equitazione)
il pattinaggio
la pallacanestro
lo sci d'acqua
la pallamano
la maratona
l'atletica leggera
il windsurf
l'immersione
l'alpinismo
la ginnastica
la corsa automobilistica
il calcio
il tennis
il karatè
il motociclismo
la pallavolo
l'hockey (m) su ghiaccio
lo sci di fondo
il golf
lo sci
il surf
il ciclismo
il nuoto

E 17 ***E oltre al calcio c'è …***

Rispondi alle domande seguenti:

1. Quale sport fai?
2. Quale sport ti piacerebbe fare ancora? Spiega perché.
3. Quale sport non ti piace per niente? Spiega perché.
4. Ti piace l'educazione fisica a scuola? Spiega perché sì o perché no.
5. Secondo te, esistono degli sport tipicamente maschili o femminili? Quali sono?

B La vostra posta

T1

"Non mi stimo"

Ho sedici anni e vivo a Bologna. Sono un po' timida, ma cerco di parlare con tutti e di essere estroversa.
A causa della mia timidezza ho pochi amici o forse mi tengo io lontana dalle persone e proprio da quelle più sicure di sé, simpatiche ed estroverse: insomma quelle che hanno carattere. Il problema è che mi sento un po' insicura, non esco mai, forse perché penso di essere inferiore.
Ho chiesto consigli alle mie amiche per migliorare il mio aspetto, ma loro mi hanno detto che non sono brutta: sono normale. Tutti mi dicono che mi vesto in modo un po' troppo serio, ma a me non sembra. Mi metto sempre un maglione con sotto una camicia, jeans e scarpe normalissime. I vestiti, lo so, non sono la cosa più importante di una persona, però dicono molto. Se mi vesto in questo modo, do l'idea di essere una persona seria e poco interessante.
Penso anche di non avere carattere e di non saper discutere. A scuola, ad esempio, non riesco mai a partecipare a un dialogo perché mi sembra di non aver niente da dire.
La mia timidezza è mancanza di autostima, ma cosa posso fare per diventare più sicura di me stessa?

Ciao, Patti

2 *estroverso, -a:* extrovertiert

18 *l'autostima:* das Selbstwertgefühl

T2

"In amore sono proprio una frana"

Ho 17 anni. Mesi fa ho conosciuto una splendida ragazza che frequenta la mia scuola. All'inizio è nata una bella amicizia. Poi, con il trascorrere del tempo, mi sono accorto di essere innamorato di lei. Le ho spedito una lettera anonima piena di sciocchezze. Lei, incontrandomi di nuovo, ha cambiato strada. Ho commesso il secondo errore. Le ho mandato dei fiori per il suo onomastico con la firma "un amico". Ora però sono stanco di questa situazione. Voglio farmi perdonare, ma non so come fare, non trovo le parole adatte. Aiuto, amiche mie.

Andrea

6 *l'onomastico:* der Namenstag

Parliamo prima di Patti (T1): →

Patti

E 1 ***Patti, che tipo è?***

Rispondi alle domande:

1. Riassumi i problemi di Patti.
2. Ai suoi occhi quali sono le ragioni dei suoi problemi?
3. Sei d'accordo con quello che dice Patti? O forse, secondo te, le ragioni sono altre?

E 2 ***Se fossi in te ...***

1. Sei un amico o un'amica di Patti. Durante l'intervallo parlate dei suoi problemi. Che cosa le diresti? Dalle alcuni consigli secondo il modello:
Se fossi in te cercherei di parlare di più con gli altri.

Ecco alcune idee:
vestirsi – cambiare – discutere – invitare – chiedere aiuto – parlare con qualcuno – scrivere un diario – andare in palestra – cantare in un coro – andare al cinema

2. E voi? Che cosa ne pensate?
Secondo voi, che cosa avrebbe già potuto fare per evitare questa situazione?

Modelli: Avrebbe potuto/dovuto fare delle gite con gli amici.
Sarebbe stato meglio essere un po' più aperta.
Avrebbe dovuto vestirsi in modo diverso.

G → 15

Continuate.

E 3 ***Cara Patti***

Patti si rivolge a "Donna Moderna" e riceve la risposta seguente. Completa la lettera con le forme giuste dell'indicativo o del congiuntivo presente o passato.

Cara Patti,

ho letto la tua lettera con piacere e mi sembra che tu __ (avere) un problema nel modo di vedere te stessa. Penso che già nel passato tu __ (avere) problemi a trovare amici a causa della timidezza. Credo che __ (tenersi lontana) un po' troppo dagli altri.
Penso però, che tu non __ (essere) così noiosa come credi. Dal tuo modo di scrivere si capisce che tu __ (essere) una persona intelligente e credo che tu __ (avere) un carattere interessante.
Tu credi che il tuo modo di vestire __ (essere) troppo serio. Ma a me sembra che __ (essere) un vantaggio, perché così la gente deve imparare a conoscerti meglio.
Credo che __ (essere) giusto fare quello che vuoi, perché tutti __ (dovere) avere la possibilità di essere liberi.
Mi fa piacere che __ (esserci) persone normali e non pensare che questo __ (essere) brutto.
Spero che tu __ (avere) la forza di continuare per la tua strada. Non ascoltare gli altri e credi solo in te stessa.

E 4 ***Arriva il principe azzurro***

Martin, un ragazzo di Francoforte, ha letto la lettera di Patti; le scrive un'e-mail nella quale cerca di aiutarla. Scrivi la sua e-mail.

Er findet es gut, dass sie offen über ihre Probleme spricht.
Sie soll nicht darauf hören, was die anderen sagen.
Sie soll sich mehr auf sich selbst konzentrieren.
Die anderen sind vielleicht nur neidisch.
Vielleicht hat sie die falschen Freundinnen.
Es wäre nett, wenn sie ihm antwortete.

Adesso parliamo di Andrea (T2):

Andrea

E 5 ***Tutto chiaro?***

1. Quali errori ha commesso Andrea?
2. Come avrebbe potuto evitarli?

E 6 ***Un consiglio per Andrea***

Scrivigli una risposta.

E 7 ***Il dialogo della splendida ragazza con l'amica del cuore***

La splendida ragazza si lamenta del comportamento di Andrea e l'amica cerca di farglielo vedere in modo diverso.

E 8 ***Come ti senti?***

1. *L'amico/l'amica ideale. Come dovrebbe essere?*
2. *E la persona con cui non passeresti neanche due minuti?* →

3. Scegli cinque aggettivi e inventa cinque situazioni in cui ti senti così.

Modello: Mi sento euforico quando cominciano le vacanze.

E 9 ***Come sono gli altri?***

1. Trova l'aggettivo adatto.

Com'è una persona che ...

... non vede speranza	?
... aspetta senza lamentarsi	?
... cerca sempre cose nuove	?
... non ama litigare	?
... controlla sempre due volte	?
... non si comporta bene	?
... non ama stare con gli altri	?
... parla molto con tutti	?

2. Continua con il tuo vicino secondo il modello:
Il Partner A sceglie un aggettivo, il partner B dà la definizione.

Modello: A: romantico
B: Una persona romantica regala fiori e scrive poesie.

Continuate.

E 10 ***Mettiamoci nei panni dell'altro***

Madre e figlia

La madre racconta:

"Alle cinque e mezzo ho cominciato a preoccuparmi e a diventare nervosa. Erano già passati due autobus e mia figlia Cristina non era ancora tornata a casa da scuola. Avevo paura perché lei poteva essere in tanti posti, ma io non sapevo dove. Mio marito lavorava e io ero sola in casa. Alle sette ho telefonato all'amica di Cristina, ma lei non sapeva niente e non poteva aiutarmi. Poi ho telefonato ai suoi compagni di scuola, ho telefonato a tutti, ma nessuno ne sapeva niente. Ero disperata. Alle nove mi ha chiamato la signora Morelli, la mamma di Elena, perché le ragazze erano tornate solo allora.
Sono salita in macchina e sono andata a prenderla.
Cristina mi guardava in maniera fredda. Nessuno di noi ha detto una parola, ma io ero molto arrabbiata con lei e volevo farle tutta la mia paura."

1. *Puoi capire la paura della madre? Perché sì/Perché no?*
2. *Racconta come la figlia ha passato il pomeriggio.*
   "Dopo la scuola ho incontrato Elena ..."
   Continua.

3. *Inventate un dialogo tra madre e figlia durante la cena.*

E 11 ***Come mi vedo io ... e come mi vedono gli altri***

Cerchi un amico/un'amica con l'aiuto di una rivista. Come vedi te stesso/stessa? Scrivi una lettera in cui descrivi i tuoi punti forti e quelli deboli.

E 12 ***La lettera di Giorgio (Tortona)***

"Ho 15 anni e tutti continuano a dirmi che sono ancora troppo piccolo. Io non ne posso più di questa storia. Come posso farli smettere?"

Completa il testo con le parole e espressioni seguenti. Attenzione! Ci sono tre intrusi:

quella – sufficiente – quindi – fosse – te – va – patente – però – difficilmente – da – vedrà – tuoi – sarai – solo – in – scoprirai – in tutto – che – abbastanza – tua – fossi – quello – invece – poco – assolutamente – ancora – per

Caro Giorgio,
sono d'accordo con __. Cosa vuole dire __ sei ancora "troppo piccolo"? Questa frase serve __ a non permetterti di dire o fare __ che vorresti fare.
La prima cosa che devi fare è __ capire come __ interpretato l'aggettivo "piccolo". __ subito che per certe cose sei ___ troppo piccolo, per altre __ no. Sei __ esempio __ grande per poter girare __ motorino, ma non hai l'età per la __ auto.
Dunque non è __ vero che tu sei piccolo __. Una cosa __ è certa: avere 15 anni significa non possedere ancora __ esperienza per trovare __ solo la __ strada nella vita.
I __ genitori hanno quindi la responsabilità e il compito di educarti finché __ abbastanza grande per decidere da solo. Se io __ in te vivrei la mia parte "piccola", __ più libera, anche un __ irresponsabile.
D'accordo?

inglese	italiano	tedesco
responsibility	responsabilità	?
irresponsible	irresponsabile	?
educate	educare	?
possess	possedere	?

C

"I giovani"

2 *le basette:* Koteletten; *il cespuglio:* der Busch

I giovani hanno i capelli lunghi
e le basette come cespugli
e nelle magliette la verità
i giovani girano per la città
i giovani parlano con i muri
ma non ascoltano la risposta
hanno una scritta sulla maglietta
e non domandano quanto costa
i giovani sono dentro i sondaggi
catalogati in percentuali
i giovani stanno bene
i giovani stanno male
I giovani quali, quelli più belli?
oppure i giovani quelli brutti?
I ricchi, i poveri i giovani cosa
i giovani che? i giovani tutti!
Tutti i giovani sempre giovani
non mi dire che sei anche tu
Tra quelli lì della pubblicità
della aranciata e la Coca-cola
quelli che gridano ai concerti
quelli che occupano la scuola
quelli che non trovan' da lavorare
quelli che ancora paga papà
quelli che non c'è mai un cazzo da fare
in questo cazzo di città
Vorrei passare dai dieci ai trenta
per non subire questa tortura
il primo amore, la prima casa
dover vestire quest'armatura
il primo amico che ti tradisce
o che magari tradisci tu
il primo treno che non ci sali
e che magari non torna più.

25 *il cazzo:* äußerst vulgärer Ausdruck zur negativen Bewertung einer Sache

30 *l'armatura:* die Rüstung

Jovanotti, 1999

E 1 ***Tipi diversi***
Quali di questi giovani ti sono simpatici, quali antipatici? Di' perché.

E 2 ***Essere giovani – "una tortura" (r. 19)***
Quali aspetti della gioventù sono una tortura per te?

E 3

Un campo semantico

Completa il campo nel quaderno.

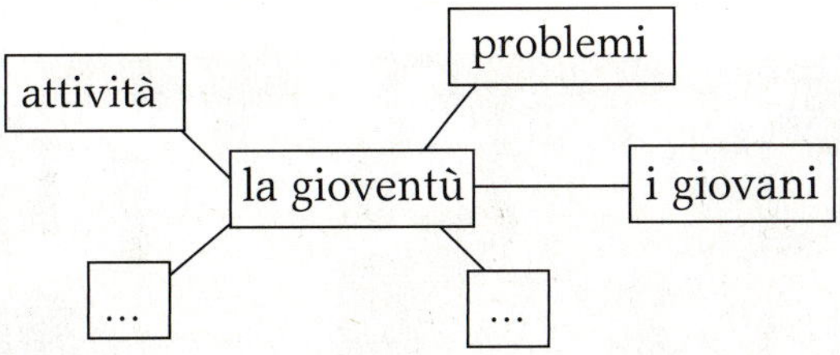

E 4

Un'intervista

Informatevi in Internet su Jovanotti, sulla sua vita e sulle sue canzoni. Dopo aver trovato le informazioni scrivete un'intervista con il cantante.

E 5

L'arte degli sms

1. Trova le parole.

Ricopia la tabella. Ascolta i tre testi e indica con una crocetta in quale testo sono contenute le parole seguenti (al singolare o al plurale).

	concorso	caratteri[1]	giovani	Guinness dei primati[2]	breve	molto	racconto	con
testo 1								
testo 2								
testo 3								

[1] *hier:* Zeichen
[2] *hier:* Eintragung im Guinessbuch

2. Che cosa hanno fatto ...?

Riascolta i testi e prendi appunti su quello che hanno fatto:

a. una biblioteca di Torino
b. Andrea
c. Maurizio Maggiani

E 6

Su, ragazzi, siete dei poeti anche voi!

Adesso tocca a voi: scrivete il vostro rap, una canzone o anche una poesia. Il titolo è: "I giovani".
Un consiglio: prima potete fare una lista delle rime che si potrebbero usare:

- amore, fiore, odore, ...
- rosa, deliziosa, noiosa, ...
- amare, lasciare, odiare, ...
- momento, movimento, appartamento, ...
- discoteca, biblioteca, paninoteca, ...

e così via! Dopo presentate il vostro lavoro in classe, magari con la musica.

E 7 ***La vita di ...***

Scegli una delle persone della foto e scrivi una piccola storia in cui la presenti.

E 8 ***"Quant'è bella giovinezza"***

Leggete la poesia che segue. È stata scritta da un fiorentino famoso, Lorenzo de' Medici, nel XV secolo. Per capirla servitevi della versione in italiano moderno e del dizionario bilingue.

versione originale	versione in italiano moderno
Quant'é bella giovinezza, *che si fugge tuttavia!*	Quant'è bella l'età della gioventù, che però fugge continuamente!
Chi vol essere lieto, sia: *di doman non c'é certezza. [...]*	Chi vuole esser felice lo sia: del futuro non c'è certezza. [...]
Donne e giovinetti amanti, [...] *ciascun suoni, balli e canti!*	Donne e giovani innamorati, [...] ognuno suoni, balli e canti!
Arda di dolcezza il core! *Non fatica, non dolore!* *Ci c'ha a esser, convien sia.*	Il cuore sia ardente di dolcezza! Nessuna fatica e nessun dolore! Quello che deve succedere, accada!
Chi vuol essere lieto, sia: *di doman non c'é certezza.*	Chi vuole essere felice lo sia: del futuro non c'è certezza.

tratto da: Storia e testi della letteratura italiana per stranieri, Guerra edizioni, 2002, p. 54-55

1. Commentare la poesia

1. Quale sentimento esprime l'autore?
2. Con quali aspetti della poesia sei d'accordo, con quali no?
3. Conosci il famoso detto del poeta latino Orazio, "Carpe diem". Che cosa significa? In che senso la poesia segue Orazio?
4. Tu, nel Duemila, ti ritrovi in questa poesia? (O ritrovi anche i giovani di Jovanotti?)

2. Ricerca

I versi di Lorenzo de' Medici fanno parte di un testo con il titolo "Il trionfo di Bacco e Arianna". Chi sono Bacco e Arianna?
Consulta un'enciclopedia o chiedi al tuo professore di latino.

Strategia 1: Discutere con gli altri, esprimere la propria opinione, commentare e spiegare – le attività che più spesso compiono gli studenti di lingue moderne

Ecco alcuni mezzi linguistici e consigli che possono essere di aiuto:

1. In una discussione in classe

– per esprimere la tua opinione:
- credo/penso che
- secondo me
- a mio parere
- a mio avviso
- mi sembra/pare che
- ai miei occhi

– per rispondere a un'altra persona:
- (non) sono (assolutamente) d'accordo con quello che dici/dice ...
- (non) mi piace quello che dici/dice
- (non) condivido l'opinione di ...
- vorrei aggiungere che ...
- vorrei contraddire ...
- vorrei sottolineare che .../quello che dici/dice ...

– per evitare equivoci (= *Missverständnisse*):
- scusa/scusi, non ho capito bene la domanda/quello che hai/ha detto
- vorresti/vorrebbe ripetere per favore
- se ho capito bene vuoi/vuole dire che ...

2. Quando scrivi un commento personale

– per strutturare i tuoi argomenti:

zunächst	prima di tutto per iniziare
im Allgemeinen	in termini generali generalmente
einerseits – andererseits	da una parte – dall'altra (parte) da un lato – dall'altro (lato)
andernfalls	in caso contrario altrimenti se no
darüber hinaus	oltre a ciò inoltre in più
infolgedessen	di conseguenza conseguentemente quindi

→

in Anbetracht der Tatsache, dass	dato che, visto che
abgesehen davon, dass	a prescindere dal fatto che *cong.*
im Großen und Ganzen	tutto sommato nel complesso
im Gegensatz zu	in contrasto con al contrario di contrariamente a
grundsätzlich	per principio
vorausgesetzt, dass	purché *cong.* a patto che, a condizione che *cong.*
zweifelsohne	senza dubbio indubbiamente
abschließend/zusammenfassend	tutto sommato per concludere

- consigli per rendere i tuoi argomenti più vivi e più convincenti:

- Ogni commento dovrebbe avere un'introduzione e una conclusione.
- Aneddoti, avventure o citazioni rendono più vivi i tuoi argomenti.
- L'uso dei mezzi linguistici sopra citati li rendono più scorrevoli e più strutturati.
- La struttura tradizionale della parte centrale, cioè tesi - antitesi - sintesi è spesso possibile, ma non è obbligatoria! Al contrario: ci sono tematiche e forme del commento che vietano questa struttura.
- È assolutamente permesso esprimere la propria opinione!/Non temere di esprimere la tua opinione, anzi! Dopo tutto si tratta di un commento **personale**! È la qualità dei tuoi argomenti che conta!

3. Per parlare di statistiche:

Alcune espressioni utili:
il documento: il sondaggio, il risultato
la rappresentazione: la tabella, il grafico, la curva, lo schema
gli elementi: il dato, la cifra, la percentuale, la quantità, il paragone, il confronto, la stima, la metà, la maggioranza, la minoranza, il 6 virgola 5 per cento
le azioni/i movimenti: sottolineare, essere in aumento, essere in diminuzione, la tendenza, trovarsi al primo/secondo/terzo posto della classifica

Cerca di usare queste espressioni quando parlerai delle statistiche riportate nelle lezioni 2 e 3.

4. Per parlare di immagini:

– tipi di immagini:
- l'illustrazione
- la caricatura
- i fumetti
- il quadro
- l'affresco
- il disegno

- a colori, colorato
- in bianco e nero

Un quadro

– le parti di un'immagine:
- in centro/al centro
- in primo piano
- in fondo
- sopra
- sotto
- a destra
- a sinistra

Un fumetto

– l'effetto di un'immagine:
- far vedere, mostrare
- illustrare
- evocare, suscitare (emozioni, sentimenti)
- criticare
- descrivere
- riferirsi a

Un'illustrazione

autocontrollo 1

E 1 ***Ricordi le forme del congiuntivo?*** G → 8.11

Ricopia la tabella nel quaderno e completala.

	congiuntivo presente	**congiuntivo imperfetto**	**congiuntivo passato**
prendo →	che io prenda		
fai →			
dice →		che lui dicesse	
parliamo →			
salite →			
sanno →			che (loro) abbiano saputo

Se vuoi, puoi usare anche altri verbi per ripetere le forme.

E 2 *Completa le frasi con le forme adatte del verbo.* G → 8.11

1. È importante che __ (voi/capire) perché lui si comporta così.
2. Sono proprio sicura che Marco __ (dire) tutto quello che sapeva.
3. Benché __ (io/non capire) il tedesco, mi __ (piacere) le opere di Wagner.
4. Se __ (voi/avere) fame, __ (potere) prendervi un panino.
5. __ (tu/dovere) sapere che qui non si __ (fumare)!
6. Se solo i miei genitori mi __ (regalare) questo motorino!
7. I nostri vicini non vogliono che si __ (fare) la doccia dopo le dieci di sera.
8. Preferisci che __ (io/venire) prima degli altri?
9. Sarebbe bello se __ (noi/potere) andare insieme al concerto di Simone Cristicchi!
10. Non penso che zia Rita __ (già/arrivare), è ancora troppo presto.

E 3 ***Parole piccole ma utili***

1. Traduci in tedesco le seguenti parole o espressioni:

almeno – altrettanto – altrimenti – cosiddetto – eccome – finora – in fondo – in generale – in genere – in particolare – inoltre – invece – ormai – oltre – perciò – piuttosto – purtroppo – quasi – quindi

2. Usale ora per completare le frasi seguenti:

1. Buon appetito! Grazie __!
2. __ non c'è niente da vedere in questa città – __ questo famosissimo castello voglio dire.
3. Sandra è molto aperta, sua sorella __ non parla __ mai.
4. Se non vuoi prestarmi la macchina, dammi __ la tua moto.
5. __ non posso uscire stasera, domani c'è un compito in classe.
6. Ti sono piaciuti gli spaghetti di mia nonna? __!
7. Sbrigati un po', __ arriveremo in ritardo per il film.
8. – Guarda, sta piovendo! – __ non possiamo fare la gita?
9. Guarda i tuoi __ amici. Loro non ti hanno aiutato quando ne avevi bisogno.
10. __ non ci ha ancora risposto.

Lezione 2

Italia – parte del "global village"

Ingresso

Ghiacciaio Presena – Adamello, Trentino 1880

Ghiacciaio Presena – Adamello, 2003

Un bosco in Alaska, danneggiato da un'invasione d'insetti

* Der schlagende Beweis für die Erderwärmung

Ghiacciaio Upsala, nella Patagonia argentina. Perde 200 metri all'anno e sta per scomparire del tutto.

E 1 ***Parliamo delle foto ...***

1. Descrivi i cambiamenti.
2. Quali potrebbero esserne le ragioni?

E 2 ***... e della cartolina***

Descrivila e commenta lo sviluppo.

A Pensare globalmente – il pianeta è in pericolo

Nel 2000 i Paesi Onu hanno sottoscritto il manifesto dei *Millenium Development Goals*. Chiedono di:

a. migliorare la salute delle madri
b. rendere più forte il ruolo delle donne e arrivare alla vera parità dei sessi
c. ridurre la povertà
d. creare una partnership globale per lo sviluppo
e. ridurre la mortalità infantile
f. garantire la sostenibilità ambientale
g. realizzare l'istruzione primaria per tutti
h. fermare la diffusione delle malattie, in particolare l'AIDS

la sostenibilità: die Nachhaltigkeit E sustainbility

Abbina i simboli alle mete.

Nel testo seguente ci concentriamo sul problema del clima e sulla povertà.

T

Il pianeta è in pericolo! Non c'è più tempo da perdere!

2 *il riscaldamento:* die Erwärmung; auch: die Heizung; 6 *il cambiamento climatico:* die Klimaveränderung; *percepibile:* wahrnehmbar, erkennbar; 9 *il surriscaldamento:* die Überhitzung

Si prevede che entro la fine di questo secolo, la temperatura aumenterà probabilmente di 3° Celsius. Il riscaldamento globale è dovuto principalmente all'aumento della concentrazione di gas nell'atmosfera. Quest'aumento è provocato dall'uomo, dalle attività industriali di trasformazione dell'energia e dai sistemi moderni di trasporto.
Gli effetti dei cambiamenti climatici sono visibili, percepibili e stanno aumentando più velocemente di quanto gli scienziati si aspettassero.
Ci dicono che un cambiamento climatico di quest'importanza metterà in pericolo il futuro del pianeta. Il surriscaldamento provocherebbe lo

10 *lo scioglimento dei ghiacciai:* das Abschmelzen der Gletscher; *l'espansione termica:* das wärmebedingte Anschwellen; 11 *l'innalzamento:* das Ansteigen; *il livello dei mari:* der Meeresspiegel; 15 *inondato, -a:* überschwemmt, überflutet; 16 *la siccità:* die Trockenheit; 19 *arido, -a:* dürr, versteppt; 21 *l'evento meteorologico estremo:* das extreme Wetterereignis; 22 *il ciclone tropicale:* der tropische Wirbelsturm; 23 *l'estinzione f:* das Aussterben 25 *l'ecosistema m:* das Ökosystem

30 *l'emissione f:* die Emission, der Ausstoß; *gas a effetto serra:* Treibhausgas

34 *entrare in vigore:* in Kraft treten

scioglimento dei ghiacciai e un'espansione termica degli oceani, con un innalzamento prevedibile del livello dei mari di 15–95 centimetri. Regioni come la Florida, la Louisiana, le coste del Giappone o il Delta del Po, paesi come il Bangladesh o l'Egitto, città come Atene, Boston, Tokyo, Nuova Delhi, Amsterdam, Londra, San Pietroburgo, Venezia o Trieste potrebbero venire parzialmente inondate.

I periodi di siccità aumenterebbero e le aree intensamente coltivate che oggi forniscono grano e cibo a tutto il mondo, come le grandi pianure nordamericane ma anche in parte la Pianura Padana, potrebbero diventare zone aride non adatte all'agricoltura. Le riserve d'acqua potabile diminuirebbero con gravissime conseguenze.

Al tempo stesso l'aumento della temperatura produrrebbe eventi meteorologici come inondazioni e cicloni tropicali.

La febbre del pianeta provocherebbe l'estinzione di migliaia di specie animali e vegetali, non più capaci di sopravvivere nelle nuove condizioni climatiche. Lo scioglimento dei ghiacciai potrebbe distruggere interi ecosistemi. Le specie più a rischio sono orsi polari, pinguini, salmoni e tigri.

La domanda che nasce nella mente di tutti è dunque: che fare? Jeremy Rifkin, economista americano, propone alcuni metodi per reagire al riscaldamento globale. Secondo lui il metodo più efficiente è di ridurre le emissioni di gas a effetto serra come è stato previsto nel Protocollo di Kyoto.

Il Protocollo di Kyoto

È uno dei più importanti documenti internazionali sulle problematiche ambientali. Firmato nel dicembre del 1997 durante la conferenza delle Nazioni Unite di Kyoto, in Giappone, ed entrato in vigore il 16 febbraio 2005, il protocollo di Kyoto è un accordo internazionale che obbliga i paesi industriali e quelli a economia in transizione a ridurre del 5,2% globale le emissioni di gas serra, per il periodo tra il 2008 e il 2012, rispetto ai livelli del 1990.
In particolare, l'Unione Europea ha come meta la riduzione dell'8%, l'Italia del 6,5%. Gli Stati Uniti, il principale produttore di gas serra con una quota del 25% sul totale, non hanno ancora ratificato il protocollo.

da: Legambiente-Edison, Kyoto, anch'io

E 1 ***Per parlare dell'ambiente***

Come se dice in italiano per le seguenti espressioni e parole tedesche:

1. die globale Erderwärmung
2. das Transportsystem
3. der Klimawandel
4. gefährden
5. das Schmelzen der Gletscher
6. die Trockenheit
7. das Trinkwasser
8. die Überschwemmung
9. das Aussterben tausender Tier- und Pflanzenarten
10. die Klimabedingungen
11. das Ökosystem
12. gefährdet
13. der Ausstoß von Treibhausgasen
14. in Kraft treten
15. die Industrieländer
16. zum Ziel haben

E 2 ***Cosa dice il testo?***

Quali tra le seguenti affermazioni sono presenti nel testo A?
In quali righe si trovano?

1. L'uomo e le sue attività sono la causa principale per l'aumento della temperatura.
2. Un cambiamento del clima provocherà anche un cambiamento geografico.
3. Le abitudini alimentari degli uomini saranno toccate dal cambiamento climatico.
4. Il cambiamento climatico ha conseguenze positive per il mondo degli animali.
5. Jeremy Rifkin ha trovato un metodo economico per diminuire il riscaldamento globale.

ATTENZIONE! LAVORI IN CORSO!

Trova le forme che mancano.

sostantivo	verbo
l'aumento	
il riscaldamento	
	trasformare
	trasportare
l'utilizzo	
i mutamenti	
	avvertire
il cambiamento	
	sciogliere

sostantivo	verbo
la riserva	
	sostenere
la concentrazione	
	ridurre
	espandere
la sopravvivenza	
	accelerare
	emettere

Che possibilità ci sono in italiano per formare dei sostantivi?

E 3 ***Che cosa significa?***
Scegli la risposta giusta.

1. l'acqua potabile
   a. l'acqua che non si può bere
   b. l'acqua che si può bere
   c. l'acqua che si vende in bottiglie

2. l'economia in transizione
   a. l'economia stabile
   b. l'economia moderna
   c. l'economia che sta cambiando

3. l'estinzione di alcune specie di animali
   a. gli animali stanno bene
   b. gli animali muoiono
   c. gli animali vengono protetti

4. il riscaldamento globale
   a. le temperature aumentano dappertutto
   b. le temperature scendono dappertutto
   c. le temperature non cambiano

5. interi ecosistemi
   a. ecosistemi completi
   b. parte degli ecosistemi
   c. ecosistemi diversi

6. il parziale scioglimento dei ghiacciai
   a. i ghiacci si sciolgono totalmente
   b. una parte dei ghiacciai si scioglie
   c. lo scioglimento dei ghiacciai è finito

Il ghiacciaio Perito Moreno nella Patagonia argentina

E 4 ***Espressioni astratte e concrete***
Trova almeno cinque esempi per:

1. specie animali
2. specie vegetali
3. problemi ambientali: *surriscaldamento*
4. sistemi di trasporto
5. cibi
6. paesi industriali: *Italia*

E 5 *Parlare di statistiche* (→ Strategia 1)

Formate quattro gruppi; ogni gruppo presenta e commenta una delle statistiche:

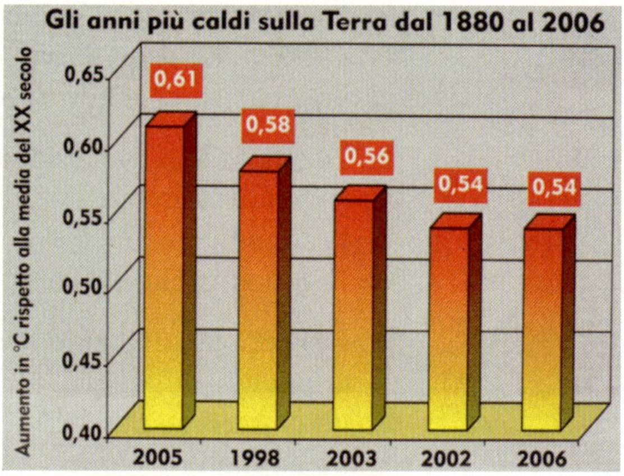

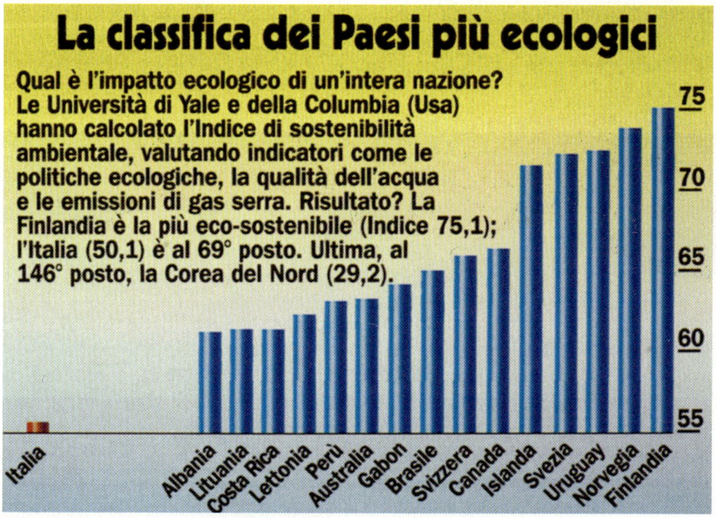

Emissioni CO_2 nei trasporti (dati in gigagrammi)

Categoria	Auto	Aereo	Nave	Treno	Trasporti totali
Austria	23.037	217	81	148	24.029
Belgio	24.928	9	334	115	25.517
Danimarca	12.157	133	543	232	13.065
Finlandia	11.796	329	533	127	13.492
Francia	130.441	4.830	2.602	700	139.537
Germania	152.231	5.072	998	1.484	164.207
Grecia	18.887	1.238	2.091	126	22.347
Irlanda	12.454	108	57	158	12.942
Italia	117.042	2.652	6.143	303	126.891
Lussemburgo	7.156	n.d.	6	21	7.182
Paesi Bassi	33.902	41	637	106	34.686
Portogallo	18.549	401	263	80	19.293
Spagna	92.666	6.905	2.560	305	102.436
Svezia	18.502	663	536	66	20.041
G. Bretagna	120.135	2.465	4.179	2.032	129.254
UE 15	793.884	25.063	21.563	6.003	854.919

FONTE: EUROPEAN ENVIRONMENT AGENCY

E 6 *La formazione delle parole: i suffissi -bile e -ale*

Trova altre parole della stessa famiglia.

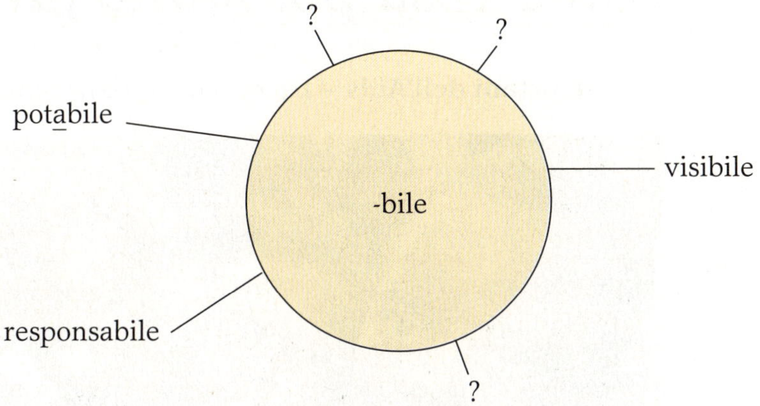

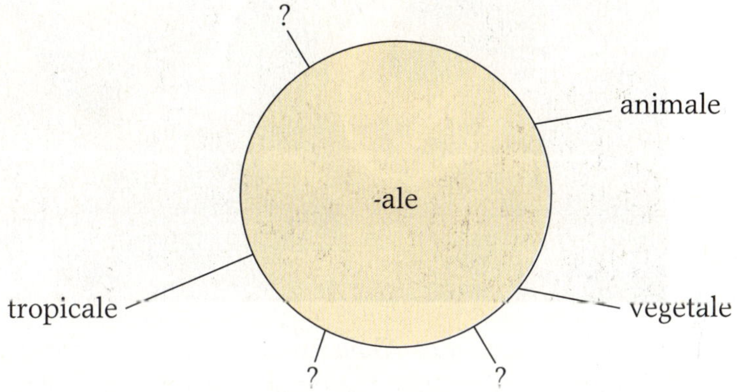

E 7 *Che cosa non va?*

Trovate l'intruso.

1. ridurre – diminuire – distruggere
2. andare via – aumentare – crescere
3. insegnare – educare – ballare
4. gli orsi polari – le tigri – i salmoni
5. la malattia – la mortalità – la morte
6. la neve – l'inondazione – la pioggia
7. Atene – Vienna – San Pietroburgo
8. il protocollo – il sondaggio – la favola

E 8 *Chi è Jeremy Rifkin?*

Ricostruisci la sua biografia e presentala in classe.

B Agire localmente – e noi, cosa possiamo fare?

Con gli orfani dell'Aids – tra coccole e pannolini

Parlava a voce bassa. Gaia Trailo sembrava, e forse era, una ragazza di 19 anni un po' timida, ma quando parlava non diceva certo cose stupide. Dopo aver preso la maturità, aveva voluto farsi un regalo speciale: due settimane in Malawi, in Africa sud-occidentale, come volontaria, tra i 25 bambini ospitati nell'orfanotrofio "Alleluia Care Center". Gaia, che aveva già trovato un lavoro in un'azienda di abbigliamento, ci è andata per la prima volta a 17 anni. "Avevo adottato a distanza due bambini, Lukia e Amadu, che oggi dovrebbero avere più o meno tre anni e avevo voglia di andare a conoscerli, così sono partita per il Malawi. Per me sono come fratello e sorella, ho potuto giocare con loro, vederli felici e amati". Un desiderio unito alla voglia di aiutare gli altri, "dato che sono fortunata ad avere da mangiare tutti i giorni e dei genitori che mi vogliono bene". Guarire dal mal d'Africa è stato impossibile per Gaia, anche se il contatto con la povertà, l'Aids e la sofferenza era stato così difficile. "Soprattutto a diciassette anni, la realtà che avevo trovato era molto diversa da quella che conoscevo dall'Italia, e poi io non me l'ero immaginata così cruda". Il Malawi è uno dei paesi più poveri del mondo, il reddito medio pro capite è di due dollari al giorno, senza contare le conseguenze dell'HIV, su una popolazione di 12 milioni di persone, i sieropositivi sono circa 900 mila, mentre gli orfani dell'Aids sono 500 mila.

5 *l'orfanotrofio:* das Waisenhaus

18 *il reddito medio pro capite:* das durchschnittliche Pro-Kopf-Einkommen; 19 *sieropositivo, -a:* HIV-positiv

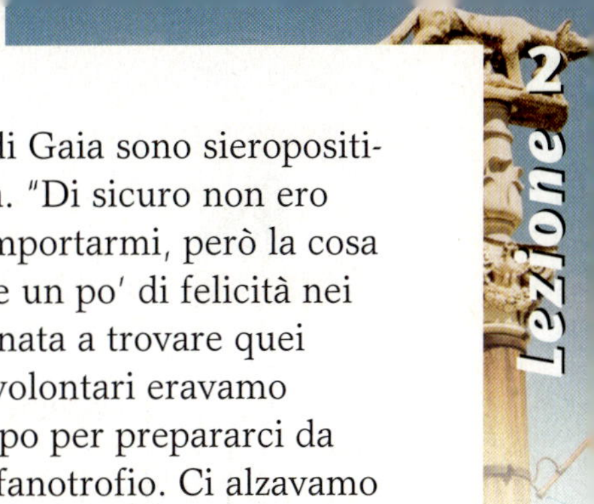

22 la tubercolosi: die Tuberkulose

35 debilitato, -a: geschwächt

39 l'anticorpo: der Antikörper

Anche alcuni dei piccoli ospiti dell'orfanotrofio di Gaia sono sieropositivi, tanti altri sono malati di tubercolosi o malaria. "Di sicuro non ero tranquilla e ovviamente stavo attenta a come comportarmi, però la cosa più importante era rendermi utile, volevo portare un po' di felicità nei loro giorni". Dopo la prima esperienza Gaia è tornata a trovare quei piccoli che ormai sente anche un po' suoi. "Noi volontari eravamo sempre di corsa e non avevamo nemmeno il tempo per prepararci da mangiare. Per fortuna ci pensava il cuoco dell'orfanotrofio. Ci alzavamo ogni mattina alle sei e mezza. Tutta la nostra giornata ruotava intorno ai bambini: gli davamo da mangiare, giocavamo con loro, li lavavamo, li cambiavamo e li mettevamo a letto. Eravamo un po' come delle mamme per loro".

Purtroppo non c'erano solo il gioco e i momenti felici nelle giornate di Gaia: qualche volta capitava che le medicine che i medici avevano dato ai bambini non facessero effetto o che un bambino fosse troppo debilitato e morisse.

Piangendo Gaia ha raccontato che ne aveva persi due che erano molto piccoli e malati. Le sembrava che non avessero ricevuto il latte che avrebbe dato loro gli anticorpi e li avrebbe resi più forti. Nonostante tutto ciò, Gaia non era mai disperata. Ha spiegato che in quelle situazioni aveva sempre sentito solo una gran voglia di andare avanti.

Ha continuato a spiegare che se avesse dovuto convincere un'amica ad andare con lei in Malawi, le avrebbe detto che si trattava di un'esperienza che le avrebbe insegnato a vedere la vita in modo totalmente diverso, diverso nel senso che non si voleva ottenere di più. Cioè, si voleva ottenere sempre di più, ma non si era tristi se non ci si riusciva.

Il soggiorno in Malawi è stato per Gaia una vacanza fuori dagli schemi e ha lasciato un vuoto nel suo cuore. Ha aggiunto che avrebbe ripetuto di sicuro questa esperienza e ha promesso che sarebbe tornata in Malawi perché le mancavano i bambini e le ragazze dell'orfanotrofio. Gaia ha spiegato che erano speciali perché non ti guardavano per come eri fisicamente, non facevano caso a come eri vestita, ma ti vedevano per come eri veramente.

da: Famiglia Cristiana, N° 35, 27.08.2006 (testo abbreviato e adattato)

E 1 ***Fate l'identikit di Gaia.***

nome	...
età	...
nazionalità	...
formazione scolastica	...
professione	...
impegno sociale	...

E 2 ***I giorni di Gaia all'orfanotrofio***

Riassumi le giornate di Gaia all'orfanotrofio.

E 3 ***Il mal d'Africa di Gaia***

Elenca le esperienze positive e negative che Gaia ha fatto in Africa.

esperienze positive	esperienze negative

E 4 ***Il Malawi – un paese poco conosciuto***

Informatevi sul Malawi e presentate i vostri risultati in classe.

ATTENZIONE! LAVORI IN CORSO!

Aveva adottato, aveva trovato, era stata ...

Quali elementi possono essere identificati in questi tempi composti?

Secondo te, di che tempo si tratta qui?

Quando viene usato questo tempo? G → 8.5

E 5 ***Prima del viaggio in Africa ...***

Prima di partire per l'Africa, Gaia doveva organizzare alcune cose. Mettete gli infiniti al trapassato prossimo.

Prima della partenza, Gaia

1. imparare qualche parola della lingua del paese
2. leggere libri sul Malawi
3. informarsi sulle condizioni degli orfani
4. mettersi in contatto con l'organizzazione per i volontari
5. vedere film sulla vita in Africa
6. convincere la sua famiglia dell'importanza del viaggio
7. prepararsi ai suoi compiti
8. scambiare idee con gli altri volontari
9. chiedere l'accordo della sua azienda
10. farsi dare delle medicine

ATTENZIONE! LAVORI IN CORSO!

... che non avessero ricevuto ...
... se avesse dovuto convincere

Indovina di quale forma si tratta qui.

E 6 Per fortuna Gaia si era preparata bene

Rifai le frasi di E 5 e usa le espressioni seguenti

era ovvio - era importante - era utile - era naturale - era necessario

Modello: Era importante che Gaia avesse imparato qualche parola della lingua del paese.

E 7 La voglia di tornare tra i „Piranas" di Lima: la storia della famiglia Girgi, padre, madre e sei figli

Mettete i verbi tra parentesi nella forma corretta (trapassato prossimo, imperfetto o passato prossimo, congiuntivo trapassato, congiuntivo passato, futuro semplice, condizionale passato).

1. In Perù *hanno lavorato* (lavorare) con i ragazzi di strada. 2. Benché __ (decidere) che sarebbero rimasti per sempre in Perù, __ (tornare) in Italia a causa della situazione politica. 3. Ma il cuore __ (rimanere) là.
4. Maria Luisa e il marito Stefano, volontari, __ (essere) al quarto anno del loro soggiorno a Lima. 5. Lì, __ (nascere) i primi tre dei loro sei figli.
6. I Girgi, infermieri, __ (scegliere) di lavorare nella Parada, un quartiere povero di Lima, senz'acqua e servizi igienici. 7. Stefano __ (organizzare) il progetto, Maria Luisa __ (preparare) le ragazze volontarie di Lima.
8. Un gran problema, poiché nella Parada nessuno __ (volere) lavorare: troppo pericoloso. "Specie per i piranas, i bambini di strada, organizzati in bande e molto pericolosi". 9. Anche Stefano e Maria Luisa all'inizio li __ (evitare), finché un incontro casuale li __ (portare) a iniziare un progetto anche con loro. Il tutto, portato avanti con i figli piccoli.
10. Oggi, i loro figli __ (crescere). I primi due hanno la doppia nazionalità. E benché gli ultimi __ (nascere) in Italia, hanno un rapporto stretto con il Perù. 11. "Vengono spesso ospiti di Lima" racconta Gionata, il secondo figlio, 16 anni, "la nostra casa è sempre aperta. Quando __ (finire) il liceo, vorrei tornare a vedere dove __ (nascere). Ma più avanti, sogno di fare la stessa esperienza dei miei genitori."
12. Michela, che ha quasi diciotto anni, e Francesca, 14 anni, __ (scegliere) un liceo con la lingua spagnola. Parlano di uno stile di vita "diverso da quello dei nostri compagni".
13. Michela, la maggiore, è quella che del Perù ha i ricordi più vivi: "__ (conoscere) altri modi di vivere e vedere le cose. 14. Il lavoro con i bambini di strada mi __ (insegnare) tante cose. Anche a me piacerebbe tornare."
15. I problemi (essere) maggiori quando __ (tornare). 16. "__ (sperare) di ripartire, ma __ (avere) anche paura di tornare in Perù, accorgerci che non ci __ (essere) le condizioni per restare, e dover continuare a spostarci con i figli, proprio quando Michela __ (iniziare) la scuola. 17. __ (consultare) una psicologa: 18. ci __ (spiegare) che non è problematico spostarsi con i figli, se la famiglia è sicura."
19. Alla fine la decisione __ (essere) di rimanere in Italia, e ai primi tre figli __ (aggiungersi) altri tre. Tutti con la voglia di partire.

Famiglia cristiana, 21/08/2005 (testo adattato)

ATTENZIONE! LAVORI IN CORSO!

Gaia ha raccontato che ne aveva persi due.
Ha spiegato che aveva sempre sentito ...
Ha promesso che sarebbe tornata.
Che tipo di frasi sono?
Dove ci sono differenze importanti con il tedesco? G → 14.1

E 8 ***Ricordi del soggiorno***

Trasforma le frasi nel discorso indiretto.

1. Gaia ha raccontato: "Sono molto felice con i bambini!"
2. I volontari italiani hanno detto: "Non pensavamo che la situazione nel Malawi fosse così cruda."
3. Gli orfani hanno spiegato al giornalista: "Per il resto della nostra vita penseremo sempre a Gaia e le saremo sempre vicini."
4. I medici si lamentavano: "Le medicine che abbiamo a nostra disposizione non basteranno mai per tutti i bambini."
5. Gli amici di Gaia hanno pensato: "Il suo soggiorno nel Malawi l'ha cambiata."
6. La famiglia di Gaia ha aggiunto: "Il Malawi è stata un'esperienza importantissima per lei, ha imparato tanto per il suo futuro."
7. L'amica di Gaia ha detto: "Non avrei mai pensato che Gaia ce l'avrebbe fatta!"
8. Il direttore dell'orfanotrofio ha sottolineato: "Gli orfani dipenderanno anche nel futuro dall'impegno di volontari."
9. Il gruppo di volontari ha ripetuto spesso: "Il lavoro che abbiamo fatto per i bambini è stato un piccolo impegno per la pace nel mondo."
10. Gaia ha scritto nel suo diario: "Sarei molto contenta se potessi tornare in Africa un giorno."

E 9 ***Che cosa ha detto Gaia?***

La tua scuola ha invitato Gaia per parlare delle sue esperienze. Tu collabori regolarmente al giornalino della tua scuola. Siccome la tua scuola ha un contatto stretto con la scuola italiana con cui fate lo scambio, tu scrivi un riassunto in italiano per loro.
Comincia il tuo riassunto con "Durante la sua conferenza Gaia ci ha parlato ..."

Usa gli appunti seguenti:

- esperienza unica
- interesse per bambini
- adottare Lukia e Amadu
- orfanotrofio
- il Malawi: un paese poverissimo
- AIDS
- orfani sieropositivi
- mancanza di medicine
- lavoro di tutti i giorni
- scoprire un modo di vivere diverso: valori, non consumo
- sentire la mancanza dei bambini

E 10 ***Water – Agua – Eau***

Sul sito di Legambiente, un'organizzazione italiana di volontari, si trova il testo seguente in varie lingue. Fate un riassunto delle principali idee in italiano.

WATER IS EQUAL FOR ALL

CAMPAIGN FOR THE PROMOTION OF THE RIGHT TO WATER FOR ALL

Every day 30.000 persons die for causes related to insufficient water supply or due to its bad quality and hygiene. In 2032 60 % of the world population might not have enough water resources for its own needs. In the meantime the initiatives for sources and waterworks privatisation are being multiplied.

Recognising water as a common good, and not as a commodity or a private property, means to participate directly in its management through the instruments of democracy, contributing to the definition of rules equal for all and safeguarding one's own vital right.

EL AGUA ES IGUAL PARA TODOS

CAMPAÑA PARA LA PROMOCIÓN DEL DERECHO DEL AGUA PARA TODOS

Cada día 30.000 personas mueren por causas relacionadas a la falta de agua o por agua contaminada. Es muy probable que en el año 2032 el 60 % de la población mundial no tendrá bastantes recursos hídricos para cubrir sus necesidades. Al mismo tiempo se multiplican las iniciativas de privatización de las fuentes y de los sistemas hídricos en todos los países.

Reconocer el agua como bien común y no como mercancía, significa participar directamente en su gestión a través de los instrumentos democráticos, contribuyendo a la definición de reglas iguales para todos en defensa de un derecho vital.

L'EAU EST ÉGALE POUR TOUS

CAMPAGNE POUR LA PROMOTION AU DROIT À L'EAU POUR TOUS

Chaque jour 30.000 personnes meurent pour des causes liées à la pénurie d'eau ou dues à sa mauvaise qualité et hygiène. En 2032 60 % de la population mondiale pourrait ne pas avoir assez de ressources hydriques pour ses besoins. Entre temps dans tous les pays se multiplient les initiatives de privatisation des sources et des aqueducs.

Reconnaître l'eau comme un bien commun, et non pas comme une marchandise, signifie participer directement à sa gestion, avec les outils de la démocratie, en contribuant à la définition de règles égales pur tous et en sauvegardant un droit vital.

www.legambiente.com, www.contrattoacqua.it

E 11 ***Volontario? Anche tu!***

Anche tu vorresti fare un'esperienza simile a quella di Gaia.
Informati su varie organizzazioni (p. es. Italiacaritas, Legambiente, WWF Italia, Manitese, Telefono Azzurro, LIPU, Caritas, Pubblica Assistenza) e scrivi una lettera di presentazione con il tuo identikìt. Cerca di spiegare i tuoi motivi.

E 12

Nuovi ecoconsigli

Per l'anniversario del Protocollo di Kyoto LifeGate Radio ha chiesto ecoconsigli a ascoltatori e ascoltatrici. Ecco sei persone che hanno chiamato la radio: Giovanni Bertoncello, Alberto Battisti, Silvana Dossena, Armanda Mari, Salvatore Davì, Paola Massarenti.

1. Primo ascolto

Fai una lista di tutti gli ecoconsigli che hai capito.

2. Secondo ascolto: Chi parla di che cosa?

Abbina le persone alle parole seguenti:

1. riscaldamento
2. doccia calda
3. balcone
4. televisore
5. bicicletta
6. prova
7. amici e parenti
8. acqua
9. banda
10. lampada

3. Terzo ascolto:

Quale proposta ti sembra più
- efficace
- originale
- realistica?

E perché?

4. *Adesso chiamate voi la radio e presentate i vostri ecoconsigli.*

E 13

I dodici peccati contro la natura

Ecco il risultato di un'indagine condotta dalla Repubblica nel 2006 sul comportamento dei cittadini europei:

I dodici peccati:
1. tenere sempre in stand by gli apparecchi di casa
2. bollire l'acqua oltre il necessario
3. non spegnere la luce quando si esce da una stanza
4. prendere l'auto per comprare il giornale
5. usare la lavatrice a 60°
6. tenere il motore acceso nel traffico bloccato ben oltre un minuto
7. asciugare i panni usando l'asciugatrice
8. tenere il riscaldamento acceso anche quando non si è in casa
9. usare l'aria condizionata tutto l'anno
10. lavare i panni a 90°

1. *Traduci la lista in tedesco.*
2. *Quali sono i tuoi peccati?*

C Legambiente Spot School Award

Lo Spot School Award premia ogni anno i migliori lavori di giovani talenti creativi.
Ecco alcuni lavori premiati nel 2005/2006:

↑ *Ludovica Botti, Marco Corso, Alice Tosonotti (Accademia di Comunicazione Milano)*

↑ *Alice Paviotti (Scuola LED Trieste)*

Dario Di Matteo → *(Centro Studi ILAS Napoli)*

↑ *Alberto Coletta (Centro Studi ILAS Napoli)*

↑ *"Ci sono mode che è meglio non seguire." Brenda Leticia Ordonez, Andrea Cornacchia, Alice Marrollo, Davide Rossi (Accademia di Communicazione Milano)*

1. *Quale spot vi piace di più? Perché?*
2. *Create uno spot anche voi.*

Strategia 2: Leggere e capire globalmente; strategie per trovare il significato di parole sconosciute; usare il dizionario bilingue, anche per individuare i cosiddetti falsi amici

1. Primo

Leggi il testo seguente senza soffermarti sulle parole che non capisci e cerca di riassumere in due frasi il contenuto.

Una casalinga abruzzese è stata medicata per una bruciatura provocata dall'ortaggio, acquistato in un supermercato

Esplode carciofo tra le mani
Donna ferita ad Avezzano

AVEZZANO (L'Aquila) – Una casalinga di Avezzano è finita al pronto soccorso per una ferita a una mano causata da una fiammata provocata da un carciofo, acquistato in un supermercato, esploso mentre lo stava pulendo. Del fatto ha dato notizia il quotidiano *Il Centro* che teme possa trattarsi di un gesto in stile "Una bomber". La donna ha riportato una bruciatura guaribile in pochi giorni. La procura di Avezzano ha aperto un'inchiesta.

Questa mattina la "vittima" del carciofo è stata nuovamente ascoltata dagli agenti della squadra anticrimine del commissariato di Avezzano che stanno cercando di ricostruire nei minimi particolari l'accaduto. Sul carciofo, dal quale sarebbe fuoriuscita una fiammata mentre la donna stava lavandolo in cucina, sono in corso indagini della polizia scientifica di Roma. L'esito dei rilievi potrebbe essere pronto la prossima settimana.

Il carciofo era stato acquistato in un supermarket che si trova nel Comune di Scurcola Marsicana (L'Aquila), nel centro commerciale di Cappelle dei Marsi. Il negozio si era rifornito ai mercati generali del Centro agroalimentare di Roma, che si trova a Guidonia. La polizia sta cercando di ricostruire la provenienza della partita di carciofi tra i quali c'era quello "esplosivo".

I carciofi provengono generalmente dalle produzioni di Cerveteri-Ladispoli (Roma) e di Sezze-Priverno-Sermoneta (Latina). Le varietà prevalenti, come quella acquistata ad Avezzano, sono il "romanesco" e quella detta "Castellammare", ma sono numerosi gli ibridi. C'è anche il carciofo di Tarquinia e della Maremma (Viterbo).

da: Repubblica online 4.5.08

2. Secondo

Individua tutte le parole sconosciute; riuscirai a capirne la maggior parte se farai riferimento

a. ad altre lingue: tedesco (D), inglese (E), latino (L), francese (F)

esplodere, r. 3 (D, E), soccorso, r. 5 (L), acquistare, r. 7 (L, F), gesto, r. 9 (D, L), vittima, r. 12 (E), agente, r. 13 (D, E, F), scientifico, r. 16 (E)

b. a parole italiane della stessa famiglia

medicare, r. 1 (medicina), bruciatura, r. 1 (bruciare), fiammata, r. 6 (fiamma), accaduto, r. 14 (accadere), provenienza, r. 22 (provenire)

c. alla formazione di parole italiane con prefissi e suffissi

ri-portare, r. 9, guari-bile, r. 10, anti-crimine, r. 13, ri-costruire, r. 14, fuo-ri-uscire, r. 15, ri-fornire, r. 20, agro-alimentare, r. 20, pre-valente, r. 25

3. Terzo

Usa il dizionario bilingue per trovare la giusta traduzione nel contesto di:

dare notizia
l'esito
la partita
l'ibrido

Falsi amici

La partita: der Posten, die Partie, aber: **il** partito, **die** (politische) Partei
Talvolta le parole italiane creano confusione: molte parole italiane sono simili a delle parole tedesche, ma hanno un significato completamente diverso. Queste parole si chiamano 'falsi amici'.

E 1

Attenzione!

Traduci in italiano con l'aiuto del dizionario bilingue:

1. Kantine/cantina
a. Gehen wir in der Kantine essen!
b. Die alten Möbel sind im Keller.

2. Chef/chef
a. Mein Chef ist sehr sympathisch.
b. Dieses Restaurant hat einen Chefkoch aus Österreich.

3. Kamera/camera
a. Diese Kamera macht wunderschöne Fotos.
b. Ich habe zwei Einzelzimmer reserviert. →

4. Konfetti/confetti
a. Am Fasching sind die Straßen voller Konfetti.
b. Bringen wir der Tante eine Schachtel Pralinen mit!

5. firma/Firma
a. Mein Vater arbeitet in einer großen Firma.
b. Eine Unterschrift, bitte!

6. stipendio/Stipendium
a. Mein Bruder hat ein Stipendium zum Studium in England.
b. Viele müssen für einen sehr niedrigen Lohn arbeiten.

7. tappeto/Tapete
a. Was für eine hässliche Tapete!
b. Echte handgemachte Teppiche kosten eine Menge Geld.

8. tempo/Tempo
a. Den ganzen Monat hatten wir schönstes Wetter.
b. Auf italienischen Autobahnen gibt es ein Tempolimit.

9. umore/Humor
a. Angela ist immer gut gelaunt.
b. Rocco hat keinen Sinn für Humor.

10. *ingl.* parents/parenti:
a. Paolo hat sehr sympathische Eltern.
b. An Weihnachten kommen alle Verwandten.

E 2 *Inserisci la parola giusta.*

1. Oggi il __ è brutto. È tutto il giorno che piove.
2. Non mi parlare. Il mio ragazzo ha baciato un'altra. Sono di pessimo __.
3. Mio marito guadagna poco. Prende uno __ molto basso.
4. Hai dimenticato di mettere la __ in fondo alla lettera.
5. Piero, vai giù in __ a prendere due bottiglie di vino.
6. Un mio amico è un bravo cuoco. Lavora come __ all'Hotel Ritz.
7. La nostra casa è grandissima. Dispone di cucina, 2 bagni e 6 __.
8. Per il mio compleanno vengono anche i miei __ dall'America.
9. Al battesimo di Anna i genitori hanno regalato dei __ agli invitati.
10. Abbiamo comprato tutti i mobili. Mancano solo quadri e __.

E 3

Altri problemi di vocabolario

Il dizionario bilingue è di nuovo di aiuto.

1. Paolo ha un punto di vista molto __ (konservativ).
2. Mio marito è un uomo __ (attraktiv).
3. Io __ (spielen) il pianoforte da tre anni.
4. La chitarra è il mio __ (Instrument) preferito.
5. Manca la __ (Perspektive).
6. Beethoven era un grande __ (Komponist).
7. Non mi piace se il discorso è troppo __ (theoretisch).
8. Domani ti __ (besuchen).

E 3

I falsi amici si incontrano

Abbina le foto che indicano falsi amici. Come si dice la parola tedesca in italiano? Se non lo sai, usa un dizionario.

autocontrollo 2

E 1 ***Comprare un libro*** G → 6.8

Traduci i titoli di questi gialli in italiano.

E 2 ***Per parlare del passato …*** G → 8.2/8.3/8.5

Ricopia la tabella nel quaderno e completala.

	imperfetto	**passato prossimo**	**trapassato prossimo**
so			
vai			
scende			
passiamo			
mettete			
vogliono			

Se vuoi, puoi usare anche altri verbi per ripetere le forme.

E 3 ***Una lingua per capire l'altra***

Le seguenti parole inglesi sono molto simili a delle parole italiane, anche se non significano sempre la stessa cosa. Quali sono? Attenzione alle piccole differenze!

1. *Modello:* identity → l'identità
responsibility – felicity – nationality – specialty – university – velocity – identity – liberty – opportunity – poverty – reality – criminality – verity – publicity – maturity – city – community

2. *Modello:* information → l'informazione
lesson – occasion – relation – station – combination – communication – organization – situation – reduction – sensation – negation – religion – union – education – realisation – nation – inspection – production – presentation – direction – decision

→ *Ci sono delle parole di genere maschile?*
→ *Quindi: che regola potremmo ricavarne?*

Lezione 3

Migrazione

Ingresso

E 1 ***Emigrazione – immigrazione – integrazione?***
Quali popoli si incontrano? Dove? Commenta le foto.

E 2 ***Emigrare … perché?***

1. Secondo te, quali possono essere i motivi per andare a vivere in un altro paese?
2. E tu? Hai mai pensato di andare a vivere all'estero? Perché (no)?
3. Conosci immigrati o figli di immigrati? Di dove sono (i loro genitori)? Quando sono arrivati in Germania? Come si trovano ora? Secondo te, sono integrati? Perché (no)?
4. La Germania è un paese di immigrazione. Secondo te, per quale motivo?
5. Ci sono anche tedeschi che emigrano. Per quali motivi, secondo te? In quali paesi emigrano?

A Terra promessa?

Trovarsi, unico nero, in una folla di bianchi. Attraversare una città dove ogni indicazione, dai cartelli stradali alle insegne dei negozi, è scritta in un alfabeto ignoto. Vivere nel terrore di essere rimandato a casa, dove aspettano guerra e fame. Salire sull'autobus e fermarsi con le mani in alto per non essere accusato di rubare. Sono le paure degli immigrati, gli stranieri venuti a vivere in Italia. Più di 3 milioni di persone, il 5,2 per cento della popolazione, indica l'ultimo dossier della Caritas. Una crescita che suscita negli italiani sempre più spesso ostilità, diffidenza, inquietudine. Ma loro, gli stranieri, soprattutto i clandestini, che cosa provano?

"C'è una sofferenza dell'immigrazione, ed è grande", avverte Daniela Pompei, nella sede romana della Comunità di Sant'Egidio. "[...] la paura della solitudine, e prima di tutto il terrore di non farcela."

Infatti l'inquietudine è la prima compagna dello straniero. "La provano fin dal momento in cui cominciano a preparare il viaggio: sanno che molti di loro non arriveranno", osserva Abdellah Redouane, segretario generale del Centro islamico culturale. Eppure partono perché se non lo facessero continuerebbero a vivere una vita senza speranza in un futuro per se stessi e le loro famiglie.

Una volta arrivati nella "terra promessa" nonostante tutti gli ostacoli, che cosa provano?

Paura di essere preso per ladro.

Mohamadou Siradio Thiam, 40 anni, senegalese, dal 1998 in Italia. Abita a Roma, lavora come portiere in una Casa di accoglienza della Comunità di Sant'Egidio. Ogni volta che sale sull'autobus vede la gente che si sposta. E se non mettesse subito le mani sui sostegni, tutte e due, bene in vista, la gente penserebbe che le infili nelle borse. "Se ne tengo anche una sola giù, vedo che quelli che mi stanno vicini non sono tranquilli."

Paura del pregiudizio.

Younis Tawfik, 48 anni, iracheno, scrittore, vive in Italia dal 1979. "Mi domandano se nel mio paese ci sono i semafori, se abbiamo i pomodori." Younis affronta queste domande con calma visto che non potrebbe eliminare i loro pregiudizi se la gente non gli facesse domande. Non trova difficoltà a parlare con i suoi colleghi perché aveva imparato l'italiano già prima di venire a studiare all'Università di Torino. "Se mia moglie ed io non sapessimo spiegare cosa pensiamo della politica in Iraq avremmo sicuramente più problemi. Nel periodo in cui è cominciata la guerra in Iraq alcuni miei amici sono perfino stati aggrediti. Uno, che lavorava in un'azienda di raccolta dei rifiuti, è stato picchiato. Ciò nonostante non ha esposto denuncia, ha solo chiesto di essere trasferito. Ecco, questo accade in Italia: hai la cittadinanza, ma non ti senti accettato."

7 *Caritas:* wohltätige Organisation der katholischen Kirche

12 *Comunità di Sant'Egidio:* wohltätige Organisation

17 *Centro islamico culturale:* islamisches Kulturzentrum

24 *Casa di accoglienza:* die Anlaufstelle, das Heim

Quando un giorno capiremo che chance offre la società multietnica, sia Mohamadou sia Younis e tanti altri avranno già fatto tutto il possibile per ridurre al minimo la nostra diffidenza e saranno già stati nell'inferno quotidiano che gli prepariamo.

da: Le paure degli immigrati di Bianca Stancanelli, www.panorama.it, 27/11/2006 (adattato)

E 1 *Immigrati in Italia*

1. Domande sul testo.

1. Di che nazionalità sono gli emigrati di cui si parla nei testi?
2. Quanti sono all'incirca gli emigrati in Italia?
3. Quali sono le paure di questi immigrati?
4. Come reagiscono gli italiani agli immigrati?
5. Chi è Abdellah Redouane e che cosa dice degli immigrati?
6. Che lavoro fa Mohamadou?
7. Che cosa succede quando sale sull'autobus?
8. Che cosa chiede spesso la gente a Younis?
9. Come reagisce Younis alle domande della gente?

2. Che cosa pensi tu?

10. Perché è importante che Younis e la moglie sappiano parlare bene l'italiano?
11. Secondo te, per un immigrato è importante conoscere bene la lingua del paese in cui vive? Perché?
12. Tutti più o meno parlano l'inglese. È inutile allora imparare altre lingue straniere? Tu che ne pensi?

3. Che cosa è la comunità di S. Egidio? Cerca informazioni in Internet.

E 2 *Per poter parlare dell'immigrazione ...*

Parlando dell'immigrazione si usano spesso le seguenti espressioni che trovate nel testo:

clandestino (r. 9), casa di accoglienza (r. 24), pregiudizio (r. 33), cittadinanza italiana (r. 41), società multietnica (r. 42)

Si sentono però anche queste espressioni:

1. permesso di lavoro, 2. permesso di soggiorno, 3. immigrante di prima/seconda/terza generazione, 4. neocittadino, 5. asilo, 6. extracomunitario

Usa il dizionario e cercane i significati in tedesco.

E 3 *Che cosa dice il testo?*

Trova le argomentazioni giuste.

Quando un giorno capiremo che chance offre la società multietnica,

a. ... sia Mohamadou sia Younis e tanti altri avranno già fatto tutto il loro possibile per ridurre al minimo la nostra diffidenza.
b. ... avremo sentito la paura della solitudine, e prima di tutto il terrore di non farcela.
c. ... Mohamadou e Younis saranno già stati nell'inferno quotidiano che gli prepariamo.

ATTENZIONE! LAVORI IN CORSO!

avranno fatto, avremo sentito, saranno andati ...
Di quali elementi che conosci già è formato il futuro anteriore?
Quando **capiremo**, ... tanti altri **avranno già fatto** tutto il loro possibile ...
Quando si usa? G → 8.9

E 4 ***Amore, fra un po'...***

Mohamadou è fidanzato con una ragazza del Kenia che vive a Catania. Da quando si sono conosciuti, si scrivono lettere. Scegli la forma giusta.

Cara Amani,
questa (sarà/sarà stata) la mia ultima lettera dalla pensione in via del Plebiscito. Ho finalmente trovato una camera tutta per me in un appartamento che (divideremo/avremo diviso) solo in tre. Sono contentissimo perché non (costerà/sarà costato) più della stanza dove sto adesso. Non te lo volevo dire prima, ma qui in via del Plebiscito la vita è proprio insopportabile perché dormiamo in quattro in una stanza e siamo in 12 a usare lo stesso bagno. Nel nuovo appartamento la vita (sarà/sarà stata) molto diversa. Quando (finirò/avrò finito) il trasloco, (potrò/avrò potuto) studiare la sera perché non (sarò/sarò stato) più disturbato dal rumore del traffico qui in via del Plebiscito. (Potrò/Avrò potuto) frequentare un corso di informatica e cercare un lavoro ben pagato in un ufficio. Così, quando ci (sposeremo/saremo sposati) e tu (verrai/sarai venuta) qui a Roma, (guadagnerò/avrò già guadagnato) abbastanza soldi per poterci permettere una vita tranquilla.
Dalla tua ultima lettera ho notato che hai fatto grandi progressi in italiano. Complimenti! Quindi frequenti sempre il corso? Quando lo (finirai/avrai finito) e (imparerai/avrai imparato) abbastanza bene la lingua, (vedrai/avrai visto) che la tua integrazione qui in Italia (sarà/sarà stata) molto più facile – e naturalmente (diventerà/ sarà diventata) sempre più facile capire le mie lettere in italiano, no?
Come sta la tua famiglia? Saluta i tuoi genitori da parte mia.
Non vedo l'ora di avere in mano la tua prossima lettera.
Ti abbraccio forte forte,

Mohamadou

E 5 ***Eppure, però & co.*** G → 12

Fa' un elenco di tutte le congiunzioni che trovi nel testo A "Terra promessa?" e nella lettera di E 4 e prova a sostituire le congiunzioni trovate con dei sinonimi.

Modello: "**Ma** loro, gli stranieri: ..." (r. 9) → **Però** loro, ...

E 6 

Aber: ma? però? invece? G → 12

Fate un elenco di tutte le congiunzioni che conoscete. Quali di quelle che avete trovato sono sinonimi? Indicatele con dei colori diversi.

E 7

Una domanda di lavoro …

Mohamadou ha scritto una lettera, ma non è contento perché non è ancora né bella né finita.
Scegli la preposizione adatta e combina le frasi con delle congiunzioni.

Mohamadou Rada
Via Giuseppe Garibaldi, 23
00158 Roma

Scuola internazionale (di/da) lingue
Dott. Ettore Camillucci
Piazza Campo de' Fiori, 23
00157 Roma

Gentile Dott. Camillucci,

ho letto l'annuncio (di/da) lavoro che ha messo (in/su) Porta Portese la settimana scorsa e mi candido come tecnico (di/a) computer presso la Sua scuola.
Sono senegalese, 40 anni e vivo (in/a) Italia ormai (per/da) molti anni. (Nel/In) Senegal ho studiato ingegneria. Ho ottenuto il massimo (dei/nei) voti. Non sono riuscito (di/a) trovare lavoro. Per fortuna parlo diverse lingue straniere (oltre al senegalese parlo il francese, l'inglese, il tedesco e ormai anche l'italiano). L'italiano ho cominciato a studiarlo qui (in/a) Roma. Non è stato difficile imparare la Vostra bella lingua. Qui (in/a) Roma ho cominciato subito (di/a) lavorare come portiere (in/a) una Casa d'Accoglienza della comunità di S. Egidio. Sono abbastanza esperto (nei/di) computer. L'impiegato (per l'/dell') amministrazione della Casa d'Accoglienza mi chiede spesso (di/a) dare una mano (in/nel) caso di difficoltà. Lo faccio (con/per) piacere e mi piace molto. Penso di essere molto portato (per/su) quest'attività. Mi sembra che il posto di lavoro (da/di) Lei offerto sia l'ideale (per/con) me. Inoltre ogni volta che dovessi aiutare uno studente (di/a) usare il computer non avrei difficoltà linguistiche.
Mi piacerebbe moltissimo lavorare (in/con) una scuola (di/da) lingue, (in/per) un ambiente quindi internazionale. Io in Senegal non sono stato abituato a trovarmi (su/in) un ambiente multiculturale. Sono sicuro che il soggiorno (in/nell') Italia mi ha reso molto sensibile (per l'/all') esperienza interculturale.
Nella speranza (a/di) ricevere presto Sue notizie, La saluto distintamente

Mohamadou Rada

2 *Porta Portese: hier:* Name eines Online-Magazins für Kleinanzeigen, benannt nach einem Stadttor in Rom (*früher:* Porta Portuensis), an dem heute jeden Sonntag der größte und berühmteste Flohmarkt Roms stattfindet.
6 *ingegneria:* Ingenieurwissenschaften

E 8 ***... e chi la legge***

Sei l'impiegato/l'impiegata che ha letto per primo la lettera di Mohamadou a Camillucci. Sei convinto, -a che sia la persona adatta per questo lavoro. Quali argomenti usi per convincere il direttore che invece non è convinto?

Lavorate in coppia: fate un elenco dei possibili argomenti a favore di Mohamadou e raccogliete anche probabili risposte del direttore. Poi mettete in scena il dialogo.

E 9 ***Clandestini: l'Europa e le sue frontiere*** (→ Strategia 1)

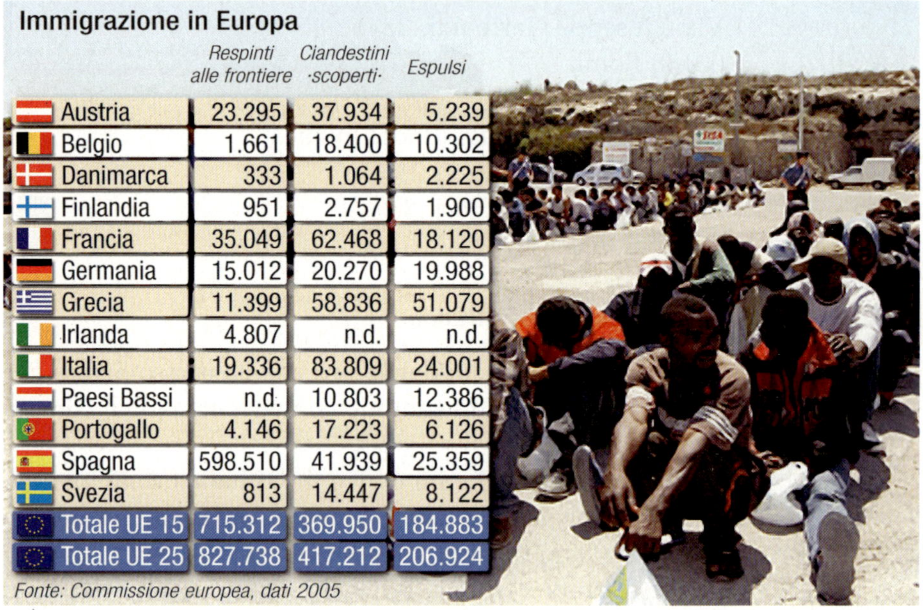

Immigrazione in Europa

	Respinti alle frontiere	Clandestini ·scoperti·	Espulsi
Austria	23.295	37.934	5.239
Belgio	1.661	18.400	10.302
Danimarca	333	1.064	2.225
Finlandia	951	2.757	1.900
Francia	35.049	62.468	18.120
Germania	15.012	20.270	19.988
Grecia	11.399	58.836	51.079
Irlanda	4.807	n.d.	n.d.
Italia	19.336	83.809	24.001
Paesi Bassi	n.d.	10.803	12.386
Portogallo	4.146	17.223	6.126
Spagna	598.510	41.939	25.359
Svezia	813	14.447	8.122
Totale UE 15	715.312	369.950	184.883
Totale UE 25	827.738	417.212	206.924

Fonte: Commissione europea, dati 2005

19. 12. 2006 panorama.it

1. Quali sensazioni richiama la foto che accompagna la statistica?
2. Quanti sono gli immigrati nei paesi europei?
3. Quanti immigranti illegali volevano entrare nel territorio dell'UE nel 2005?
4. Quanti volevano entrare nel territorio dei 15 paesi più ricchi dell'UE?
5. Attraverso le frontiere di quali tre paesi vogliono entrare per lo più?
6. Quali tre paesi dell'UE hanno il maggior numero di clandestini?

E 10 ***Come sarebbe il mondo, se ...?*** G → 15

Forma delle frasi.

1. L'Europa non (attirare) tanti immigranti, se non (essere) così ricca.
2. Se (esistere) un'immigrazione regolata in Europa, gli immigranti non (dovere) rischiare la vita.
3. (Esserci) più da mangiare, se certi stati (comprare) meno armi.
4. Se tutti i bambini (avere) la possibilità di frequentare la scuola, non (esserci) così tanti analfabeti.
5. Se in Africa (esserci) più posti di lavoro, (venire) meno persone da quel continente.

6. Se negli ultimi anni non (venire) in Italia così tanti stranieri, alcune aziende non (funzionare) proprio.
7. Se emigranti di diversi paesi del mondo non (scegliere) di vivere in Europa, non (avere, noi) la possibilità di conoscere altre culture.

E 11

La tua opinione, per favore!

Secondo te:
- Perché c'è una forte immigrazione in Europa?
- Cosa si può fare per integrare gli immigranti e limitare il numero dei clandestini?

Scrivi un commento per il giornale.

E 12

Parla Fabrizio, un volontario del comitato di accoglienza.

Leggi il testo e poi raccogli in tedesco le informazioni che hai capito.

Mi chiamo Fabrizio e studio psicologia a Roma. Nel tempo libero lavoro come volontario per un'associazione che si occupa degli immigrati. Io, come anche gli altri ragazzi che lavorano lì, mi devo occupare un po' di tutto: da preparare e servire un pasto caldo, a dare qualche lezione di italiano per insegnare a queste persone almeno il minimo per sopravvivere, ad aiutare nel riempire moduli e domande per regolarizzare la loro posizione e non essere più clandestini. Questo lavoro mi piace molto. Mi piace soprattutto pensare, sperare di rendermi utile a queste persone che quando arrivano hanno un'aria impaurita, il terrore di essere rifiutate e non sanno proprio cosa fare. Sanno solo che volevano assolutamente andare via dai loro paesi di origine dove le condizioni di vita erano terribili. I primi tempi queste persone sono come dei bambini allontanati dalla madre. Succede spesso che tra loro e noi volontari nasca un rapporto umano molto bello che rimane anche dopo che questi immigrati, non tutti purtroppo, si sono inseriti nella vita del Paese ospite.

6 *il modulo:* das Formular

9 *avere un'aria impaurita:* einen verschreckten Eindruck machen

E 13

L'alfabeto della migrazione

Fate una lista delle lettere dell'alfabeto italiano; cercate per ogni lettera parole che hanno a che fare con il tema.

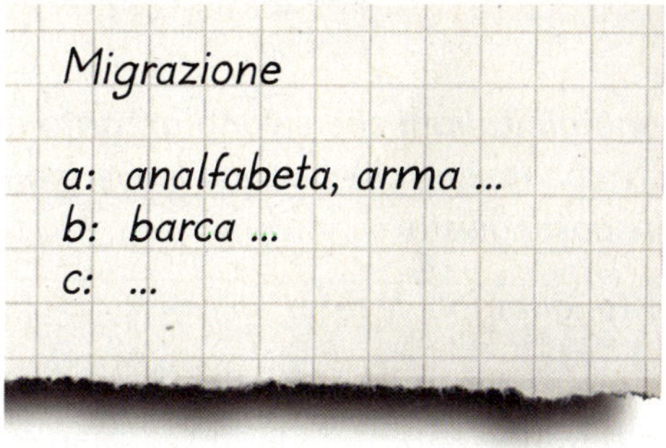

B "Immigrante o emigrante? Ma sono sempre io!"

T1 Interviste

Emanuela

Antonio

Margherita

Cristina

E 1 ***Chi sono? Che cosa fanno gli italiani che vivono accanto a noi?***

Ascolterete delle interviste con italiani che abitano in Germania. Che cosa ci raccontano? Trovate le risposte giuste.

1. Prima del primo ascolto: guardate le foto.

1. Che lavoro faranno le persone sulle foto? Perché saranno venute in Germania? Da quanto tempo saranno già in Germania?
2. Immaginati la storia di una delle persone e raccontala al tuo partner/alla tua partner.

2. Primo ascolto: le seguenti affermazioni sono vere o false? Correggi se necessario.

Emanuela

1. Secondo Emanuela, oggi non si emigra più.
2. Emanuela è nata in Italia.
3. Tutta la famiglia si sente molto italiana.
4. Adesso il marito vuole tornare in Italia, Emanuela invece vorrebbe restare qui.
5. Vanno a Rimini perché c'è la nonna di Emanuela.

Antonio

6. Antonio si sente più italiano che tedesco.
7. Anche i suoi amici in Italia dicono che è un vero italiano.
8. Antonio ha studiato il tedesco a scuola.
9. Si sente integrato.
10. La famiglia di Antonio non era d'accordo con la sua decisione di vivere in Germania.

Margherita

11. Margherita in Italia era sola, senza marito e senza figlia.
12. È venuta in Germania perché sapeva parlare il tedesco.
13. Margherita si è integrata bene.
14. In Italia guadagnava solo 100mila lire al mese (~ 50 €).

Cristina

15. Cristina è venuta in Germania nel 1994.
16. Ha scelto Monaco perché aveva degli amici.
17. All'inizio ha cercato lavoro nelle scuole di lingue.
18. Abita ancora a Monaco.

3. Secondo ascolto: sai rispondere alle domande?

Emanuela

1. In quale parte d'Italia è ancora difficile trovare un lavoro?
2. Perché la gente lì spesso non è contenta neanche quando ha trovato un lavoro?
3. Dove ha imparato Emanuela a parlare il tedesco?
4. Perché all'età di dodici anni non sapeva più parlare il tedesco?
5. Perché la famiglia torna in Italia adesso?
6. Perché va a Rimini?

Antonio

7. Dove è nato Antonio?
8. Quando è venuto in Germania?
9. Quali influssi ha avuto la Germania su Antonio?
10. Secondo Antonio, come sistemano le loro cose i tedeschi?
11. Come ha imparato il tedesco?
12. Quale lingua parla di più nella vita quotidiana?
13. Che cosa gli mancherà quando sarà tornato in Italia?
14. I genitori di Antonio sono d'accordo con la sua decisione di tornare in Italia?

Margherita

15. Quando è emigrata Margherita?
16. Perché è partita per la Germania?
17. Che cosa le piace della Germania?

Cristina

18. Dove ha imparato il tedesco Cristina?
19. Cristina non era ancora laureata all'arrivo a Monaco. Perché è stato un problema?
20. Che tipi di lavoro ha fatto all'inizio?
21. Di quali cliché della Germania parla?
22. Secondo Cristina, che cosa è notevole della Germania?
23. In quale conflitto si trova Cristina?

4. Dopo il secondo ascolto: fate un identikìt delle persone intervistate. Scrivete l'identikìt sul quaderno.

	Emanuela	Antonio	Margherita	Cristina
Da quanto tempo è in Germania?				
Qual è la regione d'origine?				
Perché è venuto, -a in Germania?				
Perché ci è rimasto, -a?				
Dove ha imparato il tedesco?				
Si sente integrato, -a?				
Qual è la sua impressione della Germania/dei tedeschi?				
Ha intenzione di tornare in Italia?				
Con quali aggettivi (minimo tre!) descriveresti il personaggio di ...?				
Chi vorresti conoscere? Perché?				

T2

L'emigrazione italiana

Si va via

"Non trovo parole adeguate per descriverle per l'intiero lo sconvolgimento del Piroscafo, i pianti, i rosari e le bestemmie di coloro che hanno fatto il viaggio senza volerlo, in tempo di burrasca. Le onde spaventose s'innalzano verso il cielo, e poi formano valli profonde [...]. Tralascio dirle dei casi di morte, che in media ne muoiono 5 o 6 per 100, e pregare il Supremo Iddio che non si sviluppino malattie contagiose, che allora non si può dire come andrà."

Parla un immigrante africano o asiatico arrivato sulle coste europee o americane poco tempo fa? No, questa è la lettera che Francesco Costantin di Treviso ha spedito a casa dal Sudamerica nel 1889. Come tante altre lettere raccolte nel libro *Merica Merica* di Emilio Franzina parla delle esperienze terrorizzanti di milioni di emigranti italiani. Per fuggire alla miseria salivano su barche insicure e viaggiavano in condizioni terribili, sperando di farcela ad arrivare alla "terra promessa" per poi raccontare del caldo e della puzza a bordo, della fame, delle malattie e, talvolta, anche dei naufragi. Come quello della nave italiana "Principessa Mafalda": parte da Genova con motori rotti che si fermano già otto volte nel Mediterraneo. Arrivano a Dakar per nuove riparazioni e decidono di andare avanti lo stesso. Attraversano l'Atlantico con la nave così pendente da un lato "che i bicchieri si rovesciavano sui tavoli". All'arrivo alla costa brasiliana la nave si piega ancora di più e si scatena il panico. Il capitano cerca per ore di organizzare l'evacuazione, revolver alla mano. Ma ci sono troppo poche scialuppe e tra le acque arrivano subito sciami di squali bianchi. I giornali di allora non parlano dei 385 morti, ma solo del comandante eroe che è voluto affondare con la nave.

da: Quando sulle carrette del mare c'eravamo noi, di Gian Antonio Stella, Il Corriere della Sera, 26 ottobre, 2003 (adattato liberamente)

2 *per l'intiero:* vollständig, zur Gänze; *lo sconvolgimento:* hier: der Untergang; 3 *il piroscafo:* das Dampfschiff, der Dampfer; *il rosario:* der Rosenkranz (als Gebet); 4 *la burrasca:* der Sturm; 5 *tralasciare:* auslassen, weglassen; 7 *Supremo Iddio:* der höchste Gott;

17 *il naufragio:* der Schiffbruch

24 *la scialuppa:* das Rettungsboot; *lo sciame:* der Schwarm; 25 *lo squalo bianco:* der weiße Hai

Chi sono gli italiani che emigrano?

Emigrano soprattutto figli di contadini, per lo più analfabeti, che a casa non trovano un lavoro adeguato per poter mantenere la propria famiglia e offrire un futuro positivo ai propri figli. Così il numero degli emigranti rispecchia bene la situazione nelle loro regioni o paesi d'origine. Prima del 1900 la maggioranza degli emigranti viene dalle province settentrionali. Dopo il 1900 emigrano a migliaia intere famiglie delle regioni centrali, meridionali e delle isole dove il governo dell'Italia unita non ha introdotto né industrializzazione né riforme agrarie.

35 *agrario,-a:* landwirtschaftlich, Agrar-

Emigrazione italiana 1876 – 1976 (www.forumitmondo.it)
Regioni a maggiore emigrazione

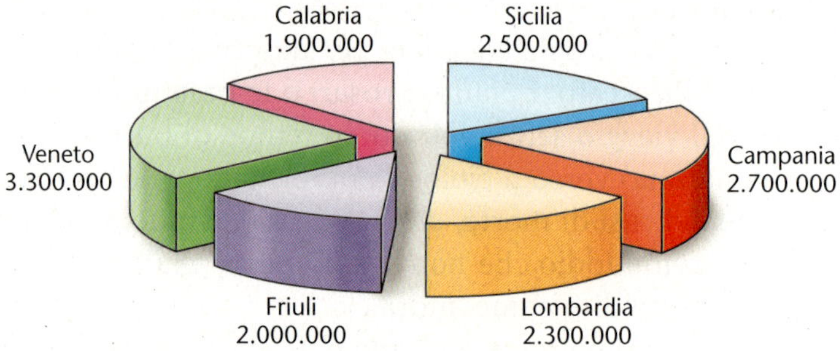

Che cosa trovano nella nuova patria?

È più facile integrarsi dove si parla una lingua romanza, come il francese (Francia, Svizzera), il portoghese (Brasile) o lo spagnolo (Argentina). Negli altri paesi gli italiani si tengono vicino ai connazionali per trovare un lavoro e un posto in cui abitare. Nascono così i quartieri italiani "Little Italy" in tante città degli Stati Uniti e dell'Australia. Isolati linguisticamente dalla società anglosassone intorno ai loro "ghetti", si trovano di fronte alla crescente concorrenza per i pochi posti di lavoro e sempre più pregiudizi contro di loro, come si vede nell'immagine qui sotto:

39 *i connazionali:* die Landsleute

42 *anglosassone:* angelsächsisch, englischsprachig

Nuova patria, vecchi mestieri (Harper's Weekly, 1° febbraio 1873, Culver Pictures)

Il lavoro che trovano è mal pagato e spesso pericoloso come mostra la statistica dei morti nelle miniere belghe e in altri incidenti sul lavoro tra il 1946 e il 1956: il numero dei lavoratori di origine italiana è di oltre seicento.

47 *la miniera:* die Mine, das Bergwerk

Dove si va? Italiani emigrati dove e quanti in 140 anni (→ Strategia 1)

Anni	Francia	Germania	Svizzera	USA-Canada	Argentina	Brasile	Australia	Altri Paesi
1861–1870	288 000	44 000	38 000	–	–	–	–	91 000
1871–1880	347 000	105 000	132 000	26 000	86 000	37 000	460	265 000
1881–1890	374 000	86 000	71 000	251 000	391 000	215 000	1 590	302 000
1891–1900	259 000	230 000	189 000	520 000	367 000	580 000	3 440	390 000
1901–1910	572 000	591 000	655 000	2 394 000	734 000	303 000	7 540	388 000
1911–1920	664 000	285 000	433 000	1 650 000	315 000	125 000	7 480	429 000
1921–1930	1 010 000	11 490	157 000	450 000	535 000	76 000	33 000	298 000
1931–1940	741 000	7 900	258 000	170 000	190 000	15 000	6 950	362 000
1946–1950	175 000	2 155	330 000	158 000	278 000	45 915	87 265	219 000
1951–1960	491 000	1 140 000	1 420 000	297 000	24 800	22 200	163 000	381 000
1961–1970	898 000	541 000	593 000	208 000	9 800	5 570	61 280	316 000
1971–1980	492 000	310 000	243 000	61 500	8 310	6 380	18 980	178 000
1981–1985	20 000	105 000	85 000	16 000	4 000	2 200	6 000	63 000
PARTITI	**6 322 000**	**3 458 000**	**4 604 000**	**6 201 000**	**2 941 000**	**1 432 000**	**396 000**	**3 682 000**
TORNATI	**2 972 000**	**1 045 000**	**2 058 000**	**721 000**	**750 000**	**162 000**	**92 000**	**2 475 000**
RIMASTI	**3 350 000**	**2 413 000**	**2 546 000**	**5 480 000**	**2 191 000**	**1 270 000**	**304 000**	**1 207 000**
Totale complessivo: Partiti 29 036 000 – Tornati 10 275 000 – Rimasti 18 761 000								

www.forumitmondo.it

E 2 ***Quante informazioni!***

1. Rispondi alle seguenti domande sul testo.

1. Chi è Francesco Costantin? Che cosa sappiamo della sua vita?
2. Quali esperienze ha fatto sulla nave? In che senso si può dire che le sue esperienze non sono uniche?
3. Alla fine del '900 comincia il processo di industrializzazione nel nord Italia: in che misura ha influito sull'emigrazione italiana? Perché?
4. Perché ci sono delle "Little Italy" negli USA o in Australia? Perché non ci sono quartieri italiani in paesi come la Francia o l'Argentina?

2. Commenta la statistica e la foto:

5. Perché
- all'inizio l'emigrazione si dirige soprattutto verso l'America?
- c'è un'immigrazione limitata negli USA dopo il 1918?
- l'emigrazione è quasi inesistente tra il 1914 e il 1918, e tra il 1930 e il 1945?
- dopo il 1960 gli emigranti italiani preferiscono paesi europei?

6. Perché l'emigrazione di massa finisce negli anni '80?

E 3 *Descrivi e spiega l'immagine 'nuova patria, vecchi mestieri' (p. 61).*

E 4 ***Esperienze di emigranti***
Perché le persone intervistate nel T 1 (non) sono emigranti tipici? Paragona le informazioni delle interviste (le tue risposte a E 1) con quelle del testo 2.

ATTENZIONE! LAVORI IN CORSO!

"Sarebbe stato diverso se non ti fossi sposato con un'italiana?"
"Se mi avessi informato prima non avrei commesso l'errore."
"Se me lo dicevi prima non commettevo l'errore." (colloquiale)
"Chissà, se avessi fatto amicizia con una famiglia di francesi, magari oggi sarei in Francia."
Quali due forme verbali vengono combinate qui?
Che cosa esprimono queste frasi? G → 15

E 5 ***Se la vita fosse stata diversa, chissà come sarebbero andate le cose!***
Trasforma le seguenti frasi secondo il modello:

Tanta gente non sapeva né leggere né scrivere, così non ha trovato lavoro.
Se la gente avesse saputo leggere e scrivere, forse avrebbe trovato lavoro.

1. Molti non trovavano lavoro in Italia e sono emigrati.
2. Molti emigranti sono andati in paesi in cui si parlava una lingua romanza, così potevano comunicare più facilmente.
3. Moltissimi italiani sono emigrati in Argentina, dove oggi la comunità italiana è molto forte.
4. Lo spagnolo che si parla in Argentina ha molti elementi italiani.
5. In Australia e negli Stati Uniti sono nati dei veri e propri ghetti italiani.
6. Molti degli italiani emigrati in Germania hanno aperto dei ristoranti e la cucina italiana è ormai molto amata.
7. I sudamericani hanno importato in Europa danze come il tango, la salsa e il merengue che sono ormai molto di moda.
8. I genitori di Paola da giovani hanno lavorato per dieci anni in Germania. Poi sono tornati in Italia e hanno potuto comprare una bella casa.
9. Karin e Hans da bambini hanno vissuto per dodici anni in Italia, sono andati lì a scuola e hanno imparato molto bene l'italiano.
10. Molti scienziati europei sono andati in America dove hanno avuto dei finanziamenti per le loro ricerche e sono in breve tempo diventati famosi.

tango, salsa, merengue: lateinamerikanische Tänze

E 6 ***Quanto sarebbe diverso il mondo!***
Fa' delle frasi usando il periodo ipotetico III.

Se →

i napoletani
i romani
Guglielmo Marconi
Galileo Galilei
→

(non)
avere
essere
→

inventare
trovare
creare
scoprire
viaggiare
conquistato
costruire
→

Europa
la pizza
la Francia
radiotelegrafia
un buon telescopio
→

la gente
noi/io/tu/...
gli italiani/
i tedeschi/
i francesi/
gli europei ...
→

(non)
conoscere
parlare
sapere
poter chiamare
godersi
scoprire
vedere
mangiare
→

gli amici
i pomodori
una lingua romanza
la pizza Margherita
la pasta
la cultura romana
montagne sulla luna

Continua con

la TV – il computer, Alexander Bell – il telefono, gli arabi – il caffè, il telefonino, Carl Benz – l'automobile, Alessandro Volta – la pila, Antonio Pacinotti – la dinamo

E 7 ***E tu e la tua vita?***
Finisci le frasi.

Modello: Se non frequentassi la 10ª del mio liceo, ...
Se non frequentassi la 10ª del mio liceo, la mia vita sarebbe molto diversa.

1. Se non avessi avuto la fortuna di andare a scuola ...
2. Se i miei genitori non avessero (avuto) un lavoro ...
3. Se non avessi studiato due lingue straniere ...
4. Se frequentassi un altro liceo ...
5. Se non avessi conosciuto i ragazzi della mia classe ...
6. Se non avessimo avuto la possibilità di fare uno scambio ...
7. Se non avessi avuto la possibilità di decidere cosa fare nelle vacanze ...
8. Se non fossi partito, -a per le vacanze con i miei genitori/amici ...

E 8 ***Laura e Fabrizio, il grande amore***

Completate le frasi con le forme giuste del periodo ipotetico 1 (congiuntivo trapassato, condizionale semplice o composto, o anche la forma colloquiale con l'imperfetto indicativo).

1. *Laura:* Oh Fabrizio, se io non (incontrare) te, non (mai/sapere) cosa significa essere felice!
2. *Fabrizio:* Laura, amore mio! Se non ti (conoscere), oggi (essere) un ragazzo triste ...
3. *Laura:* Quando ci siamo conosciuti, il mio cuore mi ha detto subito che tu eri l'uomo della mia vita. Se tu non ti (subito/innamorare) di me, (venire) io da te!
4. *Fabrizio:* Oh amore! Se quel giorno non (io/andare) al supermercato e non (far cadere) tutte quelle mele sul cane di quella signora, non (noi/essere) mai conosciuti!
5. *Laura:* È vero! Se io non (essere) passata di lì proprio in quel momento, non ti (avere) mai visto! Ma con quella confusione che hai fatto al supermercato non sarebbe stato possibile non incontrarti! Comunque se non (avere) pensato "ma chi è quello stupido che butta giù tutte le mele addosso ad un povero cane!" non (essere) mai venuta a darti una mano a rimetterle a posto.
6. *Fabrizio:* È vero, amore mio dolce! Se non (avere) mandato il povero cane alla clinica veterinaria e la signora non (essersi) arrabbiata così tanto con me, tu non (avere) cercato di difendermi!

Come continua la storia? Scrivi 6–8 frasi sul quaderno.

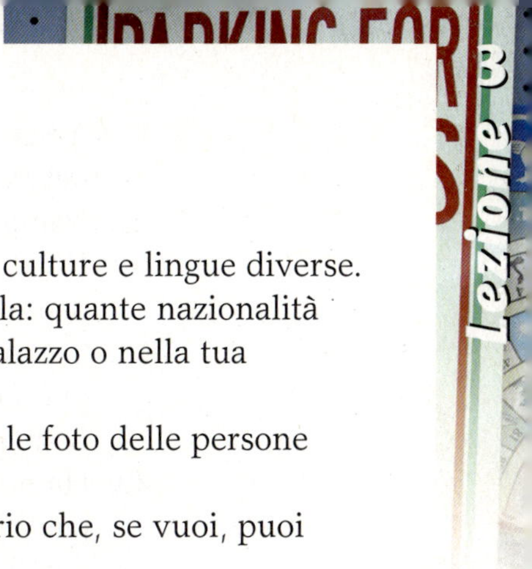

C Progetto questionario

Anche nel tuo ambiente c'è una grande scelta di culture e lingue diverse. Basta per esempio dare un'occhiata alla tua scuola: quante nazionalità sono rappresentate nella tua scuola? O nel tuo palazzo o nella tua parrocchia: Quante (madre)lingue si parlano?

la parrocchia: die Pfarrei

Fai delle interviste e presenta i tuoi risultati (con le foto delle persone intervistate?) alla classe!

il questionario: der Fragebogen

Come aiuto abbiamo già preparato un questionario che, se vuoi, puoi utilizzare.

QUESTIONARIO

1. Sesso M F
2. Età
3. Luogo di nascita
4. Residenza

5. Conoscenza di lingue straniere

1. ___	Livello: Scolastico	Medio	Madrelingua
2. ___	Livello: Scolastico	Medio	Madrelingua
3. ___	Livello: Scolastico	Medio	Madrelingua
4. ___	Livello: Scolastico	Medio	Madrelingua

6. Lavoro
   Part Time?

7. Religione

8. Perché è venuto/venuta in Germania?
9. Da quanto tempo è qui?
10. Qual è stata la Sua prima impressione appena arrivato/arrivata in Germania?
11. Usi uno o due aggettivi per descrivere la Sua impressione iniziale su:
- il tempo
- i tedeschi
- la vita in Germania
- il lavoro
12. Com'è cambiata la Sua impressione sulla Germania adesso che vive qui?
13. Ha intenzione di tornare nel Suo paese? Se sì, quando?
14. Secondo Lei, c'è una differenza tra la presenza della legge in Germania e nel Suo paese?

15. A Suo parere, esiste una differenza tra i mass-media in Germania e nel Suo paese? Quale?
16. Come vede la politica tedesca? Si sente coinvolto, -a?
17. Nota una differenza nei prezzi e nella qualità della vita tra il Suo paese e la Germania? Se sì, può farci uno o due esempi?
18. C'è una differenza tra la moda tedesca e quella nel Suo paese? Se sì, può farci uno o due esempi?
19. Le piace la cucina tedesca?
20. Ha notato grandi differenze di mentalità tra la Germania e il Suo paese? Se sì, in che occasioni?

lo stereotipo: der Stereotyp, das Klischee

21. Quali stereotipi ci sono sui tedeschi e quali sono secondo Lei fondati?
22. Ha scoperto stereotipi sul Suo paese di cui non era a conoscenza? Se sì, quali? Sono secondo Lei fondati?
23. C'è differenza tra il rapporto uomo/donna nel Suo paese e in Germania?
24. Ci sono differenze nel modo in cui ci si diverte nel Suo paese e in Germania? Se sì, ci può fare qualche esempio?
25. Ha avuto problemi con la lingua tedesca all'inizio?

il malinteso: das Missverständnis

26. Ci sono stati dei malintesi che avevano a che fare con la lingua? Se sì, ce ne racconta brevemente uno?
27. Se ci sono stati malintesi che avevano a che fare con la mentalità diversa, ce ne potrebbe raccontare uno?
28. Rifarebbe la scelta di venire in Germania?
29. L'immagine della Germania che aveva prima di partire coincideva con la realtà?
30. Perché tra tanti paesi ha scelto a suo tempo proprio la Germania?
31. Com'è stato accolto?
32. È cambiata l'idea che i tedeschi hanno dei Suoi connazionali nel corso degli anni? Come?
33. Secondo Lei, la comunità degli emigranti del Suo paese è integrata nella società tedesca?

GRAZIE!!!

Strategia 3: Il dizionario monolingue: non solo ci fornisce il significato delle parole sconosciute quando leggiamo un testo, ma riporta anche tante informazioni utili per l'uso corretto della lingua quando siamo noi a scrivere

Ecco alcuni esempi ed esercizi che dimostrano quante informazioni vi possiamo trovare quando non siamo sicuri di qualcosa:

1. Sulla grammatica, per esempio, per trovare:

1. L'articolo di:
a. parte la
b. clima il
c. DVD il
d. snowboard il

2. Il plurale di:
a. il maniaco i maniachi
b. la provincia le provincie
c. il capogruppo i capogruppi
d. la madrelingua le madrelingue

3. I plurali che cambiano il significato, come:
a. il braccio bracci
b. il muro i muri

4. La coniugazione dei verbi difficili:
a. digerire digerisco -> i-Konjugation
b. produrre e-Konjugation produco
c. mantenere mantengo e-Konjugation

5. Il participio passato dei verbi irregolari:
a. pungere punto
b. risolvere risolto
c. promettere promesso
d. coprire coperto

6. L'ausiliare per i verbi come:
a. camminare essere
b. costare avere
c. bastare avere
d. viaggiare essere

→

7. L'uso del congiuntivo o dell'indicativo dopo le congiunzioni:
a. tranne cong.
b. siccome cong.
c. nonostante cong.
d. perché indic.

8. Le preposizioni dopo il verbo:
a. fidarsi di
b. abituarsi a
c. innamorarsi di
d. provare a
e. pensare a
f. decidere di
g. decidersi a
h. partire da/in

9. L'ortografia corretta delle parole (***correggi, se necessario***):
a. l'aeroporto
b. la coscenza conoscenza
c. l'ingegniere ingegnere
d. anedottico aneddottico
e. il tè
f. perché
g. ventitre ventitré
h. le spiaggie

10. L'accento corretto di parole come:
a. segretaria
b. analogo
c. irriconoscibile
d. segreteria
e. esofago
f. piramide

2. Sul lessico, per esempio, per trovare:

1. Il femminile di
a. il caporedattore caporedattrice
b. l'eroe eroina
c. il cliente la cliente
d. il medico la medica

2. L'aggettivo dei nomi geografici e dei sostantivi:
a. Perugia
b. svantaggio
c. Alto Adige
d. scuola

3. Il verbo del sostantivo:
 a. lo sponsor
 b. l'aumento
 c. il peso
 d. il riscaldamento

4. Il sostantivo del verbo:
 a. riciclare
 b. desiderare

5. Il contrario dell'aggettivo:
 a. possibile
 b. leggibile
 c. regolare
 d. utile
 e. fortunato
 f. onesto

6. Un sinonimo di:
 a. svanire
 b. handicappato

7. La differenza tra:
 a. il mandorlo
 b. la mandorla
 c. il mandorleto
 d. il mandorlato

8. Il significato dei modi di dire:
 a. alzare il gomito
 b. acqua in bocca

9. I due significati delle parole:
 a. il miglio
 b. la zucca

10. I significati colloquiali di:
 a. bucarsi
 b. la fifa

11. La differenza tra:
 a. la meta – la metà
 b. il casino – il casinò

12. La differenza tra:
 ancora – ancora

autocontrollo 3

E 1 *Il futuro e il condizionale* G → 8.8/8.9/8.10

Ricopia la tabella nel quaderno e completala.

	futuro presente	futuro anteriore	condizionale presente	condizionale passato
sono				
parli				
ha				
prendiamo				
capite				
partono				

E 2 *Se non fosse così ...* G → 15

Forma delle frasi con 'se'.

1. Usa il presente.

1. noi/**avere** tempo - noi/**passare** qualche giorno al mare
2. io/**portarvi** al cinema in macchina stasera - voi/prima **fare** la spesa per il fine settimana
3. loro/**uscire** presto - tu/**incontrarli** alla stazione
4. Giada/**finire** di fare i compiti - la madre/**essere** sicuramente contenta
5. Daniele/**cambiare** casa - noi/**potere** vederlo più spesso

2. Trasforma le frasi di 1. e usa il congiuntivo imperfetto ed il condizionale presente.

3. Trasforma le frasi di 1. e usa il congiuntivo trapassato ed il condizionale passato.

E 3 *Sostantivi, aggettivi, verbi – una famiglia unita*

Trova gli elementi – sostantivo (s), aggettivo (a), verbo (v) – che mancano.

l'aiuto → v
l'amore → v
il confronto → v
attraverso → v
noioso → v
notevole → v
il sognatore → v
l'aumento → v
vivere → v
la diminuzione → v
il permesso → v
il pianto → v

abitare → s, s
firmare → s
l'amico → s, s
cucinare → s
arrivare → s
agricolo → s
l'architettura → s
la città → s, s
l'artigianato → s
ascoltare → s, s, s
partecipare → s, s
giocare → s, s, s
rispettare → s
lavorare → s, s, s

aprire → a
l'arancia → a
il problema → a
l'attenzione → a
la felicità → a
l'allegria → a
costare → a
l'attività → a
la persona → a
la timidezza → a
arrabbiare → a
la storia → a

lo scrittore → v, s
la nazione → s, a, a
l'allenatore → s, s, v
il responsabile → s, a, a
abituarsi → s, a
la migrazione → v, v, s, s, s, s
lo studio → s, s, v
realistico → v, s, s
sorprendere → s, a
speciale → a, s
il visitatore → v, s, s, s
vedere → a, a, s

Lezione 4

Italia, Germania, Europa

Ingresso

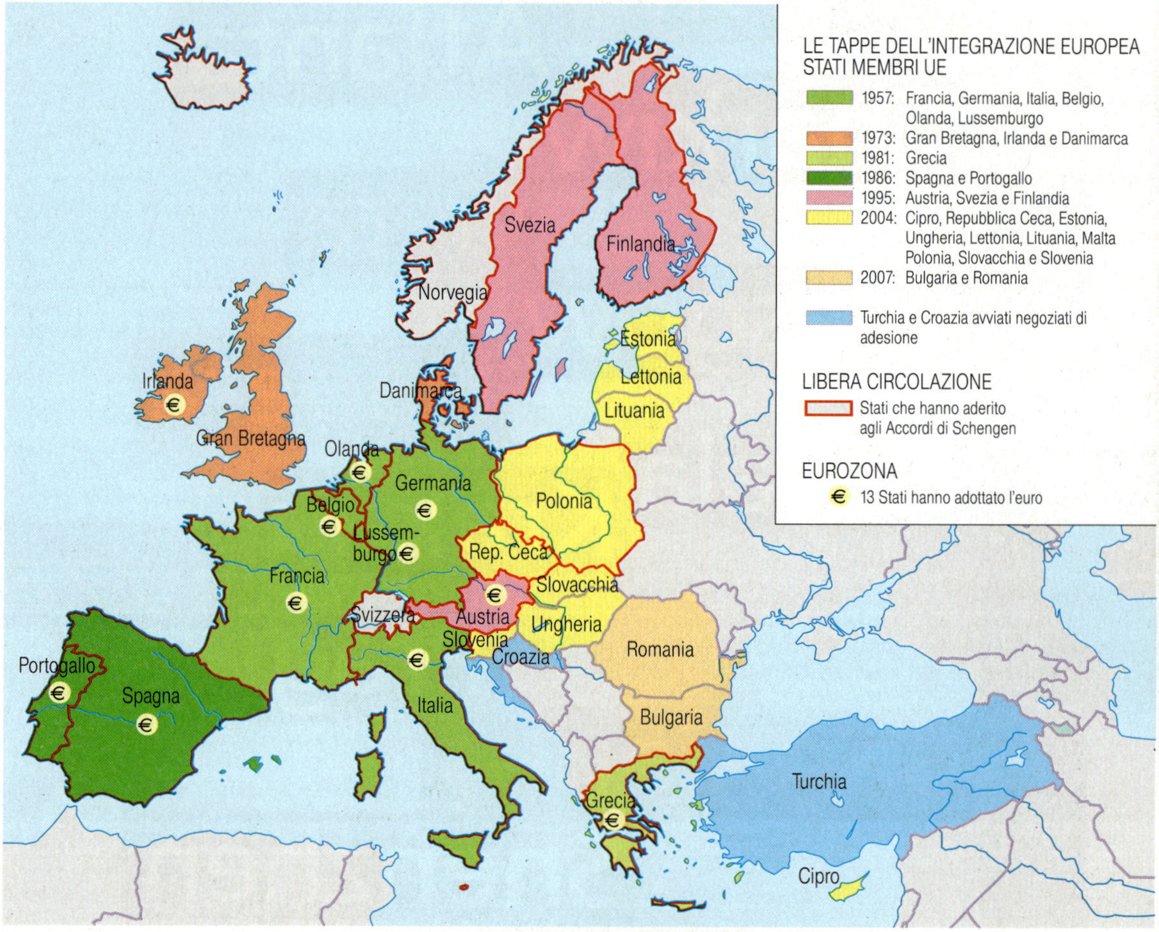

La moneta commemorativa da due euro

E 1

Un quiz europeo

Formate due gruppi. Guardate le illustrazioni di pagina 77 e 78 e trovate 10 domande per l'altro gruppo.

A L'unione fa la forza

T1 L'integrazione: un processo che parte da lontano

L'Europa del 1957, quella dei Trattati di Roma, era una piccola Europa composta da sei Stati: la Comunità Economica Europea. Oggi, grazie al processo di integrazione, la realtà europea è cresciuta. Tra le tappe da ricordare: gli Accordi di Schengen del 1985, in cui si promuoveva la libera circolazione; la nascita dell'Unione europea con il Trattato di Maastricht del 1992; l'introduzione dell'euro come moneta comune in 12 Stati nel 2002.
Da allora la nostra crescita è continuata: i sei Paesi della CEE sono diventati i 27 dell'UE.

Si ricordino le parole di Jean Monnet, uno dei padri dell'integrazione europea:

"Non ci si può fermare quando il mondo attorno a noi è in movimento".

adattato da: la Repubblica

1 *i Trattati di Roma:* die römischen Verträge; 4 *gli Accordi di Schengen:* das Schengener Abkommen; 5 *la libera circolazione:* der freie Austausch (von Waren, Dienstleistungen und Personen); *il Trattato di Maastricht:* der Vertrag von Maastricht

E 1

Vocaboli "europei"

Il tema "Europa" è attuale, e molto interessante poiché si tratta del nostro futuro, ma per parlarne si devono conoscere alcuni vocaboli di base. Eccone alcuni. Abbinate in modo appropriato.

1. Mitgliedsstaat	a. moneta unica
2. Gründerstaat	b. euroscettico
3. Kandidat	c. Banca centrale europea
4. Hymne	d. abolizione/abolire
5. Flagge	e. capitale della cultura
6. Sitz des europäischen Parlamentes	f. stato fondatore
7. Europarat	g. bandiera
8. Europäische Zentralbank	h. Consiglio Europeo
9. Einheitswährung	i. sede del Parlamento europeo
10. Kulturhauptstadt	l. commissione europea
11. Euroskeptiker	m. costituzione
12. Europäische Kommission	n. stato membro
13. Verfassung	o. riunificazione/riunificare
14. Visum	p. paese candidato
15. Beitritt/beitreten	q. inno
16. Abschaffung/abschaffen	r. simboleggiare
17. symbolisieren	s. visto
18. Wiedervereinigung/wiedervereinigen	t. adesione/aderire a

E 2 ***Parlare dell'Unione europea***

Alcune delle parole di E 1 ti servono ora per completare le seguenti frasi:

1. Francia, Germania, Italia, Lussemburgo, Olanda, Belgio erano gli __ dell'Europa unita.
2. Nel 2004 Genova è stata la __.
3. Nel 2002 l'euro diventa la __ di 12 Paesi europei.
4. Strasburgo è la __.
5. Tutti quelli che non sono convinti dei vantaggi dell'UE si chiamano __.
6. La sede della __ è a Francoforte.
7. Il 3 ottobre in Germania si festeggia la __.
8. La Turchia vuole __ all'UE.
9. Nel 2005 si sono avuti i primi referendum per una __ europea.
10. Per entrare in Cina si deve avere un __.
11. Con gli accordi di Schengen sono stati __ i controlli alle frontiere in Europa.
12. Per __ l'unione e l'armonia fra gli stati si sono scelte 12 stelle da mettere sulla __ dell'UE.

ATTENZIONE! LAVORI IN CORSO!

Nelle frasi 9 e 12 dell'esercizio 2 c'è qualcosa da osservare più da vicino.
... si sono avuti ...
... si sono scelte ...
Come si direbbe in tedesco? Quale verbo ausiliare usiamo in italiano?
E a che cosa si deve fare attenzione?

G → 8.15

E 3 ***Una cena in tempi di globalizzazione***

1. Sei in vacanza a Siena da amici. Una sera la nonna del tuo amico italiano Simone vi invita, tutti e due, a mangiare al fast-food perché lei non c'è mai stata ed è curiosa.
Completa il dialogo con il passato prossimo:

Nonna: Beh, ragazzi, eccoci qua. Volevo vedere finalmente anch'io questo posto. Nei giornali si __ (scrivere) molto del fast-food negli ultimi tempi e si __ (dire) tante cose negative. Sono proprio curiosa.

Tu: Grazie dell'invito, Signora! Grande tua nonna, Simone, a portarci qui. I miei al fast-food non ci vengono mai!

Nonna: Eh, li capisco, sai! Anche ai miei tempi era tutto diverso: si __ sempre __ (mangiare) le verdure della campagna, la carne quasi mai. E poi non si __ mai __ (mangiare) senza la tovaglia e si __ sempre __ (usare) il coltello e la forchetta. Qui si mangia con le mani!

Simone: Ma nonna, come si fa a mangiare un hamburger se non con le mani!

Nonna: Anche questo è vero, però, mangiare le stesse cose in tutto il mondo è proprio un po' strano. Eh, tempi moderni!

2. Mentre mangia, la nonna pensa ancora al passato.

Trasforma le seguenti frasi secondo il modello:
Non abbiamo mai portato il mangiare sul vassoio. → Non si è mai portato il mangiare sul vassoio.

1. Abbiamo sempre chiesto il menù al cameriere.
2. Abbiamo sempre usato i bicchieri di vetro.
3. Non abbiamo mai bevuto la coca-cola con il ghiaccio.
4. Non abbiamo mai preso le patatine con le dita.
5. Abbiamo sempre mangiato più verdura e frutta.
6. Non abbiamo mai messo i gomiti sulla tavola.
7. Abbiamo sempre pagato il conto alla fine.
8. Abbiamo sempre lasciato la mancia.

T2 UE – un progetto riuscito?!

In una chat-room italiana alcuni giovani si scambiano le loro idee sull'Unione europea. *Leggi quello che hanno scritto loro e aggiungi poi nell'esercizio E 4 anche la tua opinione!*

Francesca, Italia

Secondo me, ci sono tanti vantaggi: con l'apertura delle frontiere è più facile viaggiare. Ad esempio, i miei mi hanno raccontato che nel passato si è sempre perso un sacco di tempo alla dogana. Poi con l'introduzione dell'euro non si devono più cambiare i soldi prima della partenza o calcolare i prezzi quando si fa lo shopping. Si può andare all'estero per lavoro o per studio più facilmente perché esistono tanti programmi per i giovani, si possono conoscere tante culture e imparare lingue diverse. È una chance enorme.

6 *la dogana:* der Zoll, *hier:* Grenzübergang

Karol, Polonia

Per me l'obiettivo più importante dell'UE è la creazione di una pace duratura. E poi spero che la situazione economica dei nuovi stati membri migliori, che aumentino gli scambi commerciali fra i paesi e che la disoccupazione diminuisca. Si è parlato molto di questi temi: ora c'è la possibilità di fare qualcosa di concreto.

Mats, Svezia

Quando penso all'Europa vedo tanti aspetti positivi, però allo stesso tempo ho anche molti dubbi. Un'Europa unita dovrebbe significare più sicurezza per tutti, eppure potrebbero nascere conflitti con i paesi che restano fuori dall'Unione. L'idea di unificare l'Europa la trovo buona, però ... si è sempre saputo che i politici promettono tante cose: non sono convinto che si realizzerà tutto quello che dicono.

Laure, Francia

Secondo me, l'Europa non comporta solo vantaggi. Certo, si creano nuovi posti di lavoro e magari si riesce a ridurre la disoccupazione giovanile. Solo che trovare un lavoro in un altro paese europeo e far riconoscere i titoli di studio che si sono conseguiti non è così facile ... si è visto, ad esempio, nel caso di mio fratello maggiore che, dopo la laurea, voleva insegnare all'estero. Credo che la burocrazia aumenterà ancora nei prossimi anni e si avranno conseguenze negative per la mobilità.

45 *i titoli di studio:* der Bildungsabschluss

adattato da: Panoramica, Italia, Germania e Europa, C.C. Buchner, Bamberg 2006

E 4

Quello che pensa un giovane tedesco

Ora tocca a te: scrivi quello che pensi tu dell'UE.

E 5

Non tutti parlano tutte le lingue ...

Tuo fratello sta per partecipare ad un progetto europeo di scambio e si interessa molto del tema "Europa": purtroppo non parla italiano. Spiegagli in tedesco cosa avete detto tu e i quattro ragazzi, sottolineando i pro e i contro.

E 6

L'Europa che vorrei ...

Dividetevi in gruppi di tre o quattro e lasciate lavorare la fantasia: come sarebbe l'Europa, se foste voi a decidere?

Modello: Nell'Europa che vorrei i limiti di velocità sarebbero gli stessi in tutti i paesi/... tutti potrebbero trascorrere una settimana all'anno presso una famiglia di un altro paese ...

Parlate di:

E 7 ***Indovina dove ...***

1. Gabriele ha trovato in una rivista questo gioco sul tema "Paese che vai, usanze che trovi" e lui è riuscito a risolverlo. Ci vuoi provare anche tu? Ad ogni paese corrisponde una lettera (un paese compare due volte): se le risposte saranno giuste, le lettere ti diranno che cosa avrai evitato di fare.

Irlanda: **E**
Regno Unito: **A**
Spagna: **R**
Belgio: **U**
Olanda: **F**
Germania: **C**
Francia: **I**
Grecia: **G**

1. Se si è invitati a cena, l'invito è per le 18.30; se invece è per le 20.00 è sicuramente un dopo-cena. Spesso si è invitati al ristorante e non a casa propria come da noi.
   - **Spagna** • **Francia** • **Olanda**
2. Ci si dà sempre la mano per salutarsi e si danno tre baci sulle guance.
   - **Regno Unito** • **Francia** • **Germania**
3. La politica è un argomento molto amato e se ne parla dappertutto: si chiede anche tranquillamente per quale partito si è votato alle ultime elezioni.
   - **Regno Unito** • **Grecia** • **Germania**
4. Il ciclismo e il calcio sono argomenti amati; si devono evitare invece temi politico-linguistici a causa dei problemi fra i due gruppi etnici che vivono nel Paese.
   - **Grecia** • **Belgio** • **Olanda**
5. Si cena alle 22.00 e si fa molto tardi se non ci sono impegni di lavoro il giorno dopo.
   - **Irlanda** • **Germania** • **Spagna**
6. Si possono fare anche lunghi viaggi insieme in perfetto silenzio senza fare conversazione.
   - **Francia** • **Regno Unito** • **Spagna**
7. Se non si vuole che il cameriere chieda subito se si desidera ancora da bere si devono lasciare i bicchieri sempre mezzi pieni.
   - **Regno Unito** • **Grecia** • **Germania**
8. Si mettono molto spesso le candele sulla tavola apparecchiata.
   - **Spagna** • **Germania** • **Grecia**
9. Si ama scommettere su tutto e il gioco è un tema di conversazione amato, come pure il tempo che loro spesso definiscono "bello", mentre noi diremmo che è terribile.
   - **Irlanda** • **Spagna** • **Francia**

la Casa dello Studente: das Studentenwohnheim

2. Gabriele però non è molto convinto che il contenuto delle frasi sia vero e, siccome alloggia in una Casa dello Studente insieme a molti altri ragazzi stranieri, decide di chiedere spiegazioni a qualcuno dei suoi amici. Rispondi a piacere secondo il modello:

È vero, da noi si è sempre .../si sono sempre ...
Oppure: Ma no! Da noi non si è mai .../non si sono mai ...

E 8 *La festa dei popoli*

Radio Stop2, una radio privata toscana, manda in onda un programma sulla 7ª festa dei popoli della Costa Etrusca.

Cari amici, dal 24 al 27 maggio 2007 si è tenuta la 7ª festa dei popoli al Parco Le Sughere di Donoratico. La festa si è inaugurata alle 21.00 di giovedì con il film "Lettere dal Sahara" ...

Ora continua tu guardando il programma sul volantino e usa, dove è possibile, la forma impersonale.

I verbi che ti servono sono: aprire, suonare, inaugurare, tenere, cenare, giocare, incontrarsi, esserci, tenere, finire.

B La criminalità organizzata – un fenomeno europeo e le sue radici

Cronistoria

*Impossibile sapere con certezza le origini della parola "mafia", che viene usata per la prima volta in un documento scritto da un prefetto siciliano nel 1865, anche se di questo fenomeno si parlava già da molti anni.

*I siciliani si sono sempre trovati soli ad affrontare la **nobiltà** locale che teneva il **monopolio** delle terre: tutti i governi centrali che nel corso dei secoli hanno **amministrato** l'isola (arabo, normanno, spagnolo, francese e poi anche quello italiano) erano deboli e lontani.

*Già prima dell'unità d'Italia esistevano nel sud bande armate al servizio dei **potenti**; ma dopo il 1860 esse diventano ancora più forti e importanti a causa dei drastici cambiamenti sociali ed economici.

13 *il massaro (südital.)*: der Gutsverwalter

*Coloro che possedevano le terre, cioè i nobili, abitavano nei loro palazzi in città e le lasciavano amministrare dai "massari": essi erano più istruiti dei poveri contadini e così li sfruttavano. I massari derubavano però anche i loro nobili padroni e, per poterlo fare, dovevano essere "amici" di tutti quelli che avevano in mano il potere, cioè le **autorità**.

*Quando qualcuno di questi mafiosi entrava in conflitto con la **giustizia**, "emigrava" in America e si stabiliva ovviamente nelle città in cui di amici e compaesani disponibili ad aiutarli ce n'erano già molti. Così quella che era una mafia contadina diventa un'organizzazione di gangster (cosa nostra).

*Mussolini affronta la lotta alla mafia usando i metodi tipici di una **dittatura**: egli riesce ad ottenere dei successi anche se solo per breve tempo.

*Nel 1943 gli americani preparano il loro sbarco in Sicilia con l'aiuto di molti di quei membri della mafia immigrati negli USA, che rientrano così ufficialmente in Sicilia.

29 *il settore edilizio*: das Bauwesen

*Nel dopoguerra la mafia continua le sue attività illegali in **imprese** industriali e finanziarie (traffico di droga, controllo del settore edilizio e della **manodopera** clandestina e **usura**).

*La Commissione Antimafia pubblica **relazioni** sui rapporti mafia-politica e presenta nuove severe leggi, soprattutto dopo gli attentati ai **giudici** Giovanni Falcone e Paolo Borsellino (1992).

*Nel 1993 viene arrestato Totò Riina, il boss che aveva ordinato gli attentati.

*L'ultimo vecchio capo **latitante** Bernardo Provenzano viene arrestato nell'aprile 2006.

*Le organizzazioni criminali di questo tipo hanno diversi nomi: in Sicilia "mafia", in Calabria "'ndrangheta", in Campania "camorra" e in Puglia "sacra corona unita". Però esse hanno tutte in comune il fatto di essere in contatto con la maggior parte della criminalità proveniente anche da diversi altri paesi europei. Prendiamo ad es. lo **sfruttamento** del lavoro nero e della prostituzione delle immigrate dai paesi dell'est, il **riciclaggio** del **denaro sporco** tramite **investimenti** internazionali e l'acquisto degli arsenali degli ex paesi del blocco comunista. Molte di queste attività sarebbero state impensabili senza l'appoggio della cosiddetta "mafia russa".

*Combattere per le idee di onestà e giustizia è combattere per la libertà e la democrazia: ci vuole coraggio e, a volte, questa scelta si paga con la propria vita. La lista delle vittime è lunga: giornalisti, politici, poliziotti, carabinieri, giudici ed anche persone qualsiasi che hanno trovato il coraggio di vivere secondo le parole di Giovanni Falcone:
"Alla mia città vorrei dire: gli uomini passano, le idee restano e continuano a camminare sulle gambe di altri uomini."

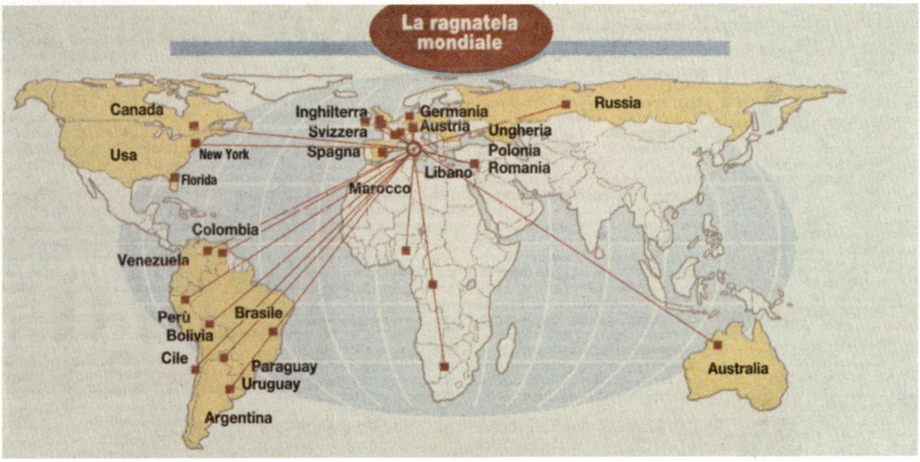

E 1 *Un po' di lessico*

1. *Trova le parole in tedesco corrispondenti a quelle in **grassetto**.*
2. *Trova nel testo il contrario dei seguenti aggettivi/avverbi:*

ultimo
forte
vicino
stupido
cittadino
lungo

diviso
pulito
tollerante
ricco
legale (2!)

privatamente
assurdamente
giovane

3. *Scrivi ora, aiutandoti con il dizionario, le forme degli avverbi/aggettivi corrispondenti.*
Modello: ultimo – ultimamente

4. *Trova gli aggettivi corrispondenti ai seguenti sostantivi e viceversa:*

organizzato	criminalità	coraggio
impossibile	radice	onestà
solo	certezza	giustizia
armato	origine	
economico	nobiltà	
sociale	potere	

E 2 ***Viva il cliché***

L'insegnante di storia ha distribuito in classe alcuni articoli e foto su temi di attualità: il compito è di presentarli e commentarli. A te è toccata questa copertina di SPIEGEL. Per farlo puoi utilizzare quello che hai imparato sulla mafia dal testo a pagina 81 s., naturalmente in tedesco.

ATTENZIONE! LAVORI IN CORSO!

Completa la seguente tabella con i pronomi che mancano e che trovi nel testo. Sono pronomi usati solo nella lingua scritta:

maschile → colui
femminile → colei — plurale → …

(persone)
maschile → …
femminile → ella
— plurale maschile → essi
— plurale femminile → …
(cose)
maschile → esso
femminile → essa

G → 6.1

E 3 

Si combatte la mafia anche con la musica

Con l'aiuto della traduzione in tedesco ricostruisci insieme a un compagno il testo della canzone "19 luglio 92"[1] di Pippo Pollina.

Der Wind verlor sich im Tanz der Blätter
Der Asphalt schmolz in der Hitze und glänzte schwarz wie eine düstere Vorahnung
Es war Mittagsruhe, aber in Wirklichkeit ...

Stand die Stadt vor dem Spiegel, trank man auf ewige Jugend,
War man schon uralt, ohne es zu wissen, und in der Glotze lief
König Artus und seine Tafelrunde ...

Meine liebste Freundin und ich redeten uns die Geschichte schön
Und würfelten uns unsere Erinnerungen zurecht

Meine wundervolle Freundin und ich glitten dahin
Auf dem Karren der Nostalgie
Triumphal wie das Leben
Voller Spott wie das Leben ...

Tobias, der Spitzel, der die Stürme überlebt hat,
feierte wie Tausende andere Idioten die Rückkehr der Heiligen Drei Könige
auf seiner sonnendurchfluteten Terrasse
Penn weiter, geliebtes Palermo!

Andere jagten dem Geld hinterher, nur um ihre Ängste zu verbergen,
Wer durchblickte wartete still auf den Knall der allerletzten Verschwörung
Der allerletzten Stunde, des allerletzten Abenteuers.
Dann aus heiterem Himmel wie ein Blitz im Seitenfenster
Zerreißt es eine Wolke mit dem Grollen eines Donners,
der Rest des Vormittags waren Fetzen ...

Wir kennen kein Italien mehr und haben genug von den Lakaien der Macht
mitsamt ihren eingezogenen Schwänzen
Die amtlichen Entrüstungs-Sprecher waren sofort zur Stelle

Selbstverständlich rittlings auf den Kameras, um sich ihre Hosen nicht einzusauen
und beschworen Namen, Nachnamen, Nachnamen, Namen.
Straßenköter liefen vorbei und pissten auf die Trümmer,

Die Damen vom Fernsehen rasten los, um sich ihre Visagen herrichten und ihre
Falten am Hintern glätten zu lassen.

Die stillen Wiesen der Hoffnung waren übersät von traurigen Blumen
Schwärme von Touristen kamen auf der Suche nach dem Tod in den Ferien
Aber an diesem Tag verschwanden sie in Scharen mit dem Schwung einer Rolle
rückwärts.

An diesem Tag flogen die Schwalben zum letzten Mal
Ich und meine liebste Freundin, wir suchten im Dunklen den Weg der dahin führt,
wo das Schweigen herrscht, das zynische Spiel des Lebens und des Schicksals.

[1] Der 19. Juli 1992 ist der Tag der sogenannten „*strage* (= Blutbad) *di via d'Amelio*": In dieser Straße in Palermo tötet eine von der Mafia platzierte Autobombe am frühen Nachmittag den Untersuchungsrichter Paolo Borsellino und fünf seiner Begleiter. Zusammen mit seinem Kollegen Giovanni Falcone, der knapp zwei Monate zuvor, am 23. Mai 1992, einem Bombenattentat der Mafia zum Opfer gefallen war, ist Borsellino bis heute eine Symbolfigur des Kampfes gegen das organisierte Verbrechen. Ihnen zu Ehren heißt der Flughafen von Palermo seit 1995 Aeroporto Falcone e Borsellino.

19 Luglio '92

1. Io e la mia compagna più cara lisciavamo il pelo alla storia
Giocandoci a dadi la memoria.

2. Noi non conosciamo Italie e non vogliamo più vedere
La lunga coda di paglia gli schiavi del potere.
I messaggeri dell'indignazione arrivarono quasi subito.

3. Altri cercavano l'oro per nascondere la paura,
chi sapeva attendeva in silenzio il botto dell'ultima congiura
e dell'ultima ora l'ultima avventura
poi d'improvviso una nube, come un lampo di finestrino,
esplose in un rombo di tuono e furono bucce di mattino.

4. le signore della televisione andarono in fretta
dal parrucchiere
ad aggiustarsi il grugno e le rughe del sedere.

5. Io e la mia ammirevole amica
Sul carro della nostalgia
Trionfale come la vita
Beffarda come la vita ...

6. E sbocciarono fiori tristi sui prati muti della speranza,
vennero frotte di turisti a cercare la morte in vacanza.
Quel giorno scomparvero in tanti sulle ali della rivolta

7. A cavallo delle cineprese per non sporcarsi i pantaloni.
Invocando nomi e cognomi, cognomi e nomi
Passò qualche cane a pisciare sui resti delle macerie,

8. La città si truccava allo specchio, chi brindava alla gioventù,
chi senza saperlo era già vecchio, chi guardava alla tv
la tavola di Ginevra e del Re Artù ...

9. Il vento si dileguava in un girotondo di foglie,
l'asfalto era una lama di sole, lucido come un presagio nero.
Era l'ora del riposo, invero ...

10. Quel giorno volaron le rondini per l'ultima volta.
Io e la mia compagna più cara cercavamo nell'ombra il cammino
Che conduce dove regna il silenzio, il gioco della vita e del destino.

11. Tobia e il canarino giallo sopravvissuto ai nubifragi,
come migliaia di disperati celebrava il ritorno dei Re Magi,
sulla terrazza assolata
dormi Panormo amata.

E 4 *La biografia di Pippo Pollina*

Completa il testo con le seguenti parole:
conoscenza - collaborazione - clima - ponte - bambino - giornale - città - canzone - chitarra - patria - stagione - musica

Pippo Pollina e la sua "ammirevole amica"

Pippo Pollina nasce a Palermo nel 1963 e già da __ mostra interesse per la musica. Studia __ classica, entra nel gruppo "Agricantus" che interpreta __ tradizionale del sud Italia e collabora anche al __ "I Siciliani" diretto da Giuseppe Fava che verrà assassinato per le sue coraggiose indagini su mafia e politica. Deluso dal __ politico di quel tempo, nel 1985 Pollina lascia l'Italia e gira l'Europa. Ma la musica è un __ che unisce ed aiuta a superare barriere e pregiudizi: Pollina viene "scoperto" in Svizzera e pubblica diversi album presentati anche in Germania e in Austria. Inizia un'attiva __ con Konstantin Wecker e Georges Moustaki e nel 1996 viene premiato in Germania come miglior artista della __.
Fa la __ di Leoluca Orlando, l'allora sindaco di Palermo, che si chiede come mai Pollina sia sconosciuto in __. I due parlano a lungo della loro amata __ e Pollina decide di presentare il suo nuovo disco proprio nel capoluogo siciliano, insieme a Orlando. Da allora la critica italiana è entusiasta e vede in lui l'erede della grande __ italiana d'autore.

Independent Music n. 2, aprile 2003 (testo adattato)

E 5 *I fan di Pippo* G → 8.12

Traduci in tedesco le frasi seguenti e fa' attenzione al gerundio: per tradurlo in tedesco ci vuole spesso un'intera frase!

Modello: Ascoltando questa canzone, si è messo a piangere.
Als/Während er dieses Lied hörte, fing er an zu weinen.

1. Abbiamo passato la domenica pomeriggio ascoltando le nuove canzoni di Pippo Pollina.
2. Essendo un cantautore molto conosciuto, Pollina fa molti concerti anche in Germania.
3. Pur scegliendo per i suoi testi immagini difficili da capire, il cantautore riesce sempre a comunicare le proprie idee al pubblico.
4. Cantando le sue canzoni, cerco di imitare la sua voce che mi piace molto.
5. Prenotando un biglietto già adesso, siamo sicuri di poterlo vedere al suo prossimo concerto in ottobre.

E 6 ***Addiopizzo*** (→ Strategia 4)
Racconta ai tuoi amici siciliani il contenuto di questo articolo, perché vuoi sapere se anche loro fanno come Antonino Lo Bello. Clicca anche sul sito per saperne di più.

Es gibt Enttäuschungen im Leben, die sitzen tief. Antonino Lo Bello zum Beispiel hatte jahrelang immer beim selben Bäcker eingekauft. Der Ingenieur brauchte nur um die Ecke ins Noce-Viertel zu gehen, um die schönsten mit Ricotta gefüllten Cannoli, duftende Mandelkekse, köstliche Brioches und natürlich das typisch sizilianische Brot mit Sesam zu finden. Der Appetit ist ihm gehörig vergangen, als nach einer Polizeirazzia Unterlagen gefunden wurden, aus denen hervorging, dass seine Bäckerei nicht nur Pizzo (Schutzgeld) an die Cosa Nostra bezahlt hatte, so wie es in Palermo nach Aussagen der Justizbehörden rund 80 Prozent aller Geschäfte und Handelsbetriebe tun. Lo Bellos Bäckerei entrichtete das Pizzo in Naturalien, also in Form von Torten und Süßspeisen für die Feste der tonangebenden Mafiafamilie des Stadtteils.
Antonio Lo Bello, ein sozial engagierter Mann, hat daraufhin sofort den Bäcker gewechselt. Er fühlte sich getäuscht, „aber die Mafia kann man leider nicht sehen", sagt er. Ja, die Männer der Cosa Nostra tragen keine Uniformen, ihre Autos haben keine besonderen Kennzeichen und auf den Firmensitzen, die sie kontrollieren, wehen auch keine Fahnen. [...]

Das italienische Wort Pizzo bezeichnet sowohl kunstvoll gewebten Stoff, als auch Schutzgeldzahlungen. Addiopizzo begann vor drei Jahren mit einer Plakataktion, bei der neben einem Slip aus violettem Spitzenstoff zu lesen war: „Ein Volk, das den Pizzo bezahlt, ist ein Volk ohne Würde." Und klein über dem Slip stand: „Das ist der einzige Pizzo, den wir wollen."
Neben den 200 Ladenbesitzern, die öffentlich erklären, kein Schutzgeld zu zahlen, haben sich fast 10 000 Palermitaner eingeschrieben, die als kritische Konsumenten nur in Pizzo-freien Geschäften einkaufen wollen. Je mehr man die Anti-Mafia sehe, desto schwächer werde die Mafia. Denn auch die Touristen sollten wissen, wenn sie in einer Pizzeria essen, die Schutzgeld bezahlen muss, finanzieren sie indirekt die Cosa Nostra mit. [...]

Henning Klüver, Der Geruch der Gewalt, Süddeutsche Zeitung 30. August 2007

Informationen
Anti-Mafia-Bewegung: Verzeichnis der Betriebe: Addiopizzo, Via Pirandello 35, Tel. 0039/091/6 19 42 28, www.addiopizzo.org

E 7 ***La gallina mafiosa*** G → 8.6

1. Leggi la storia della gallina mafiosa e osserva il disegno. Anche se ci sono delle forme verbali sconosciute, riuscirai sicuramente a capire di che verbi si tratta (→ Strategia 2)*:*

decise	→	decidere			
andò	→	...	disse	→	...
ritornò	→	...	rispose	→	...
pensarono	→	...	ebbero	→	...

La gallina mafiosa

Una gallina calabrese decise di diventare mafiosa. Andò da un ministro mafioso per avere una raccomandazione, ma questo le disse che la mafia non esiste. Andò da un giudice mafioso, ma anche questo le disse che la mafia non esiste. Andò infine da un sindaco mafioso e anche questo disse che la mafia non esiste. La gallina ritornò nel pollaio e alle compagne che le facevano delle domande rispose che la mafia non esiste. Tutte le galline pensarono così che era diventata mafiosa ed ebbero timore di lei.

2. E adesso, qualche domanda. (→ Strategia 2)

1. Come si comportano le persone che incontra la gallina?
2. Perché la gallina sceglie proprio quelle persone?
3. La gallina e le sue compagne alla fine si trovano d'accordo?
4. Quali sono lo stile e il tono della storia?

C Slow movement: un altro fenomeno europeo nato in Italia

E 1 *Leggere un articolo di giornale*

La classe viene divisa in due gruppi: ognuno legge un articolo con l'aiuto del dizionario e dopo presenta il contenuto all'altro gruppo.

TIRRENO del lunedì

n. 49 Lunedì 19 Febbraio 2007

Giornata della Lentezza Oggi fermatevi...

FIRENZE. Si celebra oggi la Giornata della Lentezza. Un'iniziativa voluta da un'associazione di Pavia che si chiama "Arte del vivere" e che promuove una vita all'insegna dei tempi biologici e naturali, contro i ritmi frenetici di ogni giorno. Dal nord al sud l'appello è fermarsi un attimo, rallentare il ritmo, riprendersi il proprio tempo. Tante idee (artistiche, sportive, letterarie) anche in Toscana per questa Giornata della Lentezza. Non poteva mancare, tra le singolari iniziative, l'animale simbolo della lentezza. A Casciana Terme vi sarà una passeggiata sull'asino.

La vostra vita è una corsa? Oggi fermatevi

Prendetevela con calma, oggi. Non affannatevi quando portate il ragazzino a scuola (eviterete tra l'altro incidenti e multe), non precipitatevi al lavoro, non ingollate il panino di mezzogiorno con l'occhio all'orologio. Oggi ve lo potete permettere: oggi, infatti, è la giornata mondiale della lentezza.

Si tratta di una celebrazione ufficiale. E pertanto *potete scriverlo sulla giustificazione del figlio per il ritardo a scuola, lo potete dire al capufficio arrabbiato perché non vi vede arrivare, potete finalmente decidere di passare la pausa pranzo in un presidio slow food. Ma soprattutto potete collegarvi al sito dell'associazione "L'arte di vivere con lentezza" (www.vivereconlentezza.it) per decidere a quali iniziative partecipare nell'arco di questa giornata. Sempre con calma, però, mi raccomando.*

E 2 ***La prima parte dell'intervista con l'Assessore all'Ambiente e al Turismo del comune di San Vincenzo (LI) che fa parte del movimento Città Slow***

Dopo aver ascoltato l'introduzione, completa le seguenti frasi:

1. San Vincenzo è stato __ comuni che ha aderito.
2. L'idea è nata dalla città promotrice che è __ .
3. Chi aderisce al movimento non deve essere tanto una cittadina __, __ . Ma deve invece tenere presente certi __ nel suo __ e nel __ quotidiano.

E 3 ***La seconda parte dell'intervista***

1. E ora ascoltate in gruppi di quattro il resto dell'intervista. Per ciascun gruppo il primo studente si concentra sulle informazioni che si riferiscono a ***San Vincenzo****, il secondo su quelle che riguardano* ***l'ambiente****, il terzo sul tema* ***giovani*** *e il quarto sullo* ***sviluppo internazionale****. Poi i quattro presentano nel proprio gruppo le informazioni raccolte.*

2. Adesso tutti e quattro riascoltano tutta l'intervista e cercano di integrare ulteriori informazioni. Alla fine si fa un confronto in classe: il gruppo che ha raccolto il maggior numero di informazioni vince ... uno spuntino preparato dagli altri, naturalmente secondo i criteri slow food.

San Vincenzo	ambiente	giovani	sviluppo internazionale

E 4 ***Le domande dell'Assessore***

L'Assessore vuole sapere se anche in Germania esiste un fenomeno simile: fai una ricerca ed esponile i risultati.

E 5 ***… e finiamo con un piccolo giro d'Italia gastronomico!*** G → 8.15

Sostituisci le parole sottolineate con una forma con il si.

Modello: Nell'Italia del Sud la gente prepara molti dolci con la ricotta.
Nell'Italia del Sud si preparano molti dolci con la ricotta.

1. In Toscana, da sempre la gente ha mangiato i cantuccini alle mandorle con il vin santo.
2. A Venezia abbiamo sempre avuto una grande varietà di biscotti, forse perché la gente ha sempre bevuto molto caffè.
3. Se uno è vegetariano o troppo grasso non è consigliabile una vacanza a Parma o a Modena, con tortellini, lasagne, mortadella e prosciutto.
4. In tutto il mondo vengono mangiati i famosi grissini torinesi.
5. Quando uno ha assaggiato i piatti tipici delle regioni del Sud, si meraviglia di come siano deliziosi, anche se semplici e fatti solo con le verdure.
6. Non abbiamo mai saputo con certezza la città di origine del tiramisù.
7. I limoni coltivati ad Amalfi vengono usati per preparare il limoncello.

E 6 ***Viaggi, vacanze, feste e tempo libero: che vuoi di più?***

Scegli la forma giusta e aggiungi, se necessario, il pronome o la particella. Attenzione alle concordanze!

1. Sei/Hai viaggiato spesso con tua nonna? Sì, ma non siamo/abbiamo camminato mai troppo, perché lei si stanca/è stancata presto.
2. Per questo motivo, soprattutto nelle grandi città, i mezzi pubblici __ abbiamo preso molte volte.
3. Non mi ha/è mancata per niente la scuola in agosto …
4. Quindici cartoline??!! Sei matta? Io non __ ho scritto neanche una!
5. I miei amici siciliani __ ho conosciuti all'Oktoberfest.
6. Hai detto a tua sorella che Gioia fa una festa oggi, o ti/te lo/la sei/hai dimenticato, come al solito?
7. Non ho/sono mai riuscita a capire come faccia/abbia fatto mia cugina Clelia: andiamo ogni domenica in montagna, camminiamo per ore e non si stanca mai!
8. Anche ieri __ siamo state: dopo cinque ore io non __ potevo/ho potuto più e lei si è/ha mangiato un panino, si è/ha bevuto una bella bottiglia d'acqua e poi sarebbe/avrebbe continuato tranquillamente.
9. Sei venuta alla festa in bici, con questa pioggia?! Certo, in autobus non __ saresti potuta venire, c'è sciopero e tu abiti così lontano.
10. In agosto __ sono stati/erano moltissimi turisti sulla spiaggia, ma era/è stata lo stesso una bella vacanza.
11. Angela quest'anno è andata in vacanza in aereo: non c'è/era mai stata prima.

E 7 *Vita di famiglia* G → 14.1

Formate tre gruppi. Ogni gruppo lavora su una riga.

1. Usate un dizionario bilingue per tradurre il testo.
2. Mettete i dialoghi al discorso indiretto del passato.

Modello: Norma ha detto al figlio che non doveva fare canestro ...

Strategia 4: Sprachmittlung: Übersetzung ins Deutsche und Zusammenfassung eines deutschen Textes auf Italienisch

1. L'incredibile carriera dei jeans

Traduci il testo seguente per una rivista tedesca di moda. La parte destra ti dà spiegazioni e propone alcune soluzioni.

Un omaggio a un tipo di pantaloni fuori dal comune.	homage (frz.): *Huldigung* außergewöhnlich Eine gute Übersetzung erfordert manchmal, dass man sich vom Original löst.
Sono onnipresenti, completamente diversi gli uni dagli altri eppure assolutamente unici nel loro genere. Si tratta dei pantaloni di denim blu indaco che hanno scritto la storia della moda, e non solo. Nell'edizione del millennio, Time Magazine ha eletto i jeans – ancora prima della minigonna e del tubino nero – a capo di abbigliamento principe del XX secolo. E ciò a pieno diritto, poiché i robusti pantaloni sono indubbiamente un fenomeno. Tutti li indossano, senza distinzione di età, di classe o di paese: lo skater spavaldo (waghalsig) e il sessantottino, la scolara e la signora della buona società. Una prestazione non indifferente, considerato quanto sia effimero il settore della moda (...). Dalla loro invenzione alla fine del XIX secolo i blue jeans sono sempre stati circondati da un alone di mito e si sono trasformati essi stessi in leggenda.	Es ist dabei wichtig, auf die verschiedenen möglichen Bedeutungen eines Begriffes zu achten. Achte auf verbindende Elemente wie Konjunktionen u. Ä. jede anders, keine ist wie andere einmalig in ihrer Art indaco: *indigo* (dt.) Manche Ausdrücke sind im Dt und im It beinahe gleich – aber dennoch gibt es fast immer kleine Unterschiede. sie haben Modegeschichte geschrieben, und nicht nur das. mille → millennio *Jahrtausend* Erschließung aus dem Kontext: tubino – il tubo – *Röhre – das ‚kleine Schwarze'* an die erste Stelle der wichtigsten Bekleidungen mit vollem Recht, völlig zu Recht skater (engl.) der Skateboarder Für manche Begriffe braucht man Hintergrundwissen zu Landeskunde oder Geschichte, aber ein gutes Lexikon hilft auch da weiter. Der Achtundsechziger Auf besonders schwierige Stellen lieber später noch einmal zurückkommen, wenn man den Rest des Textes verstanden hat. eine beachtliche Leistung Partizipialkonstruktionen werden im Deutschen fast immer aufgelöst. wenn man bedenkt, wie schnelllebig die Modebranche ist. circumdare (lat.): *umgeben* halo (engl.): *Heiligenschein* Mythos (dt.) Legende (dt.)

2. Zusammenfassung eines deutschen Textes auf Italienisch

Scharenweise drängen sich die Reisenden aus aller Welt um die Fontana di Trevi, um aus altem Aberglauben eine Münze in den Brunnen zu werfen. Auf diese Weise, so verspricht der traditionelle Ritus, sichert sich der Fremde das Wiedersehen mit der Ewigen Stadt.

Gerade dieser Münzen wegen macht heute die gewaltige im 18. Jahrhundert von Nicola Salvi erbaute Fontana di Trevi erneut von sich reden. Drei römische Hausfrauen, Patrizia, Rosaria und Marisa, waren im vergangenen Februar von einem Verkehrspolizisten *in flagrante* ertappt worden, als sie die von den Touristen in den Brunnen geworfenen Münzen herausfischten. Der Polizist war streng: er klagte die drei Frauen wegen Diebstahls an. Das römische Gericht aber sprach sie frei. In der Urteilsbegründung steht, dass keine strafbare Handlung vorliegt, weil die Münzen „res nullius" sind, also niemandem gehören, so dass, wer sie aufliest, auch keinen Diebstahl begeht.

Rosaria, Patrizia und Marisa verließen siegesbewusst das römische Gericht und übten sich weiter im Herausfischen der von abergläubischen Touristen in den Trevi-Brunnen geworfenen Münzen. Die drei Römerinnen fühlten sich um so sicherer, als sie - als Garantie, sozusagen - das sie freisprechende Urteil stets mit sich trugen. In diesen Tagen aber, zwei Monate nach dem Freispruch, wurden die drei Frauen erneut von einem Schutzmann auf frischer Tat ertappt. Die sie freisprechende Urteilsbegründung, die die drei Damen prompt vorwiesen, beeindruckte den *vigile* keineswegs, und er klagte sie kurzerhand erneut des Diebstahls an. Dieses Mal verurteilte der Richter die drei Römerinnen, und zwar zu drei Monaten Haft wegen Diebstahls. „Da wir freigesprochen worden waren", erklärten die Münzenfischerinnen, „glaubten wir, dass nichts dabei sei, wenn wir uns hin und wieder einige wenige Münzen aus dem Brunnen fischten".

Nun, um „einige wenige Münzen" handelt es sich wohl nicht, denn in acht Monaten, von Juli vergangenen Jahres bis März dieses Jahres, haben Touristen Münzen im Wert von insgesamt 60 Millionen Lire, das heißt rund 83.000 Schweizer Franken, in den Brunnen geworfen. Zur Zeit wird dieses Geld, in Hunderten von Säcken, in der Stadtverwaltung auf dem Kapitol aufgehoben. Die Gemeinderegierung muss erst noch beschließen, wem die Summe zugesprochen werden soll.

Franca Magnani, Rom zwischen Chaos und Wunder (Köln, 1998)

Per fare un riassunto del testo in italiano:

1. Suddividere il testo nelle varie parti (v. paragrafi).
2. Nelle singole parti chiarire in italiano i termini chiave.
3. Riassumere ogni paragrafo con al massimo due frasi che contengano solo le informazioni più importanti tralasciando i dettagli.
4. Collegare i riassunti dei paragrafi con l'uso di congiunzioni o locuzioni congiuntive adatte.

Adesso cerca di riassumere in italiano il testo che hai appena letto, usando al massimo otto frasi.

autocontrollo 4

E 1 *Le foto di famiglia* G → 6.10

Completa le frasi con un pronome relativo.

1. Ecco zio Daniele __ abita ancora a Bari.
2. Poi ci sono i nostri cugini __ abbiamo fatto il viaggio in Inghilterra.
3. Vedi? Questa è zia Lidia __ abbiamo aiutato a pulire la macchina.
4. Giulio ha avuto un incidente alla gamba __ non gli impedisce di guidare la macchina.
5. Ti ricordi Enzo __ siamo stati l'anno scorso per Pasqua? Stasera viene a cena.
6. Elena è proprio strana: __ la capisce è bravo.
7. Ecco mio fratello con la famosa moto __ parla sempre!!!
8. In cucina c'è mia nonna __ sta preparando il mio dolce preferito.
9. Li riconosci? Sì, sono proprio i miei genitori il giorno __ si sono conosciuti al mare.
10. Ecco, questo è tutto __ ti volevo far vedere.

E 2 *Persone e professioni*

1. Completa le parole ed indica anche la forma femminile.

architett__ – div__ – ero__ – espert__ – guid__ – monac__ – patron__ – pazi__ – pirat__ – clandestin__ – cuoc__ – ingegner__ – latit__ – scienziat__ – partecip__ – abit__ – compagn__ – impiegat__ – chiacchieron__ – medic__ – analfabet__ – chirom__ – cant__ – commess__ – postin__ – stranier__ – criminal__ – polizi__ – sindac__ – sant__ – tifos__ – vescov__ – vittim__ – volontari__

2. Metti le parole seguenti (con l'eventuale femminile) nella colonna giusta.

dent__ – giornal__ – att__ – vendit__ – camer__ – profess__ – farmac__ – ascoltat__ – visitat__ – parrucch__ – poet__ – comun__ – calciat__ – salum__ – bar__ – pescat__ – pasticc__ – motocicl__ – scritt__ – tur__ – ego__ – panett__ – imperat__ – aut__ – princip__ – dott__ – spettat__ – student__ – lavorat__

-ista	-tore/trice	-iere/iera	femminile in -essa

E 3 *Sbagli tipici*

Correggi le frasi seguenti.

1. Mi ha piaciuto molto il film che abbiamo visto ieri sera.
2. La figlia è tutto che è rimasto alla madre.
3. Purtroppo qualche cose non funzionano ancora bene.
4. È venuto per domandarla perché l'aveva fatto.
5. Secondo me parla come il suo fratello.
6. Martina mi aveva sempre detto che verrà a trovarci a giugno.

Lezione 5

Due profeti della modernità

Ingresso

Qui vedi tre immagini di Federico II di Svevia:

E 1 *Descrivi le immagini.*

E 2 *Informati su Federico II di Svevia:*

- data e luogo di nascita/morte
- la sua famiglia
- luoghi dove ha vissuto
- cosa ha fatto di particolare
- perché è così famoso ...

A Federico II

Federico II di Svevia

Duomo di Palermo

Benvenuti! Viaggiate con noi nel tempo e immergetevi nel mondo di Federico II di Svevia.
Sono passati più di 750 anni dalla morte dello "Stupor Mundi" e la Sicilia gli dedica una mostra per onorare l'uomo che ha cambiato come nessun altro il corso della storia.

La mostra è aperta tutti i giorni dalle 9 alle 18
L'ingresso è libero
Per una visita guidata servitevi dell'audioguida

stupor mundi (lat.): Weltwunder (*wörtl.:* zum Erstaunen der Welt)

1

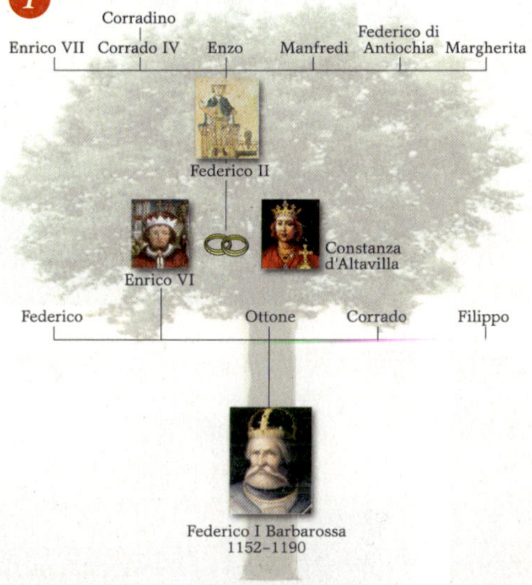

2

3

4

5

6

7

8

9 Poi che ti piace Amor

Poi che ti piace Amor
faronde mia possanza
Dat'agio lo meo core
ch'eo degia trovare
ch'io vegna a compimento
in voi madonna, amare.

10

E 1 ***Abbina i nuovi vocaboli alla definizione giusta.***

1. scomunicare	a. maggiore potere
2. la crociata	b. legge fondamentale dello Stato
3. laico	c. impiegato dipendente dallo Stato
4. il pontefice	d. accettare un figlio come figlio legittimo
5. lo stipendio	e. guerra di liberazione della Terra Santa
6. il funzionario	f. tutte le persone che lavorano per un re
7. la costituzione	g. che non fa parte del clero
8. il predominio	h. capo della chiesa cattolica
9. legittimare qn	i. denaro che si riceve ogni mese per il lavoro svolto
10. la corte	l. escludere una persona dalla comunità religiosa
11. la discriminazione	m. fare differenza fra persone di razza o religione diverse

E 2 ***La vita di Federico II***

Scegli la risposta giusta e scrivila nel tuo quaderno.

1. Federico II è il figlio di
a. Innocenzo
b. Barbarossa
c. Enrico IV

2. Divenne Re di Sicilia all'età di
a. 4 anni
b. 5 anni
c. 15 anni

3. Fondò l'Università di Napoli nel
a. 1215
b. 1224
c. 1280

4. L'ultima moglie di Federico si chiamava
a. Jolanda
b. Bianca
c. Costanza

5. Federico organizzò una crociata
a. in Terra Santa
b. in Grecia
c. in Germania

L'incoronazione di Federico

→

6. Federico scrisse un libro
   a. sulle lingue straniere
   b. sulla guerra
   c. sulla caccia col falcone
7. Fece costruire Castel del Monte
   a. in Puglia
   b. in Sicilia
   c. in Campania
8. Castel del Monte si trova sulla moneta da
   a. 1 euro
   b. 10 centesimi
   c. 1 centesimo
9. La corte di Federico era a
   a. Napoli
   b. Roma
   c. Palermo
10. I funzionari della Scuola Siciliana
    a. insegnavano letteratura ai bambini
    b. scrivevano poesie
    c. organizzavano le feste di corte
11. Federico morì
    a. a causa di una malattia
    b. ucciso in guerra
    c. suicida
12. Federico morì nel
    a. 1230
    b. 1245
    c. 1250

E 3 ***Federico racconta***

Continua le frasi al presente:

1. All'età di quattro anni io ...
2. Io prometto al papa di ...
3. L'Università di Napoli è ...
4. Con la Costituzione di Melfi voglio ...
5. Dopo la morte della mia terza moglie ...
6. Papa Gregorio IX mi scomunica perché ...
7. L'arte della caccia con gli uccelli è ...
8. La gente mi chiama "Stupor Mundi" perché ...
9. Mi chiamano anche "Puer Apuliae" perché ...
10. Palermo diventa importante perché ...
11. La Scuola Siciliana è famosa perché ...
12. Dopo la mia morte io vorrei ...

puer Apuliae: der Junge aus Apulien; *Scuola Siciliana:* die sizilianische Dichterschule

ATTENZIONE! LAVORI IN CORSO!

Cerca nel testo le forme del passato remoto e completa la tabella sul tuo quaderno. G → 8.6, 8.7

infinito	forme al singolare				forme al plurale			
	verbi irreg.	verbi -are	verbi -ere	verbi -ire	verbi irreg.	verbi -are	verbi -ere	verbi -ire
nascere	nacque							
morire								morirono
divenire	divenne							
essere	fu							

E 4 ***Le donne di Federico***

Nel testo seguente mancano i verbi coniugati al passato remoto.

1. Trova prima gli infiniti e controlla sul dizionario il significato di quelli sconosciuti.

	infinito	tedesco		infinito	tedesco
accettò	accettare	*akzeptieren*	incontrò		
chiese			conquistò		
diventò			ebbero		
inviò			lasciò		
nacquero			poterono		
rinchiuse			sentì		
si conobbero			si sposò		
si tagliò			si trasferì		
sopportò			sposò		

2. Adesso completa il testo.

Federico II __ quattro volte, ma solo l'ultima moglie, Bianca Lancia, __ veramente il difficile cuore di Federico. I due __ nel 1225, pochi mesi dopo lo sfortunato matrimonio con Jolanda di Brienne. Siccome non __ sposarsi, i due __ una relazione clandestina ma tutt'altro che segreta, perché __ due figli: Costanza e Manfredi.
Secondo una leggenda, mentre lei aspettava il figlio Manfredi, Federico la __ in una torre del castello di Gioia del Colle. Il perché non si sa – capriccio o gelosia? Forse gelosia – anche se l'aspetto del figlio, che assomigliava molto al padre, non __ il minimo dubbio. Resta il fatto che la sensibile principessa non __ l'umiliazione. A causa del grande dolore, __ i seni e li __ all'imperatore su di un vassoio insieme al bambino. Da quel giorno, ogni notte nella torre del castello, si __ uno straziante lamento: il lamento di una donna che manifestava la propria innocenza.

7 *Gioia del Colle:* Stadt in Apulien; 8 *il capriccio:* die Laune, die Launenhaftigkeit; *assomigliare a:* ähneln; 10 *l'umiliazione:* die Erniedrigung; 11 *il seno:* der Busen, die Brust; *il vassoio:* das Tablett; 12 *straziante:* herzzerreißend

15 *toccante:* bewegend; 16 *il vedovo:* der Witwer

Se questa è leggenda, la storia è un po' più controversa, ma non meno toccante.
Nel 1246 Federico – nel frattempo vedovo della terza moglie Jolanda – __ da Foggia al Castello di Gioia del Colle dove __ l'amante che soffriva. La donna gli __ allora di sposarla e di legittimare i figli nati dal loro amore. Federico __ e __ Bianca poco prima della sua morte. Così Bianca __ imperatrice – anche se solo per pochi giorni.

www.stupormundi.it

3. Ma perché …?
Quando Bianca aspetta il primo figlio Manfredi, il suo amante Federico la rinchiude in una torre. Bianca è molto triste perché non capisce i suoi motivi. Dopo tre giorni Federico torna alla torre e Bianca vuole parlare con lui. Scrivi il dialogo fittizio fra Federico II e Bianca.

E 5 *Curiosità su Federico*

Riassumi il contenuto delle frasi in tedesco.

1. A soli quattro anni Federico **fu incoronato** Re di Sicilia.

2. Federico **si sposò** quattro volte, ma **amò** solo l'ultima delle quattro mogli.

3. **Ebbe** numerosi figli legittimi e illegittimi.

4. Federico **mostrò** subito di avere le idee chiare.

5. A Napoli **fondò** la prima università statale del mondo occidentale.

6. **Diede** vita alla Scuola Medica di Salerno.

7. Messina **divenne** un centro culturale non meno importante di Palermo.

8. Federico **costruì** il primo stato centralizzato.

9. Federico **andò** in Germania, dove **rimase** alcuni anni.

10. Federico **morì** a Castel Fiorentino in provincia di Foggia.

11. Con la sua morte si **spense** il sogno politico, ma **restarono** in vita le sue leggi.

12. Non **fu** solo uomo politico, ma guerriero, filosofo, architetto, scienziato e letterato.

E 6 ***Dal secolo scorso: notizie dall' Italia ...***

Inserisci le forme del passato remoto.

l'uomo di Similaun: „Ötzi"

abdicare: abdanken

1. La RAI __ (mandare) in onda la sua prima trasmissione.
2. __ (morire) a Roma il famoso regista Federico Fellini.
3. Due austriaci __ (scoprire) l'uomo di Similaun, il cadavere congelato più di 5000 anni fa sulle Alpi.
4. Il Re d'Italia __ (dovere) abdicare e __ (andare) in esilio in Portogallo.
5. Rita Levi Montalcini __ (ricevere) il premio Nobel per la medicina.
6. Germania, Francia, Olanda, Lussemburgo, Belgio, Italia __ (firmare) a Roma l'accordo per la creazione della Comunità Economica Europea.
7. __ (scoppiare) due guerre mondiali.
8. Lo scienziato Enrico Fermi __ (inventare) la bomba atomica.
9. Eros Ramazzotti __ (avere) successo al Festival di Sanremo e così __ (iniziare) la sua carriera musicale.
10. Umberto Eco __ (scrivere) il romanzo "Il nome della rosa", da cui __ (essere) tratto e girato il famoso film.
11. Michael Schumacher __ (vincere) diversi titoli mondiali per la Ferrari.
12. __ (nascere) il nuovo partito Forza Italia, fondato dal magnate dei media Silvio Berlusconi.
13. Un terremoto __ (distruggere) parzialmente la basilica di San Francesco d'Assisi in Umbria.
14. I cardinali __ (eleggere) papa per la prima volta un cardinale polacco.
15. Gli Azzurri __ (vincere) tre volte i campionati mondiali di calcio.
16. Ci __ (essere) forti eruzioni dell'Etna e del Vesuvio.

E 7 ***... e notizie del mondo***

Scrivi delle frasi al passato remoto con notizie da tutto il mondo.

Modello: 1982/principe Carlo/sposare/Lady Diana
Nel 1982 il Principe Carlo d'Inghilterra sposò Lady Diana.

1. 1969/primo uomo/arrivare/luna
2. 19../cominciare/guerra/America/Vietnam
3. 19../un pazzo/ammazzare/J.F. Kennedy

Continua con almeno altre cinque notizie importanti.

E 8 *Il messaggero del re*

1. Scrivi la storia. I seguenti verbi (con la forma del passato remoto fra parentesi) ti possono aiutare:
scrivere (scrisse) - dare (diede) - correre giù per le scale (corse) - piovere (piovve) - nuotare (nuotò) - combattere (combatté) - attraversare (attraversò) - portare (portò) - leggere (lesse) - dare uno schiaffo (diede)

2. La lettera che il messaggero portò alla donna ebbe un effetto non previsto. Secondo te, che cosa c'era scritto? Scrivi la lettera.

E 9 ***Articolo su Wikipedia***

Il sito web di Wikipedia vuole ampliare il suo materiale informativo su Federico II. Un tuo cugino che lavora per Wikipedia e che non sa l'italiano ti ha chiesto di tradurre il seguente articolo italiano sulla "Scuola Siciliana" per il sito tedesco di Wikipedia.
Traduci l'articolo, e se è necessario consulta un dizionario!

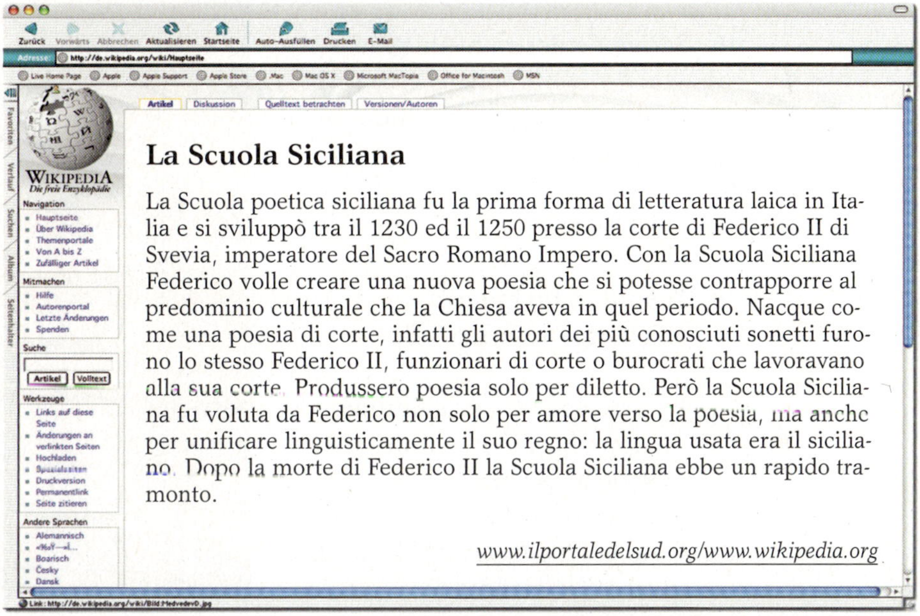

La Scuola Siciliana

La Scuola poetica siciliana fu la prima forma di letteratura laica in Italia e si sviluppò tra il 1230 ed il 1250 presso la corte di Federico II di Svevia, imperatore del Sacro Romano Impero. Con la Scuola Siciliana Federico volle creare una nuova poesia che si potesse contrapporre al predominio culturale che la Chiesa aveva in quel periodo. Nacque come una poesia di corte, infatti gli autori dei più conosciuti sonetti furono lo stesso Federico II, funzionari di corte o burocrati che lavoravano alla sua corte. Produssero poesia solo per diletto. Però la Scuola Siciliana fu voluta da Federico non solo per amore verso la poesia, ma anche per unificare linguisticamente il suo regno: la lingua usata era il siciliano. Dopo la morte di Federico II la Scuola Siciliana ebbe un rapido tramonto.

www.ilportaledelsud.org/www.wikipedia.org

B Leonardo da Vinci

1. Nasce a Vinci, un piccolo paese toscano, vicino a Firenze.
2. Leonardo è figlio illegittimo.
3. Riceve un'ottima educazione scolastica.
4. Seziona i cadaveri per i suoi studi di anatomia.
5. Scrive favole e leggende.

6. Scrive da destra a sinistra.
7. Fa progetti per macchine da guerra.
8. Si sposa tre volte.
9. Lavora in Inghilterra, alla corte di Enrico VIII.
10. Fa esperimenti per sviluppare un apparecchio che imita il volo degli uccelli.
11. Dipinge *la Gioconda (Monna Lisa)* in circa tre settimane.
12. Muore all'età di quasi 100 anni.
13. Muore in Italia e viene seppellito nel Pantheon a Roma.

E 1 ***Conoscete bene Leonardo?***
Prova a indovinare se le affermazioni sono vere o false. Poi verifica le tue decisioni.

E 2 ***Leonardo – una vita da supergenio***
Leonardo è sempre stato definito il genio universale del Rinascimento, perché non era solo un artista, ma sapeva fare mille mestieri. Qui trovi alcune immagini che illustrano i mestieri di Leonardo.

1. Cerca sul dizionario le parole che non conosci. Completa poi le liste con altre parole dello stesso campo semantico.

musica e letteratura	**arte**	**ingegneria**	**guerra**
comporre (→ composto) la favola recitare …	l'affresco il monumento equestre la scultura/ lo scultore il paesaggio il dipinto il disegno il pittore l'incarico la bottega il capolavoro il ritratto …	l'edificio l'elicottero la deviazione del corso di un fiume l'acquedotto …	distruggere (→ distrutto) il paracadute l'attrezzo da sub la macchina da guerra il carro armato la mitragliatrice …

2. Abbina i titoli giusti ai testi e alle immagini.
architetto – scrittore – geografo – scienziato – ingegnere militare – studioso di anatomia – inventore – scultore – musicista – pittore

a. Leonardo – ?
Già da piccolo Leonardo mostrò di avere talento per la pittura. La sua opera più famosa è senza dubbio la Monna Lisa, chiamata anche la Gioconda, che viene conservata oggi nel Louvre a Parigi. Un'altra opera importante è l'Ultima Cena.

l'ultima cena: das letzte Abendmahl

1
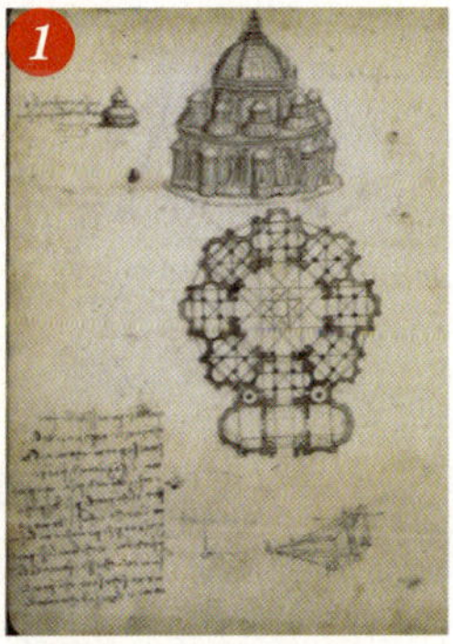

b. Leonardo – ?
Dopo che Leonardo ebbe finito gli studi di pittura, si presentò alla corte del duca di Milano – non come pittore, ma in primo luogo come ingegnere militare e progettista di macchine da guerra. Progettò per esempio il carro armato e la mitragliatrice.

il duca: der Herzog

2
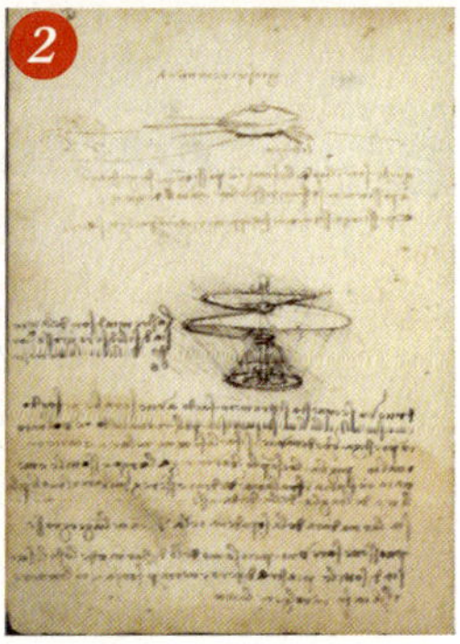

c. Leonardo – ?
Quando Leonardo cominciò a lavorare a Milano alla corte degli Sforza, il duca gli chiese anche di progettare acquedotti, ponti ed edifici pubblici e privati.

d. Leonardo – ?
Il duca di Milano gli chiese di realizzare un monumento equestre in onore del padre Francesco Sforza. Il monumento sarebbe stato la più grande scultura mai creata, ma purtroppo il modello fu distrutto.

e. Leonardo – ?
Leonardo inventò un gran numero di macchine e strumenti, come per esempio l'elicottero, il paracadute, attrezzi da sub. Molte delle sue idee furono realizzate solo alcuni secoli più tardi.

f. Leonardo – ?
Alla corte degli Sforza Leonardo progettò apparati di scena per le feste. Ma fu molto apprezzato anche per le sue qualità di musicista e così ebbe l'incarico di inventare strumenti musicali e comporre brani per gli spettacoli di corte.

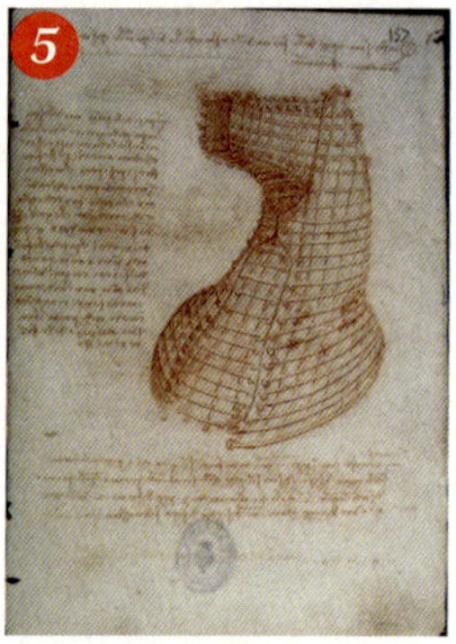

g. Leonardo – ?
Leonardo si interessò molto ai fenomeni naturali. Era convinto che il ruolo dell'uomo rinascimentale fosse quello di osservare la natura con amore e rispetto: di questa osservazione fece uso nei paesaggi dei suoi dipinti e disegnò anche i fenomeni naturali, come per esempio il movimento dell'acqua.

h. Leonardo – ?
Più tardi, quando Leonardo fu al servizio di Cesare Borgia, dovette misurare il territorio della città di Imola, disegnando una splendida mappa. E ancora: sviluppò il grandioso progetto voluto dalla repubblica fiorentina per la deviazione del corso del fiume Arno.

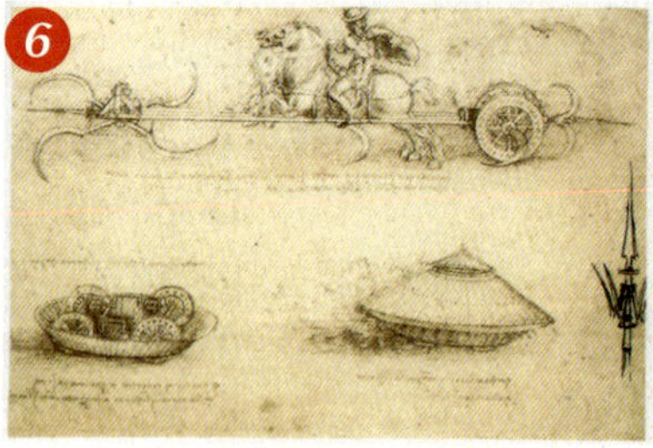

i. Leonardo – ?
Per capire meglio il corpo umano Leonardo cominciò a sezionare cadaveri, anche se era proibito all'epoca. Così Leonardo poté realizzare disegni anatomici abbastanza precisi che furono usati per molti secoli.

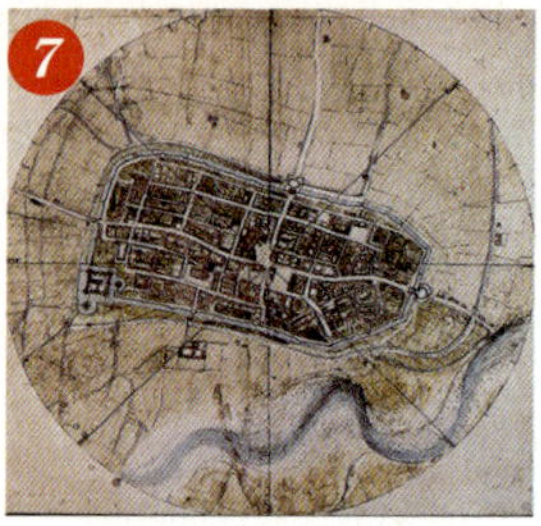

1. Leonardo – ___?___

il trattato: die Abhandlung; *intrattenere:* unterhalten

Oltre a scrivere il Trattato sulla pittura Leonardo scrisse anche favole e leggende, proverbi e barzellette, che venivano raccontati per far divertire gli ospiti della corte. Leonardo era amato per il suo umorismo e la sua capacità di conversare e di intrattenere.

8

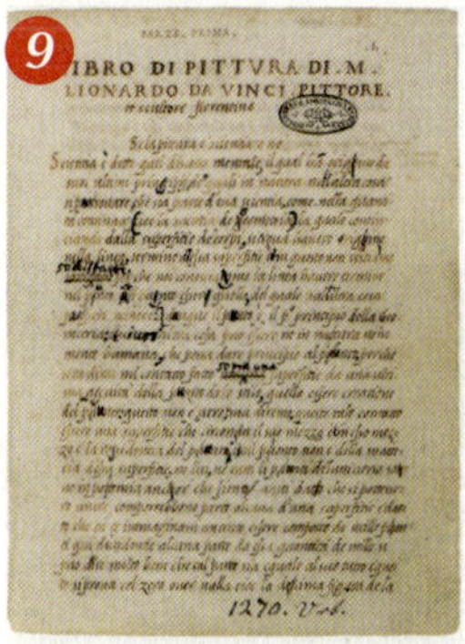

9

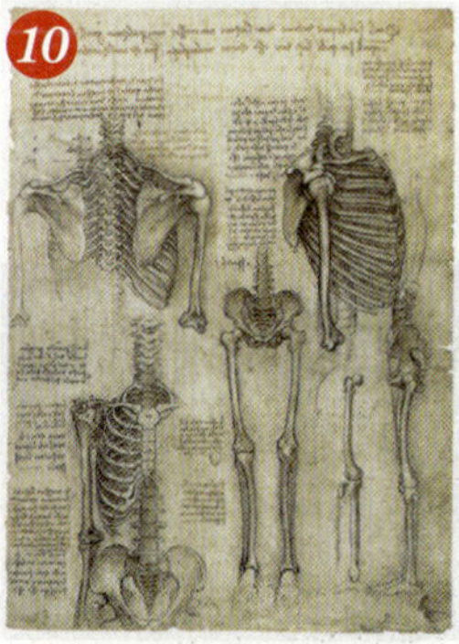
10

E 3

La vita di Leonardo

Leggete il testo e fatene un riassunto in tedesco – con due o tre piccoli sbagli. Se non capite una parola potete usare il dizionario. Poi presentate il vostro riassunto alla classe che deve correggervi – in italiano.

Leonardo nacque ad Anchiano, un piccolo paesino vicino a Vinci in provincia di Firenze il 15 aprile 1452, da una relazione fra il notaio ser Piero da Vinci e una contadina, Caterina.
La madre però dovette sposare un contadino e lasciò così il figlio al padre naturale.
Nonostante Leonardo fosse figlio illegittimo, ser Piero lo educò con affetto. Quando Leonardo ebbe 16 anni la famiglia si trasferì a Firenze. Il padre mandò il figlio alla bottega di Andrea Verrocchio, il miglior pittore del tempo e ottimo maestro. Nel 1472 Leonardo si iscrisse nella Compagnia dei Pittori e 10 anni più tardi Ludovico Sforza, duca di Milano, lo chiamò alla sua corte dove lavorò come ingegnere militare, architetto, scultore e pittore.

Inventò macchine da guerra e dipinse alcuni dei suoi numerosi capolavori. Un po' più tardi ricevette l'incarico per il famoso affresco dell'"Ultima Cena" nella Chiesa di Santa Maria delle Grazie. Quando le truppe francesi invasero Milano, Leonardo fuggì trovando asilo a Mantova e poi a Venezia. Nel 1500 tornò a Firenze, dove realizzò accanto al suo rivale Michelangelo il Salone del Consiglio Grande nel Palazzo della Signoria, lasciandolo però incompleto come molte altre sue opere. In quegli anni cominciò anche il celebre ritratto della "Gioconda". Nel 1508 andò di nuovo a Milano per 4 anni e poi a Roma, dove visse dal 1513 al 1516.
Nel 1517 il re Francesco I di Francia lo invitò alla sua corte ad Amboise e gli regalò il castello di Cloux come dimora. Lì passò gli ultimi anni della sua vita immerso negli studi. Leonardo morì il 2 maggio del 1519 e venne sepolto, secondo la sua volontà, nella chiesa di S. Florentin d'Amboise in Francia.

E 4 ***Tu cosa ci vedi?***

I capolavori vengono sempre "interpretati" da chi li guarda.

1. Guarda per due minuti il quadro della "Dama con l'ermellino" di Leonardo da Vinci. Chiudi il libro e descrivi il quadro senza guardarlo.

Dama con l'ermellino, 1488–1490

2. Se la "Dama con l'ermellino" potesse parlare …
Inventa la sua storia. Puoi cominciare così: Permettete che mi presenti …

E 5 *Das geraubte Lächeln*

Vor über 95 Jahren: Die Mona Lisa wird gestohlen

Das berühmteste Lächeln der Welt hängt an der Wand des Louvre. Es gehört Leonardo da Vincis „Mona Lisa". Am 21. August 1911 ist dieses Lächeln verschwunden. Zunächst fällt der Diebstahl gar nicht auf. Es ist Montag, Putztag im Museum. Auch als am Dienstag ein Kopist nach dem Verbleib der geheimnisvollen Dame fragt, schöpft niemand Verdacht: Immerhin nimmt der Hausfotograf das Bild gern mit nach Hause. Diesmal aber war ganz offenbar ein Dieb am Werk. Schwer hatte er es nicht. Die Mona Lisa ist gänzlich ungesichert. An vier simplen Nägeln hatte man sie aufgehängt.

In Frankreich löste der Raub der Mona Lisa einen Skandal aus. Fragen nach der Sicherheit von Nationalheiligtümern werden laut. Wie kann es sein, fragt sich die Presse, dass ein Fotograf das berühmte Bild einfach so mit nach Hause nehmen darf? Zudem offenbart der Vorfall die mangelnde Motivation der Museumsmitarbeiter: Der mit dem Fall betraute Kommissar äußert nach seinen Ermittlungen gar den Verdacht, der Raub könne der "Sabotageakt unzufriedener Louvre-Angestellter" sein. […]

Die Mona Lisa bleibt verschwunden. Erst zwei Jahre später taucht sie in Florenz wieder auf. Der Anstreicher Vincenzo Perugia hatte das Bild mit zwei Komplizen einfach von der Wand genommen. Ahnungslose Angestellte öffneten ihm auf der Flucht die Tür. Danach lag das Bild in einem Koffer unter Perugias Bett. Nach eigenen Angaben hatte er es eines Tages zurück nach Italien schaffen wollen. Schließlich habe Napoleon das Gemälde damals unrechtmäßig entwendet. Sieben Monate Haft erhält Perugia, weil nicht Bösartigkeit und Hehlerei seine Motive waren. In Italien wird er zu einer Art Nationalheld. Die Mona Lisa kommt nach einer prunkvollen Ausstellung in den florentinischen Uffizien nach Paris zurück.

www.wdr.de (21.8.06)

1. Un tuo amico italiano che non capisce il tedesco vede quest'articolo e legge solo "95" e "Mona Lisa". Ti chiede di che cosa parla l'articolo e tu glielo riassumi brevemente. In base alle informazioni ricevute l'amico italiano può fare altre domande.

2. Siamo nel 1913. Vincenzo Perugia è appena stato condannato a 7 mesi. Scrivi l'articolo per un giornale italiano.

E 6 *l'indovinello:* das Rätsel

Indovinelli di Leonardo

Nel periodo in cui lavorò presso la corte degli Sforza a Milano, Leonardo divertiva gli ospiti con degli indovinelli.

1. Controlla sul dizionario il significato delle parole sconosciute.
2. Cerca di trovare le soluzioni agli indovinelli.

1. Gli uomini vedono con piacere come le loro opere si rompono.
Chi sono questi uomini? Oppure che lavoro fanno?

2. Gli uomini di paesi lontani si parleranno l'uno con l'altro e si risponderanno.
Come sarà possibile questo?

3. Scenderà con furia dal cielo e ci darà nutrimento e luce.
Quale frutto sarà?

4. Il vento che passa attraverso le pelli degli animali farà danzare gli uomini.
Come si chiama questo strumento?

5. Non si conoscerà la differenza fra i colori, anzi diventeranno tutti neri.
Quando accade questo?

6. Gli uomini cammineranno e non si muoveranno, parleranno con chi non si trova, sentiranno chi non parla.
Come o quando lo potranno fare?

E 7

Un profeta tedesco

C'è un personaggio tedesco che secondo te ha influenzato in maniera decisiva il corso della storia? Motiva la tua scelta.

E 8

Leonardo da Vinci – allora e oggi

Inserisci la forma giusta del verbo.

1. Credevo che Leonardo __ (morire) in Italia.
2. Ho l'impressione che Leonardo __ (influenzare) molto la vita degli uomini.
3. Ai tempi di Leonardo nessuno credeva che lui __ (diventare) così famoso.
4. Non sono sicuro se il libro "Il Codici Da Vinci" di Dan Brown ti __ (piacere) o no.
5. Sembra che la Gioconda __ (avere) un sorriso enigmatico.[1]
6. Non penso che la Gioconda __ (sorridere) di felicità. Sembra che __ (essere) un po' triste.
7. Secondo me, la Gioconda __ (essere) l'amante di Leonardo.

1 *enigmatico:* rätselhaft

8. Sono sicuro che il paesaggio dipinto da Leonardo __ (rappresentare) la Toscana.
9. Se Leonardo non __ (sezionare) dei cadaveri, non __ (poter fare) dei disegni così esatti sul corpo umano.
10. Benché sezionare i cadaveri __ (essere) proibito, Leonardo la fece lo stesso.
11. Non sapevo che Leonardo __ (inventare) il carro armato.
12. Se Leonardo __ (vivere) oggi, chissà cosa __ (inventare).
13. Nonostante __ (essere) rivali, Michelangelo e Leonardo dipinsero insieme il Salone del Consiglio Grande a Firenze.
14. Si sa che in quell'epoca Firenze __ (essere) il centro culturale e commerciale d'Italia.
15. Sarebbe bello se io __ (sapere) disegnare come Leonardo.
16. Mi hanno regalato un corso di disegno affinché io __ (imparare) a disegnare come Leonardo.
17. Spero che oggi i capolavori di Leonardo __ (essere) ben protetti e che non __ (venire) rubati ancora una volta.
18. Per la gente era incredibile che Leonardo non __ (riuscire) a finire le sue opere.
19. Leonardo __ (essere) un uomo straordinario che __ (sapere) fare molte cose.
20. Ancora oggi Leonardo __ (venire) considerato un genio universale.

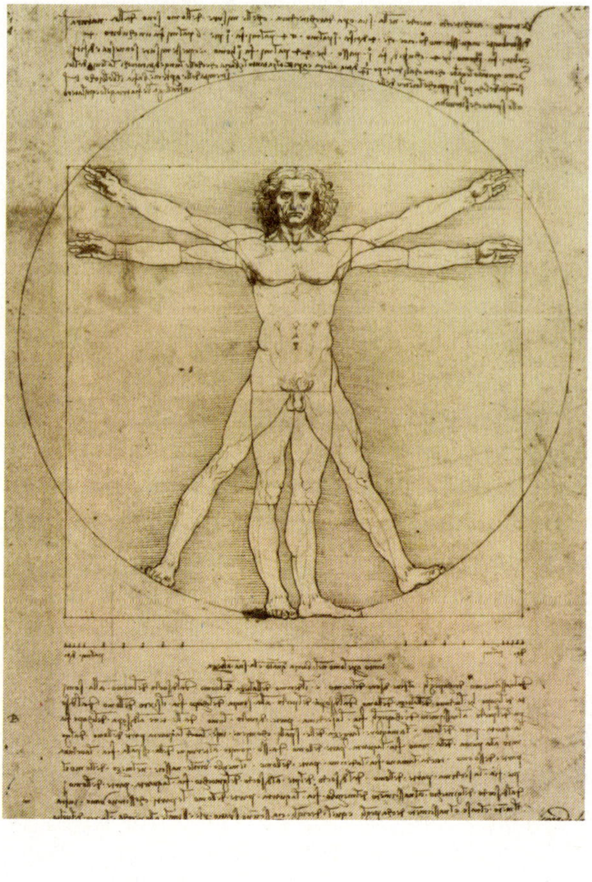

E 9

G → 8.6

il codice: die Handschrift (als Buch)

Leonardo scrittore

Ecco una favola scritta da Leonardo, probabilmente intorno all'inizio del'500. È tratta dal Codice Atlantico.

Oltre a essere pittore, scultore, ingegnere, inventore e scienziato, Leonardo sapeva anche scrivere favole. Dopo la sua morte, i suoi scritti sono stati raccolti insieme ai numerosi disegni nei famosi codici, conservati in diversi paesi (Italia, Francia, Spagna, Inghilterra e Canada).

Il Ragno nella Buca della Chiave

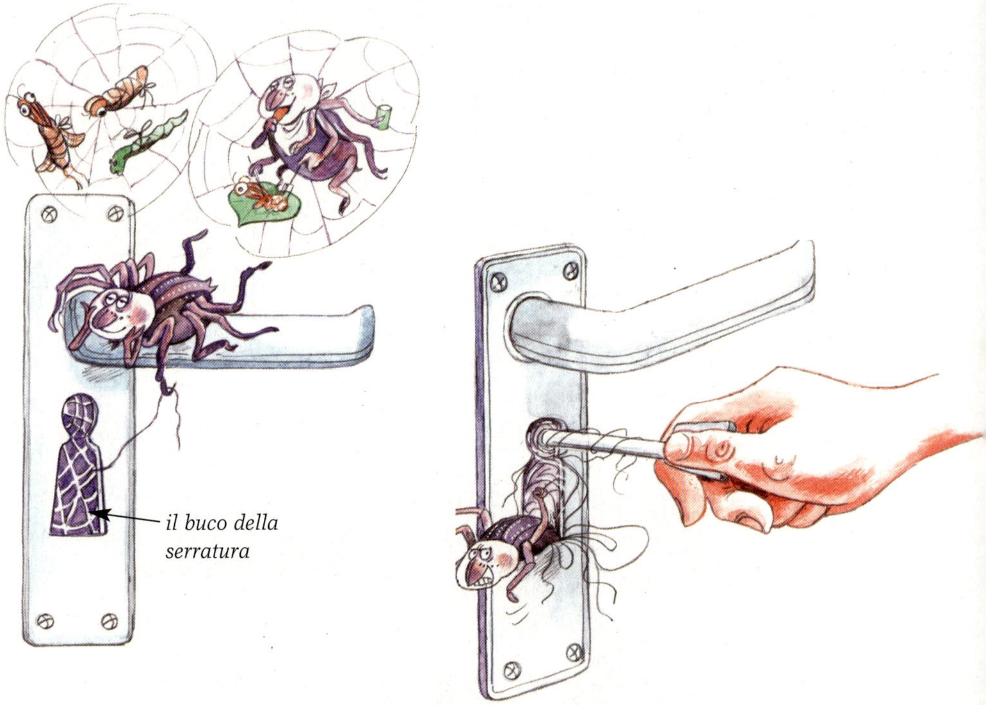

2 *rintanarsi:* sich verstecken; 3 *il rifugio:* der Zufluchtsort; 4 *l'orlo:* der Rand; 6 *sbirciare:* heimlich betrachten; *tendere una rete:* ein Netz spannen; 7 *scrutare:* betrachten; *lo scalino:* die Treppenstufe; 8 *il battente dell'uscio:* der Türflügel; 10 *gongolare:* triumphieren, jubilieren; 11 *foderare di ferro:* mit Eisen beschlagen; 13 *crogiolare: wörtl:* köcheln, *hier:* sich hingeben; 15 *tintinnare:* klimpern; *infilarsi:* hineingesteckt werden; 16 *schiacciare:* zerdrücken

Un ragno, dopo avere esplorato tutta la casa, di fuori e di dentro, pensò di rintanarsi nel buco della serratura.
Che rifugio ideale! Chi lo avrebbe mai scoperto lì dentro?
Lui, invece, affacciandosi sull'orlo della toppa, avrebbe potuto guardare dappertutto senza correre alcun rischio.
– Lassù – diceva fra sé, sbirciando la soglia di pietra – tenderò una rete per le mosche; quaggiù – aggiungeva scrutando lo scalino – ne tenderò un'altra per i bruchi; qui, vicino al battente dell'uscio, farò una piccola trappola per le zanzare. –
Il ragno gongolava. Il buco della serratura gli dava una sicurezza nuova, straordinaria; così stretto, buio, foderato di ferro, gli sembrava più inattaccabile di una fortezza, più sicuro di qualsiasi armatura.
Mentre si crogiolava in questi pensieri, gli giunse all'orecchio un rumore di passi: allora, prudente, si ritirò in fondo al suo rifugio.
Qualcuno stava per entrare in casa; una chiave tintinnò, s'infilò nel buco della serratura e lo schiacciò.

1. Uno sguardo al contenuto
Le favole di Leonardo finiscono tutte con una morale. Quale sarebbe la morale di questa favola secondo te?

2. Uno sguardo alla grammatica
Individua le forme del passato remoto e dell'imperfetto e spiega la regola sull'uso dei due tempi.

3. Un tuo amico italiano non capisce questi proverbi tedeschi. Scegline uno e scrivi una favola per spiegargliene il senso.

1. Vertrauen ist gut, Kontrolle ist besser.
2. Hochmut kommt vor dem Fall.
3. Wer anderen eine Grube gräbt, fällt selbst hinein.
4. Freu dich nicht zu früh.

E 10 ***L'asino e il ghiaccio***
Guarda i due disegni e prova anche tu a scrivere una favola con una morale.

C La Toscana

Palazzo Vecchio, Firenze

La Cupola di Santa Maria del Fiore, Firenze

Firenze, Siena, Pisa assieme a Lucca, Cortona e Arezzo contengono i tesori d'arte più famosi d'Italia. La Firenze storica è raccolta in un'area ristretta che può essere visitata a piedi, a partire dal Duomo, con il Campanile e il Battistero, Piazza della Signoria, Palazzo Vecchio, la chiesa di Santa Croce e gli Uffizi, considerati il più antico museo d'arte moderna. Al di là del fiume Arno, passando su Ponte Vecchio, si può visitare Palazzo Pitti e salire a Piazzale Michelangelo che offre una splendida vista sulla città.
Siena con le sue stradine strette che conducono alla famosa Piazza del Campo, una delle più grandi piazze medievali, dove si svolge ogni anno

Siena

Un cavallo che partecipa al Palio di Siena

Piazza dell'Anfiteatro, Lucca

il famoso Palio, Pisa con la sua Torre Pendente, Lucca, la città di Puccini sono altre mete imperdibili nella regione. La lunga costa toscana è ricca di spiagge sabbiose e di promontori rocciosi come l'Argentario e di parchi naturali come quello della Maremma.
Però non si può parlare di Toscana senza parlare di storia italiana. Etruria nel V secolo a.C., Regio VII durante l'Impero Romano, la regione è terra di comuni nel Medioevo e di signorie nel Rinascimento. In particolare i Medici, famosa famiglia fiorentina, hanno lasciato un'impronta sulla città come nessun'altra famiglia nel corso della storia. Partendo da una iniziale attività commerciale e bancaria, assunsero un ruolo politico chiave tra il XV ed il XVI secolo e dominarono Firenze e la Toscana per tre secoli. La loro ascesa politica ebbe inizio con Silvestro de' Medici. Soltanto una ventina di anni dopo, nel 1397, Giovanni di Bicci de' Medici fondò il Banco dei Medici, una delle più antiche banche d'Europa – la più antica banca al mondo tuttora in attività è la Banca Monte dei Paschi di Siena, nata nel 1472 come monte di pietà per

Monte Argentario

La Maremma

dare aiuto alle classi disagiate della popolazione senese. A suo figlio Cosimo de' Medici (detto il Vecchio) si dovette nel 1434 la fondazione della signoria medicea di Firenze. A portarla al massimo fulgore sarebbe stato poi il nipote di Cosimo, Lorenzo de' Medici, detto il Magnifico che trasformò la città nel più grande centro cosmopolita del mondo.

Grande uomo di finanza e di politica, Lorenzo amava svagarsi con la poesia e la letteratura ed era un grande mecenate. Alla sua corte riunì artisti come Botticelli, Michelangelo, Donatello che realizzarono le più grandi opere del Rinascimento.

Nel centro del pensiero rinascimentale c'è il ritorno al concetto artistico dell'antichità. Però il Rinascimento non riguarda soltanto gli ideali dell'arte. Lascia alle spalle anche il vecchio concetto del mondo e dell'uomo e l'ordine della società medievale. L'uomo sta al centro del pensiero umanista. I famosi umanisti Dante, Petrarca e Boccaccio, grandi poeti del '300, vengono nominati insieme agli artisti di spicco del Rinascimento, che non erano esclusivamente pittori, scultori, architetti, studiosi o poeti – spesso riunivano in una sola persona tutte queste straordinarie capacità.

Firenze non fu solo la culla del Rinascimento, che si diffuse da lì poi in tutta l'Europa, ma viene anche chiamata la culla della lingua italiana. Fu specialmente Dante, scrivendo in fiorentino, e non come si usava allora in latino, a far diventare il suo dialetto lingua parlata e scritta, adottata poi in tutta l'Italia.

www.sfiis.org/www.wikipedia.org

MONTE DEI PASCHI DI SIENA
BANCA DAL 1472

L'edificio principale del Monte dei Paschi di Siena

E 1 ***Lavoro con il dizionario bilingue***

Controlla le parole sconosciute.

E 2 ***Riassunto***

Dividete la classe in tre gruppi. Ogni gruppo riassume in tedesco uno dei tre paragrafi a parole proprie.

Strategia 5: Espressioni utili per parlare di testi letterari e non-letterari

Conosci già la maggior parte delle espressioni o riesci a capirle se fai riferimento ai termini letterari che hai imparato in tedesco o inglese:

i testi non-letterari
l'articolo
il saggio
l'intervista
il commento

i testi letterari

testi narrativi	testi drammatici	testi lirici
il racconto	la commedia	la poesia
il romanzo	la tragedia	la canzone
il giallo	il dramma	il sonetto
la satira		
la fiaba		
la favola		

il contenuto di un testo
il tema/la tematica
l'argomento

le parti di un testo
l'introduzione
la parte/la sezione centrale
la conclusione

il brano
il paragrafo
la colonna
la riga

mezzi stilistici di un testo
la citazione
l'allusione
la metafora
il paragone
l'immagine
l'ironia
l'enumerazione
il parallelismo
la paratassi/paratattico
l'ipotassi/ipotattico
la ripetizione

il linguaggio di un testo
- infantile
- giovanile
- giornalistico
- popolare
- pubblicitario

ecc.

verbi per parlare di un testo

utilizzare	rivelare
servirsi (di)	evocare
consistere (in/di)	suggerire
essere composto (da)	svolgersi
presentare	essere situato (a/in)
sottolineare	contenere
descrivere	suscitare
dimostrare	narrare

Espressioni specifiche per parlare di testi letterari

vari tipi di narratori

l'io narrante
il narratore onnisciente
il personaggio narratore

i personaggi

il/la protagonista
l'eroe/l'eroina
l'antagonista
il personaggio secondario

E 1 ***Alcune espressioni difficili***

Abbina le espressioni tedesche a quelle italiane. I colori ti danno un orientamento.

der allwissende Erzähler, die Intrige, die Rückblende, der Refrain, die Nebenfigur, die Anspielung, der Abschnitt, die Sprache der Werbung, die Heldin, bestehen aus, spielen in, hervorrufen, wecken

quello che succede

la vicenda
la trama
l'intreccio
gli avvenimenti
l'azione

le parti di un dramma

l'atto
la scena

la fine

la fine aperta
il lieto fine
la morale

modi di parlare e narrare

il dialogo
il monologo
il discorso diretto/indiretto
il monologo interiore
la retrospettiva
il flashback

le parti di una poesia

la strofa
la rima
il ritornello

E 1 ***A tu per tu con l'inspiegabile***

Completa la storia con le preposizioni semplici o articolate, se necessario.

Vorrei raccontarvi un fatto avvenuto __ provincia di Pisa, precisamente __ Santa Maria a Monte.
Abitavo __ quella casa __ la mia ragazza; l'avevo presa __ affitto __ qualche mese e devo __ ammettere che ho sempre avuto sensazioni strane ogni volta che entravo __ casa.
Ma veniamo al fatto: un giorno __ cinque __ pomeriggio __ pieno inverno (dicembre) cominciai __ sentire dei rumori sospetti molto forti che provenivano __ piano __ sopra.
Salii __ controllare mentre la mia ragazza rimase __ pianterreno.
I rumori cessarono improvvisamente.
Ma, appena tornato giù, i rumori ricominciarono ed __ quel punto pensai fosse opera __ un amico che voleva __ farci uno scherzo, ma continuai __ controllare il piano __ sopra __ varie volte.
Accesi tutte le luci __ giardino e __ casa, ma non trovavo nessuna spiegazione logica. Mi sedetti __ la mia ragazza __ al caminetto: __ quel punto alzando la testa contemporaneamente __ mia ragazza vidi spostarsi una trave (= Balken) __ soffitto come se fosse fatta __ gomma.
La trave si abbassò __ circa 40 cm, o forse più, in un unico punto come per indicarmi qualche cosa.
A questo punto decisi __ lasciare la casa.
Anche adesso, __ distanza __ qualche anno, __ solo ricordo ho strane sensazioni e comunque, __ quello che ne so, la casa non è più stata affittata!
I proprietari ci avevano affittato la casa ___ i mobili (e questo non è strano) ma strano trovai che i precedenti inquilini avessero lasciato molte __ loro cose __ cui vestiti, oggetti personali e molte altre cose, anche __ valore: questo farebbe pensare __ un abbandono __ gran fretta di quella casa.
__ alcune mie domande i proprietari hanno sempre risposto __ modo poco convincente.

www.fantasmitalia.it (leggermente adattato)

E 2 ***Dialoghi*** G → 6.4/6.5/6.6/6.7/6.9

Completa i dialoghi con i pronomi o le particelle mancanti.

1. – Signora, chi __ ha permesso di parcheggiare qui?
   – __ ha permesso il portiere di questo palazzo. Ho parlato con __ e __ ha detto che potevo lasciare la macchina qui per qualche minuto
2. – Chi vi ha parlato della sorpresa per Silvia? Doveva essere un segreto.
   – Veramente non __ ha parlato nessuno, abbiamo sentito Piero e Gianna che stavano parlando della festa di Silvia. Ma non __ preoccupare! Non diremo niente a nessuno.

3. – Avete già portato i giornali al signor Zenardi? __ avevate promesso.
   – Certo, __ abbiamo portati già stamattina. È stato molto gentile con __ e __ ha offerto un gelato.
4. – Senti, Riccardo, __ ho già detto che sabato sera siamo invitati dai Salis?
   – Allora portiamo __ dei maglioni in più, da __ c'è sempre un freddo da morire. Non __ ricordi l'ultima volta che ci siamo stati ...?

E 3 ***Il contrario***

Trova il contrario di queste parole/espressioni.

accendere – l'adulto – noioso – triste – dolce – divertirsi – antico – simpatico – chiuso – la partenza – passivo – autentico – basso – bello – lungo – la bugia – cattivo – nessuno – smettere – crudo – sposare – l'entrata – sfortunato – fuori – tirchio – spendere – la pace – mobile – possibile – incluso – credibile – finire – invernale – largo – minimo – morire – l'est – migliore – il paradiso – leggero – positivo – la povertà – ridere – conosciuto – pulito – meridionale – la morte – il silenzio – montare – il sogno – stupido – uscire – la valle – veloce – perdere – amare – arrivare – male – nero – caldo – con – davanti – destra – difficile – piacere – la donna – la fine – forte – grande – l'estate – vicino – molto – il marito – la mattina – tutto – il giorno – vecchio – più – presto – prima – primo – qui – ricco – malato – scuro – sempre – vietato – comprare – trovare – sotto – aggredire – aumentare – il coraggio – legale – sicuro – sopportabile – legittimo – la minoranza – orientale

E 4 ***Cara Milva ...*** G → 8.4/8.5

Cara Milva,
eccomi finalmente a Perugia. __ (arrivare) ieri mattina e __ (volere) chiamarti subito ma __ (dimenticare) il tuo numero di telefono a casa. Perciò __ (decidere) di scriverti questa cartolina ...
Come sai, __ (iscriversi) a un corso d'italiano qui a Perugia. Quando Silke ed io __ (arrivare), __ (piovere) e __ (fare) freddo. __ (cercare) subito l'indirizzo della signora che ci affitta una stanza per due mesi. Per fortuna le __ (scrivere) l'ora del nostro arrivo prima di partire e così ci __ (aspettare) già con un bel tè caldo.
Ieri sera __ (uscire) per fare un giro in centro e __ (parlare) non solo italiano ma anche tedesco, inglese, francese, spagnolo ... Come mi __ (dire) tu, ci sono veramente tanti studenti stranieri. Ti chiamerò il più presto possibile.
Un abbraccio e a presto
Bettina

Lezione 6

Film e letteratura

È giallo sull'allontanamento di un idraulico quarantaseienne di Lugagnano descritto come un padre e marito modello. Indagano i carabinieri

Esce di casa e scompare senza lasciare traccia

T1

Il telefonino è irraggiungibile, il suo furgone è stato trovato chiuso a chiave a pochi metri dalla stazione

Sparito. Inghiottito dal nulla. Cellulare spento, non raggiungibile. E a casa è mistero e paura. Paura che sia accaduto qualcosa di brutto, visto che Roberto Bonizzato, 46 anni, residente a Lugagnano in via Carlo Alberto dalla Chiesa con moglie e figli da mercoledì a pranzo non dà più sue notizie.

Era uscito di casa, come testimoniano i familiari nella denuncia sporta ai carabinieri di Sommacampagna al mattino per un lavoro, nonostante fosse un giorno festivo. E non ha portato con sè il figlio che lavora con lui, poiché era un giorno di festa e perché doveva «andare a tracciare un bagno, così il giorno dopo i muratori avrebbero potuto lavorare. Un lavoretto veloce». Ma a ora di pranzo, Bonizzato non era ancora tornato, e aveva promesso che il pomeriggio sarebbe andato in giro con la moglie. Così la donna ha provato a chiamarlo al cellulare trovandolo sempre spento. E così per tutto il giorno e in quelli successivi.

Apparentemente non c'è un solo motivo per cui l'uomo abbia potuto abbandonare la famiglia. Il bancomat non è stato toccato, non ci sono stati prelievi di contante. Il passaporto (scaduto) è a casa. Bonizzato è sempre stato un marito e un padre modello, che passava le sere a fare i compiti con i figli più piccoli e al lavoro era sempre accompagnato dal figlio maggiore. Nessun margine per una doppia vita. Il suo furgone è stato trovato parcheggiato regolarmente e chiuso in via Dalle Coste, che collega piazzale XXV Aprile a via Albere. L'idraulico non è depresso, non ha problemi di salute. I familiari temono che possa essere rimasto chiuso in qualche cantiere, magari in un seminterrato dove il cellulare non prende. Il maresciallo della stazione di Sommacampagna ha già chiesto e ottenuto l'autorizzazione del magistrato Fabrizio Celenza ad acquisire i tabulati. Contattando le ultime persone che Bonizzato ha sentito, forse si riesce anche a capire chi possa aver commissionato il lavoro. Ma l'acquisizione non è immediata.

Le ipotesi restano tutte aperte. da casa manca soltanto una sacca, di quelle da viaggio, ma che potrebbe contenere poche cose. Non è impossibile che l'uomo l'avesse presa per metterci dentro gli attrezzi di lavoro.

Chi avesse notizie utili, vedendo la foto che oggi pubblichiamo, oppure riconoscendo questa persona, può mettersi in contatto con i carabinieri di Sommacampagna al numero 045/ 515519. *(a.v.)*

da: L'Arena, 4. 11. 06

Lugagnano, Sommacampagna: cittadine situate tra il Lago di Garda e Verona

E 1 ***Il Signor Roberto Bonizzato***

Riassumi tutte le informazioni su lui, la sua famiglia e il suo lavoro.

lui e la famiglia	il lavoro
padre e marito modello	*usa un furgone*

E 2 ***Il lavoro della polizia***

La polizia ha fatto delle indagini sulla vita della persona scomparsa. Usa gli appunti del maresciallo per spiegare a parole tue quali particolari sembrano escludere il fatto che Roberto Bonizzato abbia voluto abbandonare la famiglia.

controllato:
banca ✓
passaporto ✓
vita di famiglia ✓
lavoro ✓
salute ✓

E 3 Il giallo in TV

Anche una TV privata regionale parla della scomparsa misteriosa e invita gli spettatori a fornire notizie utili ai carabinieri. Purtroppo le ricerche del redattore non sono state molto scrupolose e così ci sono alcuni sbagli nel testo che la presentatrice dovrebbe leggere.

1. Riscrivi il testo correggendo gli sbagli.

Cari telespettatori,
prima di cominciare il nostro programma con il giallo del venerdì sera, vi preghiamo di aiutare la polizia che indaga sulla scomparsa misteriosa di un artigiano di Sommacampagna.
Roberto Bonizzato che fa il muratore abita con moglie e figlio in via Carlo Alberto I. Martedì mattina è uscito di casa per portare degli attrezzi da lavoro a un cantiere dove avrebbe dovuto lavorare il giorno dopo. Da quel momento non ci sono più sue notizie. Infatti i familiari temono che possa avere avuto un incidente al cantiere. Purtroppo ha dimenticato il cellulare a casa e non ha detto dove voleva andare.
Siccome tutti lo conoscono come padre e marito modello che non aveva né problemi finanziari né di salute non sembra esserci nessun motivo per la sua scomparsa.
L'unica indicazione è il suo furgone che è stato trovato vicino a una chiesa del centro.
Chi avesse notizie utili è pregato di mettersi in contatto con i carabinieri ...

2. Tocca a te fare il presentatore/la presentatrice. Cerca di non guardare troppo il tuo testo.

E 4 Come si direbbe in tedesco?

Traduci le seguenti espressioni in tedesco.

1. i carabinieri indagano
2. senza lasciare traccia
3. inghiottito dal nulla
4. non dà più sue notizie
5. i familiari testimoniano
6. sporgere una denuncia

E 5 Al commissariato

Quando la signora Bonizzato va a denunciare la scomparsa del marito, il carabiniere le fa molte domande. Preparate il dialogo, anche con particolari inventati, e presentate la scena.

E 6 Ecco la verità

Qualche settimana dopo finalmente ecco un altro articolo sul giornale che ci informa su quello che è successo al signor Bonizzato.
Inventa una storia (tragica, divertente o inverosimile) e scrivi l'articolo per il giornale.

E 7 ***Artigiani e i loro attrezzi***

Fai una lista di almeno dieci mestieri – se è possibile con un attrezzo tipico.

mestiere	attrezzo
l'idraulico il meccanico	la chiave inglese il cacciavite …

E 8 ***Sparito. Inghiottito dal nulla.***

Commenta la struttura delle frasi e il vocabolario nel primo paragrafo.

E 9 ***La lingua dei giornalisti***

Quali elementi fanno capire che si tratta di un articolo di giornale?

E 10 ***Perché si chiamano così?***

Fai una ricerca per spiegare i seguenti nomi:

via Carlo Alberto dalla Chiesa

piazzale XXV Aprile

E 11 ***Stazione Verona Porta Nuova***

Molte stazioni delle ferrovie non hanno un nome particolare. Si chiamano Milano Centrale, Palermo Centrale ecc. Ma alcune sono diverse …

Abbina le città con il nome delle stazioni. Alcune città hanno più di una stazione.

Roma	S. Pietro
Venezia	Brignole
Genova	Piazza Principe
Firenze	Tiburtina
Torino	Termini
Verona	Porta Nuova
	Santa Lucia
	Santa Maria Novella

E 12 ***Giornali, riviste e gazzette***

Dove vengono pubblicati questi giornali?

la Repubblica
LA STAMPA
Il Messaggero
CORRIERE DELLA SERA
ALTO ADIGE
L'Arena
La Gazzetta dello Sport
Corriere dello Sport
L'UNIONE SARDA
IL MATTINO
il Resto del Carlino
Il Sole 24 ORE

T2 *Blue-Jeans: Il 'Blu' di Genova*

A portare i pantaloni lunghi per primi pare siano stati i Galli, antichi abitanti della Francia. I soldati di Cesare, lottando contro di loro nel rigido clima della Francia del Nord, li adottarono per riscaldare le gambe, fino ad allora fasciate alla meglio dalla tunica militare.

I pantaloni furono proibiti dagli imperatori romani Onorio e Arcadio nel 395 d. C., per imporre un ritorno ai vestiti romani tradizionali. Ma il freddo poté più degli imperatori, e all'inizio del Medioevo i pantaloni si diffusero come indumento maschile in tutta l'Europa.

Di secolo in secolo, gli addetti ai lavori pesanti cercarono pantaloni resistenti, che non si strappassero né si logorassero facilmente.

Un tedesco emigrato negli Stati Uniti, Levi Strauss, quando i cercatori d'oro si moltiplicarono in tutto il West, ebbe l'idea di confezionare dei pantaloni particolarmente resistenti per loro. Li fabbricò con telo di tenda, poi con un tessuto di cotone molto resistente preparato a Nimes, chiamato "Serge De Nimes". Avendo un prezzo molto basso e una grande resistenza, i cercatori d'oro li adottarono volentieri, e li battezzarono "Levi's" dal loro costruttore. La stoffa fu chiamata con un'abbreviazione "Denim" (da "De Nimes").

A Genova, fin dal 1567 almeno, i lavoratori della campagna e del porto portavano pantaloni molto simili, di colore blu. E qualcuno li chiamò "Jeans", corruzione della parola "Genovesi", e anche "Blu jeans". Emigranti genovesi li portarono in America, e la stoffa genovese dal blu stinto e slavato fu usata indifferentemente con la "Denim", per fabbricare i "Levi's".

Un russo emigrato nel Nevada, Jacob Davis, ebbe l'idea di rafforzare i calzoni fabbricati da Levi Strauss con chiodi ribattuti agli angoli delle tasche. Davis scrisse a Levi, proponendogli di brevettare quel tipo di calzoni e di sfruttare insieme il brevetto. Levi accettò.

Tra i vari modelli, ebbe maggior successo (forse perché dotato di una cerniera) quello chiamato in catalogo *501 Double X blue denim waist overall*. È il tipo che domina ancor oggi il mercato mondiale.

da: Teresio Bosco, Grandi e piccole storie, SEI Torino, p. 208–209

E 1 ***I jeans nella storia***

1. Metti in ordine cronologico le seguenti indicazioni temporali/i seguenti nomi.
2. Abbinale con i vari passi dello sviluppo dei pantaloni lunghi.

1. all'inizio del Medioevo	a. di origine tedesca
2. Levi Strauss	b. rafforzare i pantaloni con chiodi
3. Jacob Davis	c. conosciuti in tutta l'Europa
4. lavoratori della campagna a Genova	d. pantaloni resistenti per i cercatori d'oro
5. i soldati di Cesare	e. i primi a portare pantaloni lunghi
6. i Galli	f. imitarono i pantaloni dei Galli
	g. di origine russa
	h. tessuto chiamato 'jeans'

3. Presenta la storia dei jeans con le tue parole.

E 2 ***Com'è? Come sono?***

1. Trova nel testo gli aggettivi che si combinano con questi sostantivi.

1. i pantaloni l_ _ _ _ _
2. il r_ _ _ _ _ clima,
3. le gambe f_ _ _ _ _ _ _,
4. i vestiti r_ _ _ _ _, t_ _ _ _ _ _ _ _ _ _ _
5. l'indumento m_ _ _ _ _ _ _
6. i lavori p_ _ _ _ _ _
7. i pantaloni r_ _ _ _ _ _ _ _ _
8. un tessuto molto r_ _ _ _ _ _ _ _ _
9. un prezzo molto b_ _ _ _
10. una g_ _ _ _ _ resistenza
11. pantaloni molto s_ _ _ _ _
12. di colore b_ _
13. emigranti g_ _ _ _ _ _ _
14. la stoffa g_ _ _ _ _ _ _
15. il blu s_ _ _ _ _ e s_ _ _ _ _ _
16. i chiodi r_ _ _ _ _ _ _ _
17. i v_ _ _ modelli
18. m_ _ _ _ _ _ successo
19. il mercato m_ _ _ _ _ _ _

2. Scegli cinque esempi per fare delle frasi.

E 3 ***Levi's, Denim, Blu Jeans***

1. Spiega a un tedesco l'origine di questi nomi.
2. Informati sull'origine della parola 'pantaloni'.

E 4 ***Levi oppure Löb?***

Completa il testo con le parole seguenti. Attenzione ci sono quattro intrusi.

ciò - corsa - perciò - capì - resistenti - tempo - fu - cambiò - sia - della - così - nel - bavarese - all' - come - aghi - americano - cognato - creato - più - leggenda - dall' - ebbero - avevano

Sembra che ad aver (1) i jeans sia stato il giovane emigrante (2) Löb Strauss, che più tardi (3) il suo nome in Levi. Il racconto (4) sua vita si presenta come una fiaba del sogno (5). Si narra che (6) 1853, (7) età di 24 anni, si recò a San Francisco attratto dalla (8) all'oro. In valigia non portò attrezzi (9) i cercatori d'oro, ma tela per tende e (10) da cucito. Insieme al (11) aprì un emporio, il cui assortimento doveva contenere tutto (12) di cui i minatori del West avevano bisogno. Levi dimostrò di conoscere benissimo le esigenze dei cercatori d'oro e (13) rapidamente che, oltre a una buona dose di fortuna, i minatori (14) bisogno di capi di abbigliamento (15). Senza esitazione portò i suoi teloni per tende dal sarto (16) vicino per far confezionare dei pantaloni. Secondo la (17) sembra che il primo cliente (18) stato tanto entusiasta del risultato da parlare dei pantaloni di Levi Strauss in tutta la città.

Nacquero (19) i primi jeans, che allora si chiamavano ancora "waist overall" e non erano di colore blu e (20) subito grande successo. Ma Strauss non si riposò sugli allori e cercò ulteriori possibilità di miglioramento.

4 *recarsi:* gelangen, sich einfinden; 5 *il cucito:* die Näharbeit; 6 *l'emporio:* das Kaufhaus; *l'assortimento:* das Sortiment, Warenangebot; 7 *il minatore:* der Minenarbeiter; 8 *l'esigenza:* das Bedürfnis, die Erfordernis; 9 *la dose:* die Dosis; 16 *riposarsi sugli allori:* sich auf seinen Lorbeeren ausruhen

http://emagazine.credit-suisse.com/app/article/index.cfm?fuseaction=OpenArticle&aoid=184701&lang=IT (leggermente adattato)

E 5 ***I jeans perfetti per me***

Per poter lavorare nel settore della moda bisogna avere molte idee originali. Realizza le tue idee: crea i "tuoi" jeans e descrivili.

T3 Studentessa universitaria

1 *universitario, -a:* Universitäts-, universitär

Studentessa universitaria, triste e solitaria
Nella tua stanzetta umida, ripassi bene la lezione di filosofia
E la mattina sei già china sulla scrivania
E la sera ti ritrovi a fissare il soffitto, i soldi per pagare l'affitto te li
manda papà.

6 *arroventato:* aufgeheizt

Ricordi la corriera che passava lenta, sotto il sole arroventato di Sicilia
I fichi d'India che crescevano disordinati ai bordi delle strade
Lucertole impazzite, le poche case ...
Ricordi quel profumo dolce di paese e pane caldo,
i pomeriggi torridi, la piazza, la domenica,
e il mare sconfinato che si spalancava dal terrazzo,
della tua camera da letto.

13 *la capretta:* das Zicklein

Ripensi alle salite in bicicletta per raggiungere il cadavere di una capretta,
il tabernacolo della Madonna in cima alla montagna, che emozione!
Tutte le candele accese di un paese in processione, gocce di sudore sulla
fronte
Odore di sapone di Marsiglia e di lenzuola fresche per l'estate,
gli occhi neri di una donna ferma sulle scale, gli occhi di tua madre...

Studentessa universitaria, ...

Studentessa chiusa nella metropolitana, devi scendere, la prossima è la
tua fermata!
Sotto braccio libri, fotocopie, appunti sottolineati
ed un libretto dove collezioni i voti degli esami,
questa vita fatta di lezioni e professori assenti, file chilometriche per fare
i documenti,
prendere un bel trenta per sentirsi più felici, ma soli e senza i tuoi amici...
Carmelo sta a Milano in facoltà di Economia, Fabiana e Sara Lettere
indirizzo Archeologia
Poi c'è Concetta, sta a Perugia e studia da Veterinaria,
Giurisprudenza invece la fa Ilaria e Marco spaccia cocaina
e un giorno lo metteranno dentro, il tuo ragazzo studia Architettura e nel
frattempo
passa i giorni dando il resto dalla cassa di un supermercato in centro...

23 *il libretto:* das Textbuch, Studienbuch

27 *la facoltà:* die Fakultät; *le Lettere:* die Literaturwissenschaft

Studentessa universitaria, ...

Studentessa universitaria, sfiori la tua pancia
Dentro c'è una bella novità, che a primavera nascerà per farti compagnia,
la vita non è dentro un libro di Filosofia
e la sera ti ritrovi a pensare al futuro
e ti sembra più vicina la tua serenità.

39 *la serenità:* die Heiterkeit

da: Simone Cristicchi, Fabbricante di Canzoni

E 1 ***Lavoro di testo ...***

Cerca di capire le parole seguenti. Ti possono aiutare il contesto, altre lingue e naturalmente quello che sai già della lingua italiana.

solitaria (r. 1), ripassare (r. 2), filosofia (r. 2) china (r. 3), fissare (r. 4), il bordo (r. 7), sconfinato (r. 11), il tabernacolo (r. 14), economia (r. 27), archeologia (r. 28), veterinaria (r. 29), giurisprudenza (r. 30), spacciare cocaina (r. 30), architettura (r. 31)

E 2 ***... e di dizionario***

Cerca il significato di queste parole in un dizionario. Controlla anche dove si mette l'accento.

umido (r. 2), la corriera (r. 6), la lucertola (r. 8), torrido (r. 10), spalancare (r. 11), il sudore (r. 15), le lenzuola (r. 17), appunti (r. 22), mettere qn dentro (r. 31)

E 3 ***... nella tua stanzetta ...***

In questa canzone si parla direttamente con la ragazza.

1. Trova tutte le parole/espressioni che ricordano il 'tu'.

nella tua stanzetta, ripassi, sei, ...

2. Si tratta di un dialogo? Spiega perché/perché no.

3. Che effetto ha sull'ascoltatore questo modo di presentare la vita della ragazza?

E 4 ***Passato, presente e futuro***

1. Abbina le varie fasi della vita della ragazza agli avvenimenti/alle informazioni.

passato | **presente** | **futuro**

- ripassare le lezioni
- andare in bicicletta
- prendere la metropolitana
- la corriera
- il sole molto caldo
- le candele accese
- una stanza umida
- piante e animali
- profumo di pane caldo
- nasce un bambino
- è fidanzata
- una bella novità
- terrazzo

- professori assenti
- processioni
- sentirsi soli
- gli amici lontani
- lavoro al supermercato
- la vista sul mare
- la monotonia
- dare esami
- emozioni forti
- la noia
- la serenità

2. Che impressione generale ti danno il passato, il presente e il futuro della ragazza?

E 5 ***Amici e parenti***

La canzone parla di diverse persone. Fa' un elenco dei nomi. Che cosa vieni a sapere di loro?

E 6 ***Per chi non conosce l'Italia ...***

Spiega le parole/espressioni seguenti nel contesto. Se non sei sicuro, informati prima.

i fichi d'India (r. 7), le lucertole (r. 8), il sapone di Marsiglia (r. 17), un bel trenta (r. 26)

E 7 ***Metafore ed altre immagini***

1. *Spiega questa espressione:* file chilometriche (r. 24).
2. *Cerca almeno altri due esempi in cui il cantante usa un'immagine per esprimere quello che vuole dire. Che effetto ha?*

E 8 ***Una lettera a casa***

Scrivi la lettera della ragazza (A) oppure la lettera in cui i genitori reagiscono alla notizia (B).

Lettera A: La ragazza vuole annunciare 'la bella novità' ai genitori e gli parla dei suoi progetti per il futuro.

Lettera B: I genitori sono contenti di diventare nonni, ma vedono anche tanti problemi per la loro figlia.

E 9 ***Ricordi d'infanzia***

1. *Quali sono i ricordi (positivi o negativi) della tua infanzia?*
2. *Chiedi a un adulto dei suoi ricordi e presentali in classe.*

T4 Italiano è bello: siamo fra i primi cinque al mondo

Un'inchiesta rivela il successo degli ultimi anni. La nostra lingua è una delle più studiate, quasi alla pari dello spagnolo

E venne l'ora dell'italiano. Con tanto di sorpresa: la lingua di Dante è fra le cinque più studiate al mondo. Alle spalle dell'inarrivabile inglese, e ancora considerevolmente lontana dal francese (questa però in netto declino). Quasi alla pari, invece, con tedesco e spagnolo, in una volata a tre che la vede di volta in volta davanti all'una e alle calcagna dell'altra. La fonte è di prestigio: una squadra di ricercatori dell'università romana La Sapienza, guidata da Tullio De Mauro, ha condotto un'inchiesta negli 88 istituti di cultura italiana all'estero, documentando l'esistenza di circa 50 mila studenti iscritti ai corsi. Ripartiti in modo ineguale nei vari continenti, ma complessivamente in forte avanzata. Quanto al contesto in cui la notizia viene diffusa, è il più solenne possibile: la settimana ufficiale in cui si celebra la lingua italiana nel mondo, con videoconferenze e dibattiti in molte capitali, spettacoli teatrali e proiezioni, cerimonie e testimonianze, oltre a varie mostre (comprese quella sulle terze pagine del «Corriere»).

Riavutasi dal colpo, i linguisti che fino a ieri avevano intonato il *de profundis* per l'italiano si stanno precipitando ad analizzare i dati. Occorre capire perché il fenomeno stia avvenendo e forse rimettere in discussione il concetto stesso di globalizzazione. È vero infatti che ormai si canta in inglese, i titoli dei film americani non si traducono, una banca italia nissima pretende di far pronunciare le sue iniziali all'anglosassone, ai ragazzi si insegna che *english is a must*, e dopo i computer presto si scoprirà che le confezioni di medicinali portano indicazioni in inglese. In un paese di esterofili, chi non è capace di rispondere *yes I do* al primo che passa si sente profondamente in colpa.

Ma qualcosa presto cambierà, appena ci renderemo conto della mezza rivoluzione che ci riguarda. In particolare, avrà un peso quel quarto o quinto posto assoluto (la questione è controversa) che le statistiche ormai ci accreditano. Purché non si dimentichi che essere una delle lingue più studiate (in cinque anni le iscrizioni ai corsi su scala mondiale sono aumentate quasi del 40 per cento) non significa "più parlate". È ovvio infatti che, in termini assoluti, lingue come il russo, l'arabo o il cinese ci sovrastano, confinandoci al diciannovesimo posto. Ma quel che conta davvero è l'attrazione esercitata da una lingua al di fuori dei suoi confini: è qui, anche grazie alla preparazione degli insegnanti e al buon rapporto con gli allievi, che stiamo facendo passi da gigante.

Che cosa spinge una casalinga giapponese o uno studente australiano a imparare la lingua di Dante? Un tempo, solo il fascino culturale, musicale e artistico della nostra antica civiltà. Oggi, rilevano i ricercatori della Sapienza, contano la «spendibilità sociale» e la possibilità di lavorare con ditte italiane. Ma non è tutto. Sarà meglio rivedere certi giudizi sulla globalizzazione, dal momento che l'inglese sta provocando un "effetto traino" positivo su altri idiomi, il nostro in prima fila. Come già aveva avvertito Tullio De Mauro, il dominio anglo-americano insomma sta relegando in posizione subalterna tutti gli altri, consentendo all'italiano di guadagnare posizioni e prestigio rispetto a francese, tedesco, spagnolo. E qui il nazionalismo non c'entra: la politica deve cogliere il momento favorevole, assecondando il mito della "bella Italia". Dopotutto, i danesi del bel film di Lone Scherfig, Italiano per principianti, realizzano il loro sogno linguistico italofono innamorandosi a Venezia.

L'iniziativa

Da Pechino a Buenos Aires, i fan di Dante

La «Settimana della lingua italiana nel mondo», organizzata dal ministero degli Esteri con l'Accademia della Crusca dal 14 al 18 ottobre, coinvolgerà gli 88 Istituti italiani di cultura nel mondo e si articolerà in più di 600 manifestazioni. Il 17 ottobre, alla Farnesina, si terrà una videoconferenza con le sedi estere di Pechino, Varsavia, Tunisi, Parigi, Los Angeles, Buenos Aires. Tra le varie iniziative, la fondazione «Corriere della Sera» presenta in tutti gli istituti di cultura una mostra sull'evoluzione dell'italiano nella terza pagina, mentre Rai educational ha realizzato un programma sulla storia della nostra lingua attraverso i vari usi (politica, cinema, tv).

Dario Fertilio, Corriere della Sera, 20.10.2002 p. 23

E 1

Analisi lessicale

Dividete il testo in tre parti uguali. Dividetevi in tre gruppi e preparate il vocabolario della vostra parte di testo per i compagni. Scegliete solo le parole veramente necessarie per la comprensione del testo.

E 2

Informazioni in cifre

Abbina le cifre con le informazioni.

88	posto tra le lingue più studiate
diciannovesimo	ottobre – la settimana della lingua italiana nel mondo
50.000	istituti di cultura all'estero
600	per cento – l'aumento delle iscrizioni negli ultimi cinque anni
quarto o quinto	posto tra le lingue più parlate
17	le manifestazioni
40	ottobre una videoconferenza
14 al 18	studenti iscritti ai corsi

E 3

Che cosa dice il testo?

Rispondi alle domande.

1. Secondo quel sondaggio, quali sono le cinque lingue più studiate al mondo?
2. Come viene celebrata la settimana della lingua italiana nel mondo?
3. Con quali esempi l'autore fa capire l'importanza della lingua inglese in Italia?
4. In quale contesto l'autore vede la frase 'yes, I do'?
5. Perché in una statistica l'italiano è tra i primi cinque e in un altra solo al diciannovesimo posto? *Spiega la differenza.*
6. Quali erano i motivi per studiare l'italiano fino a poco fa?
7. Quali altri motivi attuali ci sono?
8. Come vede l'autore la globalizzazione nel contesto delle lingue?
9. Quale esempio sceglie per sottolineare la nuova importanza della lingua italiana?

E 4

in senso figurato: im übertragenen Sinne

Come dice il testo?

1. Spesso gli autori usano delle espressioni in un senso figurato.
Spiega con le tue parole le espressioni del testo.

1. E venne l'ora dell'italiano. (r. 3)
2. Alle spalle dell'inglese (r. 4)

2. Che cosa significa il suffisso – filo?

In un paese di esterofili ... (r. 26)

Allora, che cosa vogliono dire germanofilo, italofilo, cinofilo, cinefilo, bibliofilo?

Dove cade l'accento in queste parole?

E 5 ***Studio l'italiano perché ...***

1. Quali sono i tuoi motivi per studiare l'italiano? Trovane almeno tre.

2. Fa' un'intervista a persone di età diverse. Quali sono i motivi per cui loro studiano l'italiano/(non)vorrebbero studiare questa lingua? Preparate in classe un questionario adatto.

E 6 ***Un istituto italiano di cultura***

1. Dove si trovano gli istituti italiani di cultura in Germania?
http://www.webgiornale.de/Indirizzi%20utili/Istituti%20di%20cultura%20in%20Germania.htm

2. Dove si trova l'istituto più vicino a voi? Informatevi sulle attività proposte che potrebbero interessarvi.

3. Una radio tedesca vorrebbe intervistare il nuovo direttore di un istituto italiano in Germania che preferisce parlare nella sua madrelingua. Formate gruppi di tre persone e preparate l'intervista. Uno di voi fa il reporter, uno il direttore e uno l'interprete.

E 7 ***Quali sono le lingue più studiate?***

Nel testo seguente mancano 15 delle parole qui sotto indicate. Riscrivi il testo e metti le parole dove ti sembra opportuno. Attenzione ci sono tre intrusi.

gli – fase – dell' – da – arabo – tedesco – madre – sulla – spagnolo – straniera – inoltre – 21 – proprio – padre – metà – nell' – 12 – degli

1 *l'Eurobarometro:* das Eurobarometer, (europ. Stimmungsmesser); 2 *l'adesione:* die Zugehörigkeit; 3 *il paese candidato:* der Kandidat; 7 *l'ingresso:* der Eintritt, Eingang

10 *diffuso, -a:* verbreitet; 11 *riferire:* mitteilen, berichten

Da un sondaggio Eurobarometro pubblicato nel 2005 e condotto in tutti e 25 Stati membri dell'Unione europea, nonché nei paesi in di adesione e nei paesi candidati, risulta che la dei cittadini degli Stati membri riferisce di conoscere almeno una lingua oltre alla propria lingua. La lingua straniera più conosciuta è l'inglese (34 %), seguita da (12 %) e francese (11 %). Il 5 % dei cittadini europei studia lo o il russo come prima lingua straniera. Con l'ingresso di dieci nuovi Stati membri Unione europea, il 1° maggio 2004, il panorama linguistico all'interno Unione si è radicalmente trasformato.

Il tedesco è diffuso come seconda lingua nei nuovi Stati membri, al punto superare il francese nelle statistiche riferite all'intera Unione europea. Il % circa dei cittadini dei nuovi Stati membri dichiara di conoscere il tedesco, il % il francese. Dall'indagine è emerso che negli Stati baltici un numero non indifferente di cittadini non indica una delle lingue nazionali del paese come sua lingua madre. Il 29 % intervistati in Lettonia e il 19 % degli intervistati in Estonia si dichiarano madrelingua russi.

http://www.letteratour.it/Europa/H05eu03_05.htm

T5 *Manette per i boss*

La scena seguente riprende una vicenda reale della lotta contro la mafia.

da: Enzo Biagi, La nuova storia d'Italia a fumetti dall'Impero Romano ai giorni nostri, Milano: Mondadori 2004

E 1 ***L'assassinio***

Racconta con le tue parole quello che ha visto il signor Nava.

E 2 ***Scegli una vignetta adatta e descrivila.***

Espressioni utili:

al centro – in primo piano – in fondo – a destra – a sinistra – subito dietro – vicino a – intorno a – sta facendo/prendendo/guardando

E 3 ***La vita di un testimone***

Di quali rischi parla il testo? Che cosa si fa per salvare il testimone dalla vendetta della mafia? Preparate l'intervista tra un reporter e il signor Nava e presentate la scena.

E 4 ***Parla il figlio***

Molti anni dopo il figlio scrive un libro in cui parla della sua gioventù molto difficile. Scrivi il testo per la copertina del libro. (Devi riassumere il contenuto senza rovinare la suspense, ma devi anche cercare di interessare un eventuale lettore a comprare il libro.)

E 5 ***La storia a fumetti***

Ti sembra una buona idea raccontare la storia a fumetti? Trova almeno tre argomenti che sostengono la tua opinione.

T6 Il Gattopardo

Introduzione:

Il romanzo racconta la storia di una nobile e ricca famiglia siciliana nel periodo rivoluzionario dopo il 1860, in cui i vecchi signori dell'isola perdono il potere e la Sicilia, come tutto il sud d'Italia, diventa parte del nuovo Regno Italia (v. anche Lezione 4 B). Il protagonista è il principe Don Fabrizio Salina, detto "il gattopardo", perché questo animale si trova nello stemma della famiglia.

lo stemma: das Wappen

Ad un certo punto un rappresentante del Regno di nome Chevalley offre al principe di diventare Senatore a Roma. Il principe invece rifiuta l'offerta e cerca di spiegare perché la Sicilia, nei suoi occhi, rimarrà sempre estranea a un'Italia unita e moderna:

In Sicilia non importa far male o far bene: il peccato che noi Siciliani non perdoniamo mai è semplicemente quello di 'fare'. Siamo vecchi, Chevalley, vecchissimi. Sono venticinque secoli almeno che portiamo sulle spalle il peso di magnifiche civiltà eterogenee, tutte venute da fuori già completate e perfezionate, nessuna germogliata da noi stessi, nessuna a cui abbiamo dato il 'la'; noi siamo bianchi quanto lo è lei, Chevalley, e quanto la regina d'Inghilterra; eppure da duemila anni siamo colonia.

[...]

Il sonno, caro Chevalley, il sonno è ciò che i Siciliani vogliono, ed essi odieranno sempre chi li vorrà svegliare, sia pure per portar loro i più bei regali; e sia detto fra noi, ho i miei forti dubbi che il nuovo regno abbia molti regali per noi nel bagaglio.

[...]

Ho detto i Siciliani, avrei dovuto aggiungere la Sicilia, l'ambiente, il clima, il paesaggio.

[...]

questo clima che ci infligge sei mesi di febbre a quaranta gradi; li conti, Chevalley, li conti: Maggio,

Giugno, Luglio, Agosto, Settembre, Ottobre; sei volte trenta giorni di sole a strapiombo sulle teste; questa nostra estate lunga e tetra quanto l'inverno russo e contro la quale si lotta con minor successo; Lei non lo sa ancora, ma da noi si può dire che nevica fuoco, come sulle città maledette della Bibbia; in ognuno di questi mesi se un Siciliano lavorasse sul serio spenderebbe l'energia che dovrebbe essere sufficiente per tre; e poi l'acqua che non c'è o che bisogna trasportare da tanto lontano che ogni sua goccia è pagata da una goccia di sudore; e dopo ancora, le piogge, sempre tempestose che fanno impazzire i torrenti asciutti, che annegano bestie e uomini proprio lì dove una settimana prima le une e le altre crepavano di sete. Questa violenza del paesaggio, questa crudeltà del clima, questa tensione continua di ogni aspetto, questi monumenti, anche, del passato, magnifici ma incomprensibili perché non edificati da noi e che ci stanno intorno come bellissimi fantasmi muti; tutti questi governi, sbarcati in armi da chissà dove, subito serviti, presto detestati e sempre incompresi, che si sono espressi soltanto con opere d'arte per noi enigmatiche e con concretissimi esattori d'imposte spese poi altrove; tutte queste cose hanno formato il carattere nostro che rimane così condizionato da fatalità esteriori oltre che da una terrificante insularità di animo.

da: Giuseppe Tomasi di Lampedusa, Il Gattopardo (Milano 1969)
Universale economica Feltrinelli, p. 161–164

Traduzione in tedesco:

In Sizilien ist es nicht von Wichtigkeit, ob man übel oder gut tut: die Sünde, die wir Sizilianer nie verzeihen, ist einfach die, überhaupt etwas zu ‚tun'. Wir sind alt, Chevalley, sehr alt. Es sind zum mindesten fünfundzwanzig Jahrhunderte, dass wir auf den Schultern das Gewicht hervorragender, ganz verschiedenartiger Kulturen tragen. Alle sind sie von außen gekommen, keine ist bei uns selbst gekeimt, in keiner haben wir den Ton angegeben; wir sind Weiße, wie Sie es sind, Chevalley, und ebenso weiß wie die Königin von England; und doch sind wir seit zweitausendfünfhundert Jahren eine Kolonie.

[...]

Den Schlaf, lieber Chevalley, den Schlaf wollen die Sizilianer, und sie werden immer den hassen, der sie wecken will, brächte er ihnen auch die schönsten Geschenke; und – im Vertrauen gesagt – ich hege starke Zweifel, ob das neue Reich in seinem Gepäck für uns viele Geschenke hat.

[...]

Ich sagte: die Sizilianer, ich hätte hinzufügen müssen: Sizilien, die Umwelt, das Klima, die sizilianische Landschaft. [...] dieses Klima, das uns sechs Fiebermonate von vierzig Grad auferlegt. Zählen Sie sie, Chevalley, zählen Sie sie: Mai, Juni, Juli, August, September, Oktober; sechsmal dreißig Tage Sonne senkrecht auf den Kopf; dieser unser Sommer, ebenso lang und schrecklich wie der russische Winter, und man kämpft gegen ihn mit geringerem Erfolg; Sie wissen es noch nicht – aber bei uns kann man sagen, es regne Feuer auf die verfluchten Städte der Bibel; wenn ein Sizilianer in nur einem jener Monate ernstlich arbeiten wollte, würde er Energie verbrauchen, die für drei ausreichen muss. Und dann das Wasser: das ist entweder nicht vorhanden oder man muss es von weit herholen, dass jeder Tropfen mit einem Tropfen Schweiß bezahlt werden muss; und danach wieder die Regengüsse, immer ungestüm: sie bringen die ausgetrockneten Flussbetten zu wahnwitzigem Überschäumen, sie ersäufen Tiere und Menschen genau da, wo vor vierzehn Tagen die einen wie die anderen vor Durst verreckt sind. Diese Heftigkeit der Landschaft, diese Grausamkeit des Klimas, diese ständige Gespanntheit, wohin man auch blickt, auch diese Denkmäler der Vergangenheit, großartig, aber unbegreiflich, weil nicht von uns errichtet: sie stehen um uns her wie wunderschöne, stumme Gespenster. All die Regierungen, Fremde in Waffen, gelandet von wer weiß wo, denen man sogleich diente, die man rasch verabscheute und nie begriff, die sich ausdrückten nur in Kunstwerken, die für uns rätselhaft blieben, und leibhaftig in den Eintreibern von Steuergeldern, die hernach anderswo ausgegeben wurden – all diese Dinge haben unseren Charakter gebildet, und darum bleibt er bedingt von äußeren Schicksalsfügungen, weit mehr noch als von dieser entsetzlichen Insularität des Geistes.

Giuseppe Tomasi di Lampedusa, Der Leopard,
aus dem Italienischen übersetzt von Charlotte Birnbaum (Stuttgart, o. J.), S. 209–213

E 1 ***La Sicilia negli occhi del principe***

Quale immagine della Sicilia disegna Don Fabrizio? Riassumi con le tue proprie parole quello che dice

1. sul clima,
2. sui siciliani,
3. sul ruolo dell'isola nella storia politica,
4. sul comportamento degli stranieri.

E 2 ***"... da duemila anni siamo colonia" – "tutti questi governi, sbarcati in armi da chissà dove ..."***

1. Di chi parla Don Fabrizio, secondo te? Ricordi quello che hai sentito in Storia, Latino e anche quello che hai letto in *Appunto*.
2. Qual è, secondo Don Fabrizio, la conseguenza sulla mentalità dei siciliani?

E 3 ***Leonardo da Vinci – un "profeta della modernità"*** (Lezione 5, parti B e C)
Paragona il mondo di Leonardo a quello che descrive Don Fabrizio.
Pensa soprattutto agli aspetti seguenti:
- il ruolo dell'individuo,
- il ruolo dei potenti,
- il carattere della comunità in cui si svolgono le attività.

E 4 ***La traduzione tedesca del "Gattopardo"***
Esamina bene il testo originale e la sua traduzione. Quali differenze riesci a individuare sia nel vocabolario, sia nella struttura delle frasi?

E 5 ***Una citazione famosa dal "Gattopardo"***
"Se vogliamo che tutto rimanga come è, bisogna che tutto cambi!"
Cosa significa, secondo te? Scrivi un commento.

Szene aus dem Film Il Gattopardo (1963)
Regie: Luchino Visconti
Darsteller: Burt Lancaster, Alain Delon, Claudia Cardinale

T7 Il treno di notte

Gli emigranti per il nord partono sempre dalla stazione di Catania alle nove di sera. A Roma, alle otto dell'indomani, li attende un treno che alle due del pomeriggio arriva a Bologna: ognuno lì prende il suo ultimo treno che lo condurrà a Zurigo, Amburgo, Colonia, Bruxelles ... Ho voluto viaggiare su uno di questi treni, cioè ho cercato di capire cosa accade mentre un uomo si allontana dalla propria terra e dalla propria famiglia e sa che per mesi ed anni non potrà più tornare.

Questo che segue, dunque è il diario di un viaggio notturno in seconda classe da Catania a Roma, nel quale mi limiterò a raccontare i personaggi che ho conosciuto, i discorsi che ho ascoltato e le cose che ho visto, senza aggiungere, né riferire quelle che indubbiamente sono state le mie impressioni sentimentali.

Un'ora prima dell'arrivo del treno furono portati sul binario due vagoni, uno con le cuccette e l'altro senza. Il primo a giungere sotto la pensilina fu un uomo anziano con una grande valigia. Sedette sulla panchina di pietra, stette un po' a guardarsi attorno senza impazienza, poi tirò fuori dalla valigia un pezzo di pane ed una boccia piena di piccole polpette e si mise a mangiare in silenzio. Mentre era così arrivò un uomo ancora giovane. Posò le valigie accanto all'altro e fece un sorriso di scherno:

"E che fa: mangiate sempre? Ancora dovete partire e già mangiate?"

"Avevo fame e perciò mangio!"

Cominciò ad arrivare altra gente: una famiglia che accompagnava un giovane alto e triste e subito dopo giunse una donna grassa, che si trascinava una valigia e due bambini vestiti di nero.

Lentamente il marciapiede si riempì di gente e di bagagli finché venne un ferroviere che prese ad aprire gli sportelli dei vagoni e subito, tutti in una volta, si ammucchiarono sui predellini chiamando, spingendo, trascinandosi i bagagli. In meno di tre minuti furono tutti sistemati, ma la partenza imminente aveva ormai elettrizzato l'atmosfera e tutti continuavano infatti a parlare a voce sempre più alta, chiamandosi e gridando, scendevano dal treno, si baciavano, risalivano di nuovo. Molti cominciarono veramente a piangere e si protendevano dai finestrini per toccarsi le mani quando il treno lasciò lentamente la stazione di Catania.

Dal treno si vedevano i fari delle automobili che correvano sulla nazionale, la donna sembrava che guardasse dal finestrino la corsa delle auto ma invece piangeva ed i due bambini le stavano accanto silenziosi. Erano riusciti ad occupare solo due posti nel nostro stesso scompartimento nel quale si erano sistemati anche quel giovane alto e triste e questi altri due compagni, il giovane ed il vecchio.

Tutto l'aspetto fisico del vecchio dava l'impressione della piccolezza, anche il volto aguzzo, le guance incavate, persino gli occhi che aveva minuscoli e ridenti. Ed era inoltre straordinariamente lento e parsimonioso, cioè non sprecava una parola o un gesto.

Il giovane invece era il suo opposto: corpulento, inquieto e sfottente, animato dalla curiosità e dal sarcasmo. Non stava mai un attimo fermo, si alzava, guardava dal finestrino, passeggiava nel corridoio. Soprattutto sembrava che non tollerasse la taciturna flemma del compagno. Ad un certo momento non riuscì più a resistere e attaccò discorso:

"Scusate se apro un po' il finestrino, facciamo entrare un po' di aria ... Se le viene troppo vento possiamo cambiare anche posto ... Permette che mi presento? Io mi chiamo Giovanni Lamesa e mio compagno Salvatore Amodio."

Poi si volse di nuovo alla donna:

"Ma voi che ci andate a fare in Germania? Lo sapete che là parlano tutti tedesco?"

La donna non rispose e Lamesa continuò:

"Signora, e lei così se li porta i bambini in Germania, vestiti di nero come due becchini?"

La donna fece un brontolio minaccioso ma Lamesa non si preoccupò. Si divertiva:

"Sembrano due statuine mortuarie. Gli deve comprare invece due belle camicie colorate, lei pure si compra un bel cappotto di pelliccia, una minigonna ... Suo marito chissà quanto tempo è che aspetta la visita della moglie, se lo immagina lei che accoglienza la prima notte: a quest'ora si è fatto il bagno col profumo e lei si presenta vestita di nero."

Il compagno gli fece un gesto per dirgli di smetterla e Lamesa finalmente stette zitto.

Poi il vecchio prese la valigia, tirò fuori di nuovo il pane con le polpette e ricominciò a mangiare, guardato con attenzione nauseata dal suo compagno:

"Ma come? Mangiate di nuovo? Io per esempio a quest'ora ho bisogno invece di un altro caffè."

"I signori fanno così!"

Al che il giovane rispose:

"Non vi date pace che voi in Germania siete rimasto contadino ed io invece sono diventato un signore. Anche nella fabbrica, oppure nella pensione, nessuno mi chiama mai per nome, all'uso siciliano. Sempre signore! 'Herr Lamesa shuldiken sie bitte ...'."

I soldi parlano chiaro: io guadagno milleottocento marchi al mese e lui invece nemmeno mille. Ogni mese risparmia seicento marchi, da quattro anni fa questa vita da miserabile, non conosce nemmeno la città dove abita, non ha un amico. Sempre questa vita, lavora come una bestia e dorme. Altri tre anni così in Germania, poi si compra un orto vicino a Canicattì e ricomincia a fare il contadino."

Il sonno gli mangiava gli occhi, tentò di rannicchiarsi contro la spalliera, ma non riusciva a stare fermo ed uscì di nuovo. Cinque minuti dopo riapparve e cominciò a chiamarmi nel corridoio con piccoli gesti silenziosi, mi trasse per il braccio indicandomi col dito la donna che dormiva accanto ai bambini. Fece una voce bassissima:

"Scommettiamo che questa combina una tragedia? Nell'altro scompartimento mi hanno raccontato tutto: suo marito lavorava in una fabbrica di Francoforte ma da un anno non le manda più denaro. Nemmeno una lettera. Dicono che oramai vive con una donna tedesca, ma la moglie ora ha saputo l'indirizzo dal consolato e va a vedere quello che è successo. Questa è capace che gli spara."

In quel momento un uomo con un berretto si affacciò nello scompartimento e si accostò al giovane che dormiva con la faccia quasi nascosta nella tendina e lo toccò lievemente col dito. L'altro alzò subito la testa quasi impaurito e l'uomo si chinò ad osservarlo con attenzione. Disse a bassa voce:

"Che fai, piangi? Stupido, perché piangi?"

Il giovane cercò di stare con il viso contro la tenda, ma l'uomo lo aiutò ad alzarsi e se lo portò via con la mano sulla spalla. Tornò dopo un poco e prese anche la valigia del ragazzo.

"Scusate, così starete più larghi ..."

Fece un sorriso triste:

"Gli è morto il padre due settimane fa: lavorava a Colonia, ma è rimasto fulminato da una scarica elettrica. Ora la direzione della fabbrica ha dato il lavoro al figlio. È la prima volta che viene in Germania, è ancora emozionato."

Improvvisamente pensai che ognuna di quelle persone viaggiava verso la Germania con un cuore diverso. Per la donna la Germania era esclusivamente il paese dove aveva perduto il marito, cioè si erano distrutti l'amore e l'ordine della famiglia. Per il vecchio invece rappresentava un luogo sconfinato e oscuro, come può esserlo una prigione per chi sta dentro una cella e intravede luci, sente voci, senza sapere mai cosa esattamente siano. Più buona sarebbe stata la sua condotta, e prima sarebbe arrivato il premio della liberazione: un orto per viverci da contadino il resto della sua vita. Aspettava con pazienza. Per Lamesa viceversa la Germania era una terra di conquista, l'unica occasione valida per lottare e realizzarsi come uomo finché durava la giovinezza. Infine quel ragazzo che lasciava la casa per la prima volta: la Germania, quella cosa che gli stava dinanzi sconosciuta e drammatica, era semplicemente la vita.

Nel vagone avevano acceso la luce azzurra e s'era fatto un gran silenzio. E così passò tutta la notte, i piccoli sogni, le miserie, le bugie, la paura, le speranze, tutte le cose che durante la notte compongono i sogni degli uomini. Venne l'alba e il primo a svegliarsi fu uno dei bambini, poi si svegliò Lamesa e infine il vecchio il quale si raddrizzò lentamente con piccoli sospiri di fatica. Subito si incantò a guardare la costa verde, grigia e azzurra che correva a fianco del treno. Disse:

"Guarda c'è ancora il mare!"

"Anche in Germania c'è il mare!" disse Lamesa e il vecchio fece un impercettibile sbuffo di scherno dalle narici: "Sì, il mare in Germania ..."

Giuseppe Fava, I siciliani, 1983

E 1 ***Cerca un sottotitolo per le tre parti del racconto.***

E 2 ***Andare in Germania – perché?***

Descrivi i diversi motivi dei viaggiatori per andare in Germania:

- la donna grassa con i suoi bambini
- Giovanni Lamesa
- Salvatore Amodio
- il giovane

E 3 ***La Germania – "un luogo sconfinato e oscuro" oppure "una terra di conquista"***

Riassumi i due atteggiamenti contrastanti di Amodio e Lamesa.

E 4 ***In tedesco***

Traduci la terza parte del racconto in tedesco

1. *con l'aiuto del dizionario monolingue (cf. strategia).*
2. *rispettando le strategie elaborate nel contesto dell'esercizio … .*

E 5 ***Ricerca letteraria***

Fa' una ricerca dei termini 'slice of life' o 'tranche de vie' con l'aiuto di Internet o dell'enciclopedia.

In che senso anche "Il treno di notte" potrebbe essere considerato un pezzo del genere?

Che cosa ne dice il narratore?

T8 La traversata dei vecchietti

C'erano due vecchietti che dovevano attraversare la strada. Avevano saputo che dall'altra parte c'era un giardino pubblico con un laghetto. Ai vecchietti, che si chiamavano Aldo e Alberto, sarebbe piaciuto molto andarci. Così cercarono di attraversare la strada, ma era l'ora di punta e c'era un flusso continuo di macchine.

– Cerchiamo un semaforo – disse Aldo.

– Buon'idea – disse Alberto.

Camminarono finché ne trovarono uno, ma l'ingorgo era tale che le auto erano ferme anche sulle strisce pedonali.

Aldo cercò di avanzare di qualche metro, ma fu subito respinto indietro a suon di clacson e male parole. Allora disse: proviamo a passare in un momento in cui tutti sono fermi. Ma l'ingorgo era tale che, anche se i vecchietti erano magri come acciughe, non riuscirono a passare. Anzi Aldo rimase incastrato in un parafango e il proprietario dell'auto scese tutto arrabbiato, lo prese sotto le ascelle, lo strappò via e non sapendo dove metterlo lo posò sul cofano di un'altra auto.

– Eh no, qua no – disse il proprietario della seconda auto, lo sollevò e lo depositò sul tetto di un camioncino.

Così una botta alla volta Aldo stava quasi per arrivare dall'altra parte della strada. Ma l'uomo del camioncino mise la freccia a destra e bestemmiando e insultando riuscì a attraversare la strada e posteggiò nel solito lato, quello da cui erano partiti i vecchietti.

Era quasi sera quando a Aldo venne un'altra idea.

– Mi sdraio in mezzo alla strada e faccio finta di essere morto – disse –quando le auto si fermano tu attraversi veloce, poi mi alzo e passo io.

– Non possiamo fallire – disse Alberto.

Allora Aldo si sdraiò in mezzo alla strada, ma arrivò un'auto nera e non frenò, gli diede una gran botta e lo mandò quasi dall'altra parte della strada.

– Forza che ce la fai! – gridò Alberto.

Ma passò una grossa moto e con una gran botta rispedì Aldo dalla parte sbagliata. Il vecchietto rimbalzò in tal modo tre o quattro volte e alla fine si ritrovò tutto acciaccato al punto di partenza.

– Che facciamo? – chiese.

– Dirottiamo una bicicletta – disse Alberto.

Così aspettarono che un terzo vecchietto passasse in bicicletta e balzarono sul sellino (ci stavano perché erano molto magri tutti e tre). Aldo puntò la pipa contro la schiena del terzo vecchietto che si chiamava Alfredo e disse:

– Vai a sinistra, o guai a te!

– A sinistra? Ma io devo andare dritto.

– Vai – disse Aldo – o ti riempio di tabacco.

Alfredo non comprese bene la minaccia, però si spaventò e cercò di voltare a sinistra, ma piombò una Mercedes che li centrò in pieno.

Arrivò la polizia.

– Com'è successo? – chiese.

– Io sono l'onorevole De Balla – disse quello della Mercedes.

– Allora può andare – disse il poliziotto – e voi, cosa avete da dire a vostra discolpa?

– Volevamo attraversare la strada – dissero i tre vecchietti.

– Senti questa! – disse il poliziotto – Ah, gli anziani d'oggi! Imprudenti. C'è troppo traffico e siete vecchi e malandati.

– La prego, ci faccia attraversare – disse Aldo.

– Dobbiamo andare ai giardini – disse Alberto.

– Se no mi riempiono di tabacco – disse Alfredo.

– Neanche per sogno, vi riaccompagno indietro. Da dove vi siete mossi? – disse il poliziotto.

– Da lì – disse Alberto indicando il marciapiede che volevano raggiungere.

– Allora vi ci riporto, e guai se cercate ancora di attraversare – disse il poliziotto. Così con la scorta della polizia i tre vecchietti riuscirono a passare dall'altra parte e poi arrivarono al giardino.

C'era veramente un bel laghetto. Si trovarono così bene che non riattraversarono mai più.

da: Stefano Benni, Il bar sotto il mare, 1987

E 1 ***Il traffico***

Raccogliete tutte le espressioni nel testo che hanno a che fare con il traffico e l'automobilistica.

Stefano Benni

E 2 ***Aspetti letterari***

Individuate elementi del racconto che ricordano

1. la favola.
2. il western/il giallo.
3. la satira politica.

E 3 ***Una favola moderna***

Scrivi una favola moderna e usa gli elementi costitutivi

- l'esagerazione
- la satira
- il lieto fine

T9 *Film: La Meglio Gioventù*

(2003), regia: Marco Tullio Giordana

il libretto: das Textbuch

2 la vicenda: die Angelegenheit

5 *il destino:* das Schicksal; 6 *il/la psichiatra:* der/die Psychiater/in; 8 *irreprensibile:* unwiederbringlich; 9 *la magistratura:* die Justiz; 11 *il mirino:* die Zielscheibe; 12 *il piombo:* das Blei; 13 *il nucleo:* der Kern; 14 *l'avvenimento:* das Ereignis; 15 *l'alluvione:* die Überschwemmung; 19 *il tentativo:* der Versuch

Introduzione: (adattata dal libretto)

La Meglio Gioventù racconta la storia di una famiglia italiana dalla fine degli anni sessanta a oggi. Al centro della vicenda due fratelli, Nicola e Matteo, che all'inizio condividono stessi sogni, stesse speranze, stesse letture e amicizie, finché l'incontro con una ragazza psichicamente disturbata (Giorgia) non cambierà il loro destino: Nicola decide di diventare psichiatra, Matteo di abbandonare gli studi ed entrare in polizia. Angelo, il padre, è genitore e marito affettuoso, Adriana, la madre, è insegnante moderna e irreprensibile.
C'è poi Giovanna, la figlia maggiore, entrata giovanissima in magistratura, e Francesca, la più piccola, che sposerà Carlo, il migliore amico di Nicola, che avrà un importante ruolo alla Banca d'Italia e si troverà nel mirino del terrorismo durante gli anni settanta, i cosiddetti anni di piombo. Attraverso questo piccolo nucleo di personaggi rivivono ne *La Meglio Gioventù* avvenimenti e luoghi importanti della storia d'Italia: dalla Firenze dell'alluvione (1966) alla Sicilia della lotta contro la mafia, dalle grandi partite della Nazionale contro Corea (1966) e Germania (1974) alle canzoni che hanno fatto epoca, dalla Torino operaia degli anni settanta alla Milano degli anni ottanta, dai movimenti giovanili al terrorismo, dalla crisi degli anni novanta al tentativo di costruire un paese moderno ...

Un po' di vocabolario per parlare di un film:

il produttore
il/la regista, la regia
l'attore/l'attrice
la macchina da presa
l'operatore alla macchina
la scenografia/lo scenografo
il montaggio
il suono
il sottotitolo
il doppiaggio

Esempio per l'analisi dettagliata di una scena: atto primo, scena 18 "In Sicilia":

la questura: die Polizeistation; *il/la superiore:* der/die Vorgesetzte

Matteo si è fatto trasferire in un commissariato di polizia a Palermo; arriva per la prima volta in questura e si presenta al suo superiore, un vecchio commissario.

E 1 ***Il primo incontro (Scena 18, 1:55:00 – 1:56:55)***

1. Che impressione danno le prime immagini di Palermo?
2. Come reagisce il commissario a Matteo?
3. Capisce i motivi per cui Matteo ha deciso di venire a Palermo?
4. Che cosa dice della Sicilia?

E 2 ***Sul luogo del crimine (1:56:55 – 1:57:20)***

1. Che cosa è successo?
2. Cosa fa Matteo?
3. La scena: in che senso è tipicamente siciliana?

E 3 ***Analisi dettagliata di un'immagine:***

1. Qual è la località?
2. Descrivete le persone che sono presenti nella scena
- in primo piano.
- in fondo.
3. Che valore simbolico hanno
- l'asino?
- l'ombra dell'elicottero?

E 4 ***L'interrogatorio dell'uomo anziano (1:57:23 – 1:58:40)***

1. Che cosa vuole sapere il commissario dall'uomo anziano?
2. Che atteggiamento ha il commissario verso quest'uomo?
3. L'uomo si contraddice varie volte - su quale punto?
4. Perché si contraddice secondo voi?
5. Come finisce l'interrogatorio il commissario e perché?
6. Come reagisce Matteo a questa scena?

E 5 ***Interpretazione globale***

Si potrebbe interpretare questa scena come un confronto tra due mondi; in che senso?

Analisi globale del film

E 6

Ricerche

Fate delle ricerche sui seguenti avvenimenti storicie e presentatene i risultati alla classe:

1. L'alluvione a Firenze nel 1966
2. Il movimento operaio nella fabbrica di Mirafiori a Torino negli anni '70
3. I cosiddetti "anni di piombo"
4. Il maxiprocesso contro la mafia a Palermo negli anni '90

E 7

Riassunti

Riassumete le scene del film che avete guardato in classe.

T10 *Per finire: due citazioni del grande poeta romantico Giacomo Leopardi*

(1798–1837)

... tutti vedono, ma pochi osservano.

... la felicità è impossibile a chi la desidera.

Commenta.

Systematische Übersicht zur Grammatik in Appunto 1–3

1. Aussprache und Betonung

1.1 Die Aussprache (la pronuncia)

Im Großen und Ganzen bietet das Italienische keine besonderen Ausspracheschwierigkeiten. Dennoch müssen einige Besonderheiten beachtet und einige Unterschiede zum Deutschen berücksichtigt werden.

1. Die Aussprache von c / g / sc

vor **e, i** generell „weiche" Aussprache	vor **a, o, u,** Konsonant generell „harte" Aussprache
c [tʃ]: centro, ci g [dʒ]: gelato, giro sc [ʃ]: scendere, sci	c [k]: casa, ecco, cucù, crisi g [g]: gabbia, golfo, guardare, grado sc [sk]: scambio, sconto, scuola, scrivere
aber: „harte" Aussprache gestützt durch das Aussprachezeichen **h**	**aber:** „weiche" Aussprache gestützt durch das Aussprachezeichen **i**
ch [k]: chiamare gh [g]: spaghetti sch [sk]: schiavo	ci [tʃ]: ciao gi [dʒ]: giorno sci [ʃ]: lasciare
h wird nie ausgesprochen	**i** wird in diesen Fällen nicht gesprochen

2. Buchstabenkombinationen

Doppelkonsonanten

Im Gegensatz zum Deutschen unterscheidet man im Italienischen nicht nur lange und kurze Vokale, sondern auch lange und kurze Konsonanten. Die langen Konsonanten werden im Schriftbild durch Verdoppelung dargestellt. In manchen Fällen ist die Unterscheidung wichtig für die Bedeutung:

i giovani *(die jungen Leute)*	↔	Giovanni
la pena *(die Mühe)*	↔	la penna *(die Feder)*
rosa *(rosa)*	↔	rossa *(rot, f.)*

▶ **Attenzione!**

Auch an der Grenze zwischen zwei Wörtern kann es zu einer Konsonantendoppelung kommen, welche jedoch nicht immer im Schriftbild erscheinen muss. Man spricht hier von einem **raddoppiamento sintattico**.

Va bene. [--bb--]

Diphthonge

Treffen im Italienischen zwei Vokale aufeinander, so werden **beide** gesprochen und bilden nicht – wie zum Teil im Deutschen – einen neuen Laut:

Europa, miele *(Honig)*

Dies gilt selbstverständlich nicht, wenn einer der beiden Vokale nur grafische Funktion hat:

ciao, giorno, lasciare

3. Offene und geschlossene Vokale (le vocali aperte e chiuse)

Die Vokale **e** und **o** erscheinen im Italienischen an betonter Stelle in offener oder geschlossener Form. Auch hier kann die Unterscheidung in einigen Fällen bedeutungsrelevant sein. Diese Unterscheidung ist allerdings auch für Italiener nicht immer einfach. In erster Linie bemühen sich Römer und Toskaner um eine deutliche Trennung.

la pesca [e] *(der Fischfang)* – la pesca [ɛ] *(der Pfirsich)*
colto [o] *(gebildet)* – colto [ɔ] *(gepflückt)*

4. Stimmhaftigkeit und Stimmlosigkeit (sonorità e sordità)

Der Buchstabe **s** wird je nach lautlicher Umgebung stimmhaft oder stimmlos ausgesprochen.

la scala [sk] *(Treppe)* sdraiarsi [zd] *(sich hinlegen)*

s zwischen Vokalen kann stimmhaft (im Norden) oder stimmlos (im Süden) ausgesprochen werden.

il mese – [z] *oder* [s] *(Monat)*

z ist manchmal stimmlos manchmal stimmhaft

lo zio [ts] *(der Onkel)* –
zero [dz] *(Null)*

1.2 Die Betonung (l'accento)

Im Italienischen gibt es die Möglichkeit, Wörter auf

der letzten Silbe	(parola tronca)	la città
der vorletzten Silbe	(parola piana)	il ragazzo
der drittletzten Silbe	(parola sdrucciola)	il giovane
der viertletzten Silbe	(parola bisdrucciola)	telefonano

zu betonen.

Die Betonung auf der vorletzten Silbe ist die häufigste Form der Betonung im Italienischen.

► **Attenzione!**

- Wird das Wort auf der letzten Silbe betont, so wird dies im geschriebenen Italienisch mit einem Akzent gekennzeichnet.
- Die Betonung auf der dritt- oder gar viertletzten Silbe ist seltener und wird im Vokabular dieses Lehrbuches durch Unterstreichung des betonten Vokals gekennzeichnet.

1.3 Der Akzent (l'accento)

Im Italienischen gibt es zwei Akzente:

- den häufigeren und bei allen Vokalen möglichen **accento grave**:

dà, caffè, sì, tornò, cucù

- den **accento acuto**, der die Aussprache des geschlossenen **e** anzeigt:

perché

Der Akzent ist unter anderem obligatorisch bei Wörtern, die auf der letzten Silbe betont werden:

città, caffè, cucù.

► Attenzione!

Einsilbige Wörter tragen gewöhnlich keinen Akzent, außer wenn dieser der Bedeutungsunterscheidung dient.

è *(ist)*	e *(und)*
sì *(ja)*	si *(sich)*
dà *(er gibt)*	da *(von, bei)*

1.4 Die Behandlung von -c-, -g-, und -i- in Deklination und Konjugation

1. amica – ami**ch**e, fresca – fres**ch**e, pagare – pag**hi**

Bei den Substantiven und Adjektiven mit der weiblichen Endung -**a** und den Verben auf -**are** setzt sich so gut wie immer die Aussprache durch; vor hellen Vokalen wird also die „harte" Aussprache durch -**h**- gestützt.

2. fanatico – fanatici, leggere – leggo,
aber: bianco – bian**chi**, lago – la**ghi**

Bei den anderen Substantiven, Adjektiven und Verben setzt sich meist die Schreibung durch. Nur die auf der vorletzten Silbe betonten Substantive und Adjektive auf -**o** stützen die Aussprache.
«amico – amici» ist damit eine „Ausnahme von der Ausnahme"

3. ufficio – uffic**i**, studiare – (tu) stud**i**
aber: zio – z**ii**

Ist das -**i**- der Endung unbetont, so bleibt beim Zusammentreffen von zwei -**i**- aus Stamm und Endung nur eines erhalten.
→ gleiches Phänomen bei «ventitreesimo» (**G** → 9.2)

4. camicia – camic**ie**, **aber:** doccia – docce

Steht vor -**c**- oder -**g**- ein Vokal, so bleibt das -**i**- vor -**e**- erhalten, obwohl es für die Aussprache nicht notwendig wäre.

2. Das italienische Alphabet (l'alfabeto italiano)

Das italienische Alphabet besteht aus 21 Buchstaben.

a [a]	b [bi]	c [tʃi]	d [di]	e [e]	f [effe]
g [dʒi]	h [acca]	i [i]	l [elle]	m [emme]	n [enne]
o [o]	p [pi]	q [ku]	r [erre]	s [esse]	t [ti]
u [u]	v [vu/vi]	z [zeta]			

j [i lunga], **k** [kappa], **w** [doppia vu/vu doppia], **x** [iks] und **y** [ipsilon] sind keine „italienischen" Buchstaben. Sie finden sich nur in Fremdwörtern.

Der Buchstabe **h** hat im Italienischen keinen Lautwert und dient nur orthografischen oder phonetischen Zwecken.

l'anno *(das Jahr)*	–	hanno *(sie haben)*
chi [ki] *(wer)*	–	ci [tʃi] *(dort)*

3. Die Artikel (gli articoli)

3.1 Der bestimmte Artikel im Singular (l'articolo determinativo al singolare)

Wie die Substantive unterscheidet natürlich auch der bestimmte Artikel nur zwischen Maskulinum und Femininum. Allerdings stehen hier je nach Anlaut der Substantive mehrere Formen zur Verfügung.

Maskulinum	
Ecco **il** fratello di Nicola.	«il» vor Konsonant
Ecco **l'**amico di Gennaro.	«l'» vor Vokal
Ecco **lo** studio di mia madre.	«lo» vor **s** + Konsonant oder **z**

► **Attenzione!**
«Lo» steht auch vor den Konsonantengruppen **gn**, **ps** und **y**:
lo gnomo *(der Gnom)*, lo psicologo *(der Psychologe)*, lo yogurt *(der Joghurt)*

Femininum	
Ecco **la** sorella di Chiara.	«la» vor Konsonant
Ecco **l'**amica di Chiara.	«l'» vor Vokal

► **Attenzione!**
Werden «signore, signora» und «signorina» zusammen mit dem Eigennamen verwendet, so steht (außer bei der Anrede) der Artikel.

Sono il signor Sciacca. Sono la signora Ruggeri. Ecco la signorina Rossi.

aber: Mi chiamo Camerano. Buongiorno, Signor Romagnoli.

D/I
Namen von Erdteilen und Ländern, Regionen und großen Inseln stehen im Italienischen mit dem bestimmten Artikel

Mi piace l'Italia. *Mir gefällt Italien.*

Der bestimmte Artikel entfällt allerdings bei weiblichen Ländernamen (ohne nähere Bestimmung) nach den Präpositionen «in» und «di».

Abita in Germania.
L'olio d'oliva di Sicilia è buono.

3.2 Der bestimmte Artikel im Plural (l'articolo determinativo al plurale)

	Singular	Plural	
Maskulinum	Nicola guarda **il** libro.	Nicola guarda **i** libri.	**il → i**
	Francesco chiama **l'**amico.	Francesco chiama **gli** amici.	**l' → gli**
	Lo studente va al bar.	**Gli** studenti vanno al bar.	**lo → gli**
Femininum	Il professore chiude **la** porta.	Il professore chiude **le** porte.	**la → le**
	L'amica copia i compiti.	**Le** amiche copiano i compiti.	**l' → le**

3.3 Der unbestimmte Artikel (l'articolo indeterminativo)

Auch der unbestimmte Artikel unterscheidet nur zwischen Maskulinum und Femininum.

Maskulinum		
Enrica ha **un** fratello.	«un»	vor Konsonant
Aspetto **un** amico.		oder Vokal
Il calcio è **uno** sport molto bello.	«uno»	vor **s** + Konsonant oder **z**

Femininum		
Prepara **una** cena.	«una»	vor Konsonant
Melanie è **un'**amica di Giulia.	«un'»	vor Vokal

► **Attenzione!**

un amico/un'amica
uno gnomo, uno psicologo, uno yogurt

In einzelnen Fällen kann man auch vor anlautendem Vokal die Vollform «una» finden. un'e-mail aber auch: una e-mail

D/I

Die Entscheidung zwischen dem bestimmten Artikel und dem unbestimmten Artikel erfolgt im Allgemeinen wie im Deutschen.

3.4 Die Präposition mit bestimmtem Artikel (la preposizione articolata)

	il	lo	l'	la	i	gli	le
a	al	allo	all'	alla	ai	agli	alle
di	del	dello	dell'	della	dei	degli	delle
in	nel	nello	nell'	nella	nei	negli	nelle
da	dal	dallo	dall'	dalla	dai	dagli	dalle
su	sul	sullo	sull'	sulla	sui	sugli	sulle

Folgt auf die Präpositionen «a, di, in, da, su» ein bestimmter Artikel, so verschmelzen die beiden Wörter zu einem. Dabei werden «in» und «di» zu «ne» bzw. «de». Die Form der durch die Verschmelzung von Präposition und Artikel entstandenen **preposizione articolata** hängt wie beim bestimmten Artikel vom folgenden Wort ab. Die Verdoppelung des Konsonanten nennt man **raddoppiamento**: da + le → da**ll**e

3.5 Mengenangaben und Teilungsartikel

Mengenangaben (la quantità)

Zu den Mengenangaben zählen Ausdrücke für bestimmte und unbestimmte Mengen.

250 grammi	di	burro	*250 g*	*Butter*
un etto	di	mortadella	*100 g*	*Mortadella*
due etti	di	salame	*200 g*	*Salami*
mezzo chilo	di	caffè	*ein Pfund*	*Kaffee*
un chilo	di	pasta	*ein Kilo*	*Nudeln*
un mazzetto	di	basilico	*ein Bund*	*Basilikum*
una scatola	di	pomodori	*eine Dose*	*Tomaten*
un sacco	di	riso	*ein Sack*	*Reis*
un po'	di	sale	*etwas*	*Salz*
qualcosa	di	buono	*etwas*	*Gutes*
un litro	di	vino	*ein Liter*	*Wein*
un bicchiere	d'	acqua	*ein Glas*	*Wasser*
una tazza	di	caffè	*eine Tasse*	*Kaffee*

Bestimmte und unbestimmte Mengenangaben stehen meist mit «di».

► **Attenzione!**

Ohne «di» stehen die indefiniten Adjektive «molto», «poco», «qualche».

qualche pera, molte mele, poco zucchero

«Qualche» steht immer mit dem Singular, bezeichnet aber eine unbestimmte Menge.

Perché non compriamo qualche panino?

D / I

«Mezzo chilo di» und «mezzo litro di» stehen im Italienischen ohne Artikel.

Ha bevuto mezzo litro di vino. *Er hat **einen** halben Liter Wein getrunken.*

Der Teilungsartikel (l'articolo partitivo)

Fehlt eine konkrete Mengenangabe und soll dennoch nur von einem Teil der vorhandenen Dinge die Rede sein, wird häufig der Teilungsartikel gesetzt. Dieser gleicht in der Form der **preposizione articolata** mit «di»:

	Singular	Plural
Maskulinum	del vino dello zucchero dell'olio	dei cornetti degli spaghetti
Femininum	della mozzarella	delle pizzette

Der Teilungsartikel tritt vor allem im Plural auf, ist aber auch dort (im Gegensatz zum Französischen) nicht verpflichtend.

► **Attenzione!**

Kein Teilungsartikel steht

- bei Aufzählungen: Che cosa prendi? Caffè, caffellatte, latte macchiato, cappuccino?
- in verneinten Sätzen: Non c'è più mozzarella.
- nach der Präposition «senza»: Il caffè senza zucchero non mi piace.
- nach Mengenangaben: Vorrei un litro di vino.
- bei abstrakten Begriffen: Ho paura.

4. *Die Substantive (i sostantivi)*

4.1 Der Singular der Substantive (il singolare dei sostantivi)

Im Gegensatz zum Deutschen und zum Lateinischen kennt das Italienische keine gesonderte Form des Neutrums. Man unterscheidet nur zwischen Maskulinum und Femininum. In den meisten Fällen ist den Wörtern das grammatische Geschlecht anzusehen.

Maskulinum	Femininum
Ecco mio fratell-**o**. Ecco mio padr-**e**.	Ecco mia sorell-**a**. Ecco mia madr-**e**.

Die Endung **-o** steht also bei den männlichen Substantiven, die Endung **-a** zumeist bei den weiblichen. Nur die Endung **-e** lässt keinen unmittelbaren Rückschluss zu, so dass hier der Artikel oder eine dazugehörige Bestimmung eine entscheidende Rolle spielen.

Ausnahmen hierzu sind:

la mano *(die Hand)*, la radio *(das Radio)*, l'auto *(das Auto)*, la moto *(das Motorrad)*, la foto *(das Foto)* u. a.
il cinema *(das Kino)*, il clima *(das Klima)*, il panorama *(das Panorama)*, il sistema *(das System)*, il telegramma *(das Telegramm)*, il pianeta *(der Planet)* u. a.

Viele dieser Wörter sind aus einer Verkürzung der ursprünglichen Bezeichnung (il cinematografo, l'automobile, la motocicletta etc.) entstanden.

Auf **-a** bzw. **-ista** enden ebenfalls einige Personen- und Berufsbezeichnungen wie:

il poeta *(der Dichter)*, il pilota *(der Pilot)*, il duca *(der Herzog)*
il barista *(der Barman)*, il tassista *(der Taxifahrer)*, il giornalista *(der Journalist)*

Die dazugehörigen weiblichen Bezeichnungen ändern bei **-ista** lediglich den Artikel: la tassista, la giornalista

Sonst gibt es meist eigene Bezeichnungen: la poetessa, la duchessa

► **Attenzione!**
Neben den typischen, vokalisch auslautenden Substantiven gibt es auch einige, die auf Konsonant enden. Sie wurden aus anderen Sprachen übernommen und weitgehend in das italienische System integriert:

il bar, il film, la T-shirt

4.2 Der Plural der Substantive (il plurale dei sostantivi)

	Singular	Plural	
Maskulinum	fratell-**o** padr-**e**	fratell-**i** padr-**i**	**o** → **i**
Femininum	madr-**e** sorell-**a**	madr-**i** sorell-**e**	**e** → **i** **a** → **e**

► **Attenzione!**
Einige Substantive bilden einen unregelmäßigen Plural, auf den jeweils im Vokabular hingewiesen wird.

la mano – le mani, l'uomo *(der Mann)* – gli uomini, l'uovo *(das Ei)* – le uova

Männliche Substantive auf **-a** bilden den Plural auf **-i**:

i poeti, i telegrammi, i problemi, i giornalisti

Keine eigene Pluralform haben:
- Wörter, die auf betonten Vokal enden:

un caffè – due caffè, una città – due città

- Wörter, die aus der Verkürzung einer ursprünglichen Bezeichnung entstanden sind:

il cinema – i cinema, la foto – le foto, la moto – le moto, la radio – le radio, l'auto – le auto

- Wörter, die auf Konsonant enden, haben im Allgemeinen keine eigene Pluralform. Aus dem Englischen entlehnte Wörter können aber manchmal ihr Plural **-s** behalten:

un film – due film(s), un bar – due bar, una T-shirt – due T-shirt(s)

5. Die Adjektive (gli aggettivi)

5.1 Die Adjektivendungen

Adjektive sind Wörter, die ein Substantiv näher bestimmen. Die Endungen der Adjektive gleichen im Italienischen den Endungen der Substantive.

	Singular	Plural
Maskulinum	scur-**o** interessant-**e**	scur-**i** interessant-**i**
Femininum	scur-**a** interessant-**e**	scur-**e** interessant-**i**

Die Adjektive richten sich in Numerus und Genus nach dem Substantiv, unabhängig davon, ob sie unmittelbar beim Substantiv (attributiv) oder erst nach dem Verb (prädikativ) stehen.

attributiver Gebrauch:

un cappell**o** nuov**o**	due cappell**i** nuov**i**
una gonn**a** nuov**a**	due gonn**e** nuov**e**
un libr**o** interessant**e**	due libr**i** interessant**i**
una lingu**a** interessant**e**	due lingu**e** interessant**i**

prädikativer Gebrauch:

Il cappell**o** è nuov**o**.	I cappell**i** sono nuov**i**.
La gonn**a** è nuov**a**.	Le gonn**e** sono nuov**e**.
Il libr**o** è interessant**e**.	I libr**i** sono interessant**i**.
La relazion**e** è interessant**e**.	Le relazion**i** sono interessant**i**.

► **Attenzione!**

Adjektive auf **-co**, **-ca** / **-go**, **-ga** bilden häufig den Plural auf **-chi**, **-che** / **-ghi**, **-ghe** (G → 1.4)

fresco – freschi
lunga – lunghe

Männliche Adjektive auf **-co** / **-go**, die auf der drittletzten Silbe betont werden, bilden den Plural auf **-ci** / **-gi**. (G → 1.4)

simpatico – simpatici

Bezieht sich ein Adjektiv gleichzeitig auf maskuline und feminine Substantive, so wird die maskuline Form gewählt.

Chiara e Gennaro sono italiani.

Im Italienischen stehen die Adjektive meist nach dem Substantiv. Sie stehen auf jeden Fall nach dem Substantiv, wenn sie Farben oder eine nationale, politische, konfessionelle oder geografische Zugehörigkeit bezeichnen.

una famiglia romana, un giornale italiano

Die meisten Farbadjektive werden wie alle anderen Adjektive verwendet. Unveränderlich sind jedoch «blu, beige, rosa, viola, arancio», alle zusammengesetzten Farben und die Hell- / Dunkelvarianten.

una camicia viola, una maglietta rosso fuoco, una gonna verde scuro

Bei «marrone» setzt sich in der gesprochenen Sprache zunehmend der veränderliche Gebrauch durch, der als richtig anerkannt wird.

Daneben gibt es natürlich noch weitere unveränderliche Adjektive, die im Vokabular als solche gekennzeichnet sind.

un numero pari / dispari *(eine gerade / ungerade Zahl)*

Um einen besonders hohen Grad auszudrücken, kann das Adjektiv wiederholt werden.

Mara ha i capelli lunghi lunghi. *... sehr lange Haare*

(**G** → 5.5)

5.2 Das Adjektiv «grande» (l'aggettivo «grande»)

un grande musicista / un gran musicista
una grande avventura / una gran avventura
grandi sospiri / gran sospiri *(große Seufzer)*
un grande sciatore *(ein großer Skifahrer)*

Das Adjektiv «grande» *kann* vor Substantiven, die mit Konsonant (außer **s** + Konsonant) beginnen, zu «gran» verkürzt werden.
Vor Vokal *kann* «grande» apostrophiert werden.

5.3 Das Adjektiv «bello» (l'aggettivo «bello»)

Attributive Funktion
Die Formenbildung von «bello» ist mit der von «quello» und damit mit dem bestimmten Artikel vergleichbar.

	Singular	Plural
Maskulinum	il **bel** palazzo il **bell'**albergo il **bello** studio	i **bei** palazzi i **begli** alberghi i **begli** studi
Femininum	la **bella** casa la **bell'**amica	le **belle** case le **belle** amiche

Prädikative Funktion

	Singular	Plural
Maskulinum	L'appartamento è **bello**.	Gli appartamenti sono **belli**.
Femininum	La serata è **bella**.	Le serate sono **belle**.

5.4 Die Adjektive «buono» und «santo» (gli aggettivi «buono» e «santo»)

Die attributiven Adjektive «buono» und «santo» haben vor männlichen Substantiven im Singular je nach Anlaut besondere Formen, die dem unbestimmten Artikel gleichen.

un **buon** caffè	**San** Silvestro
un **buono** studente	**Santo** Stefano
un **buon** amico	**Sant'**Andrea
una **buona** amica	**Santa** Cecilia
una **buona** studentessa	**Santa** Agata/**Sant'**Agata

5.5 Der absolute Superlativ (il superlativo assoluto)

Il compito di matematica è difficilissimo.
I capelli di Mara sono lunghissimi.

Die Formen auf **-issimo** bezeichnen einen sehr hohen Grad ohne jedoch irgendeinen Vergleich auszudrücken.
Die Formen des absoluten Superlativs werden wie die Adjektive in Genus und Numerus an das Substantiv angeglichen.

▶ **Attenzione!**
Auch wenn das Adjektiv in der Grundform auf **-e** endet, lautet die Endung des absoluten Superlativs je nach begleitendem Substantiv im Singular **-o** oder **-a** und im Plural **-i** oder **-e**. (**G** → 5.1)

una camicia elegante – una camicia elegantissima
Queste scarpe sono eleganti. – Queste scarpe sono elegantissim**e**.

5.6 Die Steigerung des Adjektivs (la comparazione dell'aggettivo)

1. Der Komparativ des Adjektivs (il comparativo dell'aggettivo)

Questa borsa è **più** cara. La giacca verde è **meno** cara.

Im Italienischen steigert man das Adjektiv durch Voranstellung von **più** oder **meno**.

2. Der Superlativ des Adjektivs (il superlativo relativo)

Daniele è **il più intelligente** della classe.
Daniele è **il ragazzo più intelligente** della classe.

Marisa e Laura sono **le più intelligenti** della classe.
Marisa e Laura sono **le ragazze più intelligenti** della classe.

Der relative Superlativ setzt eine Person oder eine Sache im Vergleich zu anderen Personen oder Sachen an die erste Stelle. Er wird durch **il più/la più** + Adjektiv gebildet.
Der absolute Superlativ **(il superlativo assoluto)** hingegen macht nur eine Aussage über einen sehr hohen Grad, ohne einen Vergleich zu anderen Personen oder Sachen zu ziehen. (**G** → 5.4)

Questo compito è difficilissimo. Questi vestiti sono carissimi.

3. Unregelmäßige Formen der Steigerung

Neben den regelmäßigen Formen der Steigerung gab es jedoch schon im Lateinischen besondere, unregelmäßige Formen der Steigerung, die wir heute im Italienischen wiederfinden.

Questo è un **buon** vino.
Quello di mio zio è **migliore**.
Veramente, per me questo è **il migliore**.

Die Formen des unregelmäßigen Komparativs und Superlativs beim Adjektiv lauten:

	Komparativ	relativer Superlativ	absoluter Superlativ
buono	migliore	il/la migliore	ottimo, -a
cattivo	peggiore	il/la peggiore	pessimo, -a
grande	maggiore	il/la maggiore	massimo, -a
piccolo	minore	il/la minore	minimo, -a

► **Attenzione!**

Alle vier Adjektive können auch regelmäßige Komparative und Superlative bilden. Oft ergeben sich dabei Bedeutungsunterschiede.
Questo pane mi sembra più buono. (Nur bei Sinneswahrnehmungen)
Questo vino è ancora più cattivo dell'altro.
Mia zia è una donna buonissima. *(herzensgut)*

4. Steigerungsformen ohne Grundform

Einige Steigerungsformen (ebenfalls lateinischen Ursprungs) haben keine Grundformen:

una posizione inferiore	*niedriger*
una posizione superiore	*höher*
una risposta ulteriore	*weiter, sonstig*
una risposta anteriore	*früher*
una visita posteriore	*später*
una scala interiore	*innere …*
una scala esteriore	*äußere …*
un amico intimo	*ein sehr enger Freund*
una situazione estrema	*extrem*
l'ultima persona	*letzte*

5.7 Der Vergleich (la comparazione)

Tu sei più ricco **di** me.
Conosco Sandra meglio **delle** altre ragazze.

Da Ugo si mangia meglio **che** da Francesco.
Quell'albergo è più grande **che** bello.
È meglio partire **che** restare.
In Italia fa più caldo **che** in Germania.

Werden zwei Substantive oder Pronomen miteinander verglichen, so steht als Vergleichswort «di», in allen anderen Fällen hingegen «che».

6. Die Pronomen (i pronomi)

6.1 Die Demonstrativbegleiter und Demonstrativpronomen (gli aggettivi dimostrativi e i pronomi dimostrativi)

Der Demonstrativbegleiter und das Demonstrativpronomen «questo»

«Questo» als Demonstrativpronomen

	Singular	Plural
Maskulinum	Chi è **questo**? **Questo** è un amico di Gennaro.	Che cosa sono **questi**? **Questi** sono giornali tedeschi.
Femininum	Chi è **questa**? **Questa** è un'amica di Chiara.	Che cosa sono **queste**? **Queste** sono lettere raccomandate.

Questo/-**a**/-**i**/-**e** in der Bedeutung «dieser, diese, dieses, der da, die da, das da» ersetzt als Pronomen einen Gegenstand oder eine Person, der/die sich in unmittelbarer Nähe befindet.

D/I
Im Italienischen muss das Demonstrativpronomen in Genus und Numerus an den Bezugsgegenstand/die Bezugsperson angeglichen werden.
Chi sono questi? *Wer ist das da?*

«Questo» als Demonstrativbegleiter

	Singular	Plural
Maskulinum	**Questo** appartamento è caro. **Quest**'appartamento è caro.	Vorrei vedere **questi** compiti.
Femininum	**Questa** ragazza è inglese. **Quest**'acqua è fresca.	Mi piacciono **queste** magliette. Vuole parlare con **queste** impiegate.

- «Questo» ist hier wie der Artikel ein Begleiter des Substantivs und steht wie dieser immer vor dem Substantiv. Da der Demonstrativbegleiter den Artikel ersetzt, kann er nicht mit ihm gemeinsam vorkommen.
- Wie ein Adjektiv gleicht sich der Demonstrativbegleiter in Genus und Numerus an das Substantiv an.
- Vor Vokal können die Singularformen «questo» und «questa» apostrophiert werden.

Der Demonstrativbegleiter und das Demonstrativpronomen «quello»

Zum größten Teil gilt das für «questo» Gesagte auch für «quello». «Quello» verweist aber auf Personen oder Sachen, die nicht unmittelbar greifbar, sondern örtlich oder zeitlich entfernt sind.

«Quello» als Demonstrativpronomen

	Singular	Plural
Maskulinum	Conosci il nuovo libro di Umberto Eco? **Quello** sulla lingua italiana?	Conosci dei vecchi film italiani? Sì, **quelli** del neorealismo.
Femininum	Conosci la nuova canzone di Zucchero? **Quella** sulle donne?	Conosci le nuove canzoni di Lucio Dalla? **Quelle** sulla vita in città?

Die Form richtet sich in Numerus und Genus nach dem ersetzten Bezugswort.

► **Attenzione!**
Quale giornale prendiamo? Quello italiano?

Hier dient «quello» nicht zur Darstellung einer räumlichen Beziehung, sondern dazu, die Wiederholung eines bereits genannten Substantivs zu vermeiden.

«Quello» als Demonstrativbegleiter

	Singular	Plural
Maskulinum	Vedi **quel** motorino? Domandiamo a **quello** straniero? Preferisci **quell'**olio?	Conosci **quei** ragazzi? Dove abitano **quegli** studenti? Prendi **quegli** orecchini?
Femininum	Ti piace **quella** giacca? Lavori in **quell'**agenzia?	Di chi sono **quelle** macchine? **Quelle** informazioni sono solo per te.

«Quello» als Demonstrativbegleiter kennt mehr Formen als das Demonstrativpronomen. Die Wahl der Form ist wie beim Artikel abhängig von Genus, Numerus und Anlaut des Bezugswortes.

REZEPTIV

Weitere Demonstrativbegleiter

	Maskulinum Singular	Feminimum Singular	Maskulinum Plural	Femininum Plural
substantivisch	costui/colui	costei/colei	costoro coloro	
substantivisch/ adjektivisch	codesto (piatto)	codesta (casa)	codesti (piatti)	codeste (case)

Die Demonstrativpronomen «costui» und «colui» werden selten gebraucht anstelle von «questo» und «quello». «Codesto» findet man fast nur in der Toskana.

6.2 Die Interrogativpronomen und -adverbien (i pronomi e gli avverbi interrogativi)

Die Fragesätze (le proposizioni interrogative)

Man unterscheidet zwei Arten von Fragesätzen:

- solche, auf die man mit „ja“ oder „nein“ antwortet

I ragazzi sono di Roma? Sì. / No.

Diese Fragen nennt man Satzfragen oder Entscheidungsfragen.
Im gesprochenen Italienisch werden die Satzfragen lediglich durch eine veränderte Stimmführung gekennzeichnet. Die Wortstellung des Aussagesatzes muss dabei nicht verändert werden.

Oggi c'è la grande festa in piazza San Giovanni. .
Oggi c'è la grande festa in piazza San Giovanni? ?

- solche, die mit einem Fragewort beginnen

Chi è? Come ti chiami? Perché siete qui?

Diese nennt man Wortfragen.

Interrogativpronomen

Chi	
Chi è? Chi sei?	*Wer ist er / sie / das? Wer bist du?*
Chi canta?	*Wer singt?*
Con chi balla Giulia?	*Mit wem tanzt Giulia?*
Chi aspettiamo?	*Auf wen warten wir?*

«Chi» fragt nach Personen und ist unveränderlich.

Che / che cosa / cosa	
Che c'è?	*Was ist los?*
Che cosa aspettiamo?	*Worauf warten wir?*
Cosa vuole dire 'pioggia'?	*Was heißt 'pioggia'?*

«Che», «che cosa», «cosa» fragen nach einer Sache und sind unveränderlich.

D / I

Im Gegensatz zum Deutschen unterscheidet das Italienische bei den Fragepronomen «chi», «che», «(che) cosa» nur nach Person und Sache, jedoch nicht nach Subjekt und Objekt:

Chi?	*Wer? Wen?*
Con chi?	*Mit wem?*
Con che cosa?	*Womit?*

Interrogativadverbien

Come ti chiami?	*Wie heißt du?*
Dove sei?	*Wo bist du?*
Di dove siete?	*Woher seid ihr?*
Perché non cominciano?	*Warum fangen sie nicht an?*

«Quanto» und «quale»

Beide Wörter können sowohl Interrogativpronomen als auch -adjektive sein.

«Quanto»
Quanto costa? **Quant'è** bella!
Quanti siete?
Quanta farina prendi?
Quante ragazze ci sono?

«Quale»
Ecco due libri! / Ecco due matite! } **Quale** prendi?
Guarda i quaderni! / Guarda le matite! } **Quali** prendiamo?
Vedi il ragazzo? **Quale** ragazzo?
Vedi la ragazza? **Quale** ragazza?
Vedi i ragazzi? **Quali** ragazzi?
Vedi le ragazze? **Quali** ragazze?

► **Attenzione!**
Qual è il treno che devi prendere?
Vor den Verbformen **è/era** wird «quale» verkürzt, aber nicht apostrophiert.

6.3 Die Indefinitpronomen und -adjektive (i pronomi e gli aggettivi indefiniti)

uno, ognuno, qualcuno, qualcosa

Uno può pensare quello che vuole.	*(Ein jeder ...)*
Qualcuno deve essere stato qui.	*(Jemand ...)*
Ognuno deve pensare agli affari suoi.	*(Jeder ...)*
Ho visto **qualcosa** di bello.	*(... etwas ...)*

«Uno, qualcuno, ognuno» und «qualcosa» (+ «di» bei nachfolgendem Adjektiv) sind echte Pronomen. Sie stehen allein und sind zudem unveränderlich.

ogni, qualche

Ogni domenica andiamo a pranzare dai nonni.
Qualche giorno dopo è tornato.

«Ogni» und «qualche» sind **aggettivi indefiniti,** müssen also immer bei einem Substantiv stehen. Nach beiden steht das jeweilige Substantiv im Singular.

poco, molto, tanto, troppo, tutto

poco zucchero	poca pasta	pochi spaghetti	poche pizze
molto zucchero	molta pasta	molti spaghetti	molte pizze
tanto zucchero	tanta pasta	tanti spaghetti	tante pizze
troppo zucchero	troppa pasta	troppi spaghetti	troppe pizze
tutto **lo** zucchero	tutta **la** pasta	tutti **gli** spaghetti	tutte **le** pizze

«Poco, molto, tanto, troppo» und «tutto» (+ Artikel bei nachfolgendem Substantiv) können sowohl Adjektive als auch Pronomen sein. Sie sind in Numerus und Genus veränderlich.

▶ **Attenzione!**
Wird «tutto» adjektivisch verwendet, so steht immer der bestimmte Artikel.

Ho dormito **tutto il** giorno. Lo vedo **tutte le** mattine.

«Poco, molto, tanto, troppo» und «tutto» können auch adverbial verwendet werden (**avverbi di quantità**). Sie sind dann natürlich unveränderlich.

Piero mangia poco, Sandra mangia molto.
I genitori vedono (quasi) tutto.

6.4 Das betonte Objektpronomen (il pronome complemento diretto tonico)

Neben den unbetonten Objektpronomen, die nur in Verbindung mit dem Verb verwendet werden, gibt es auch Objektpronomen, die unabhängig vom Verb stehen können. Man spricht dann von betonten Objektpronomen.

Formen

con me	con noi
con te	con voi
con lui	con loro
con lei	con sé *(reflexiv)*
con Lei	
con sé *(reflexiv)*	

Die betonten Objektpronomen stehen im Besonderen:
- nach allen Präpositionen: Parla spesso di lei. Esco con voi.
- in Sätzen ohne Verb: Povero me!
- wenn das Pronomen Schwerpunkt der Aussage ist: A loro non telefono.
- wenn ein weiteres Pronomen zur Gegenüberstellung folgt: Scrivi a lui o a me?

▶ **Attenzione!**

Parla di lui.	*Er spricht von ihm.*
Parla di sé.	*Er spricht von sich.*

6.5 Das unbetonte direkte Objektpronomen (il pronome oggetto diretto atono)

Das direkte Objektpronomen vertritt ein Objekt, das direkt (d. h. ohne Präposition) mit dem Verb verbunden ist.

mi	*mich*	ci	*uns*
ti	*dich*	vi	*euch*
lo	*ihn*	li	*sie* (Maskulinum)
la	*sie*	le	*sie* (Femininum)
La	*Sie*		

Quando **mi** chiami stasera? **Ti** chiamo verso le otto.
Viene anche Gennaro. **Lo** conosci?
Viene anche Mara. **La** conosci?
Signore, **La** chiamo stasera.
Quando **ci** avete chiamato? **Vi** abbiamo chiamato verso le due.
Ecco i signori Giacomelli. **Li** vedi?
Ecco le loro figlie. **Le** conosci?

Vor Vokalen oder Wörtern, die mit **h** beginnen, werden «lo» und «la / La» zumeist apostrophiert.

L'hai visto? L'avete vista?

Stellung der direkten Objektpronomen

Das direkte Objektpronomen steht vor dem konjugierten Verb, außer
- in Sätzen mit Infinitiv:

Non c'è tempo per vederlo.

In der Kombination von Modalverb und Infinitiv gibt es zwei Möglichkeiten:

Voglio vederlo. **aber auch:** Lo voglio vedere.

Bei der Nachstellung verliert der Infinitiv das End **-e**.
Die angehängten Pronomen verändern nicht die Betonung des Infinitivs.
- beim Imperativ der 2. Person Singular (du-Form) und Plural (ihr-Form) und 1. Person Plural:

Chiamami alle otto!
Aspettatemi!
Compriamolo!

Die angehängten Pronomen verändern nicht die Betonung der Imperativform.

Bei den Imperativformen «da', di', fa'» kommt es bei den angehängten Pronomen zu einer Konsonantendoppelung (**raddoppiamento**).

I compiti? Fa**lli** subito! Di**llo** alla nonna! Le mele? Da**lle** a Daniele.

▶ **Attenzione!**

- Das unbetonte Objektpronomen wird in der Umgangssprache zur Hervorhebung oft noch im gleichen Satz mit dem zugehörigen Objekt verwendet.

Lo vuoi vedere, il nuovo film?
La giacca rossa, la compri davvero?

- «Lo» kann sich auch auf einen ganzen Satz bzw. einen Gliedsatz beziehen.

– Ti aspettiamo da un'ora. – Sì, lo so, mi dispiace.

- Das unbetonte direkte Objektpronomen wird zusammen mit «ecco» verwendet:

Eccomi, eccolo, eccoci

Angleichung des Partizip Perfekt (G → 8.2)
Beim **passato prossimo** mit «avere» wird das Partizip normalerweise nicht verändert. Stehen jedoch die direkten Objektpronomen «la, li, le» vor dem konjugierten Verb, wird das Partizip wie ein Adjektiv an das Objekt angeglichen.

Dove hai conosciuto **Giulia**? **L'**ho conosciut**a** alla festa di Francesco.
Dove sono **le paste**? **Le** ho mangiat**e** io.
Quando hai visto **gli amici**? **Li** ho vist**i** ieri.

Gleiches gilt für das Pronominaladverb «ne».

Quante **pere** hai preso? **Ne** ho pres**e** quattro.

6.6 Das indirekte Objektpronomen (pronome personale atono in funzione di complemento indiretto)

Im Gegensatz zum direkten Objektpronomen ersetzt das indirekte Objektpronomen ein Objekt, welches indirekt, also durch eine Präposition (meist «a») mit dem Verb verbunden ist.

Formen

mi	*mir*	ci	*uns*
ti	*dir*	vi	*euch*
gli	*ihm*	gli/loro	*ihnen*
le	*ihr*		
Le	*Ihnen*		

Gianfranco **mi** ha portato un libro.
Che cosa **ti** ha detto?
Francesco **gli** dà il telefonino. (a Gennaro)
Chiara **le** dà il numero. (a Elisabetta)
Valeria **Le** ha fatto le fotocopie? (a Lei)
Mamma, **ci** dai due euro per un gelato?
Che cosa **vi** ha domandato?
Il barista **gli** ha portato tre caffè e due aperitivi./
Il barista ha portato **loro** tre caffè e due aperitivi.

- Die Formen des indirekten Objektpronomens lauten in der 1. und 2. Person Singular und Plural wie bei den direkten Objektpronomen, nur die 3. Person Singular und Plural haben eine andere Form.
- Nur die 3. Person Singular unterscheidet zwischen Maskulinum und Femininum.
- «Loro» steht immer nach der Verbgruppe (konjugiertes Verb + evtl. Partizip).
- Statt der 3. Person Plural «loro» wird häufig auch «gli» verwendet:

Il signor Camerano ha telefonato **loro?**
Il signor Camerano **gli** ha telefonato?

Stellung der indirekten Objektpronomen
Es gelten die gleichen Regeln wie beim direkten Objektpronomen.
Das indirekte Objektpronomen steht vor dem konjugierten Verb, außer:

- in Sätzen mit Infinitiv:

Ci torno per dargli la lettera.

- bei Modalverb mit Infinitiv:

Voglio telefonargli. **aber auch:** Gli voglio telefonare.

Bei der Nachstellung verliert der Infinitiv das End **-e**.
Die angehängten Pronomen verändern nicht die Betonung des Infinitivs.

- beim Imperativ der 2. Person Singular (du-Form) und Plural (ihr-Form) und 1. Person Plural:

Portami quel libro!
Ditegli quando partite.
Compriamole un bel regalo!

Die angehängten Pronomen verändern nicht die Betonung der Imperativform.

Bei den Imperativformen «da', di', fa', sta'» kommt es bei den angehängten Pronomen (außer bei **-gli**) zu einer Konsonantendoppelung (**raddoppiamento**).

Da**mmi** il libro! Fa**cci** un panino! Di**lle** dove sono i quaderni! Sta**mmi** bene!

6.7 Die Kombination der unbetonten Objektpronomen und der particelle «ci / ne»

Für die Kombination der Objektpronomen und/oder **particelle** gelten einige besondere Regeln.

	lo	la	li	le	ne
mi	me lo	me la	me li	me le	me ne
ti	te lo	te la	te li	te le	te ne
gli →	glielo	gliela	glieli	gliele	gliene
le/Le ↗					
si	se lo	se la	se li	se le	se ne
ci	ce lo	ce la	ce li	ce le	ce ne
vi	ve lo	ve la	ve li	ve le	ve ne

- Die 3. Person Plural «loro»:

«loro» ist unveränderlich und steht auch in der Kombination mit einem anderen Pronomen nach dem Verb. Allerdings wird inzwischen vor allem im gesprochenen Italienisch häufig auf die Form der 3. Person Singular zurückgegriffen. Der Kontext muss dann den Bezug von «glielo» klären.

L'ho detto loro ieri.
Gliel'ho detto ieri.

- Bei dem Zusammentreffen von Objektpronomen und **particelle** ist auf folgende Reihenfolge zu achten.

Non me lo comprano.	ind. Obj. →	dir. Obj.
Non ce ne sono più.	ci →	ne

Treffen die **particelle** «ci» und «ne» zusammen, dann heißt die Reihenfolge «ce ne».

Le mele? Ce ne sono ancora due.

- In der Kombination mit einem anderen Pronomen oder einer **particella** wird ein auslautendes **-i** zu **-e**.

mi → me lo
ti → te ne

In der Kombination mit der **particella** «ci» werden die Formen «mi», «ti», «vi» jedoch aus lautlichen Gründen nicht verändert.

Ti trovi bene a Roma? Sì, mi ci trovo bene.

- Für die Stellung der Pronomenkombination bei Imperativ und Infinitiv und bei der Verneinung gelten die Regeln, die auch für die Einzelpronomen zutreffen.

Dobbiamo dirglielo subito.
Non me le sono comprate.
Compratevene uno!
Non te lo dimenticare!

Steht die Kombination aus Objektpronomen und/oder **particelle** vor dem Verb, so werden alle außer jenen, die mit «gli» gebildet werden, getrennt geschrieben. Werden sie jedoch an den Imperativ oder Infinitiv angehängt, so werden alle zusammengeschrieben. «Loro» folgt auch hier seiner eigenen Regel und wird nachgestellt.
Die angehängten Objektpronomen oder **particelle** ändern jedoch nichts an der Betonung der Verbform.

6.8 Possessivbegleiter und Possessivpronomen (l'aggettivo possessivo e il pronome possessivo)

Der Possessivbegleiter
Wie alle anderen Begleiter (Artikel, Demonstrativbegleiter) steht auch der besitzanzeigende Begleiter vor dem Nomen.

	Singular	**Plural**
Maskulinum	il mio maglione il tuo maglione il suo maglione il nostro maglione il vostro maglione il **loro** maglione	i miei maglioni i tuoi maglioni i suoi maglioni i nostri maglioni i vostri maglioni i **loro** maglioni
Femininum	la mia giacca la tua giacca la sua giacca la nostra giacca la vostra giacca la **loro** giacca	le mie giacche le tue giacche le sue giacche le nostre giacche le vostre giacche le **loro** giacche

Üblicherweise steht der Possessivbegleiter immer **mit** Artikel und ist – bis auf «loro» – veränderlich.

► **Attenzione!**
Der Artikel entfällt bei Verwandtschaftsbezeichnungen im Singular:

mio fratello, tua madre, suo marito, nostra nonna

Allerdings gilt diese Ausnahme nicht

- bei Koseformen: il nostro babbo, la mia mamma, il tuo fratellino
- bei genaueren Bestimmungen: il mio fratello minore
- bei «loro»: il loro fratello

Beachte die Besonderheiten bei der Stellung in bestimmten Wendungen:

a casa mia / tua / sua / etc.
da parte mia
Mamma mia!

Hier entfällt zudem der Artikel.

D / I

seine Jacke
la sua giacca
ihre Jacke

Hinsichtlich Numerus und Genus sind im Italienischen der Gegenstand oder die Person, die als „Besitz" genannt werden, entscheidend und nicht – wie im Deutschen – der Besitzer.

Das Possessivpronomen
In der Form gleicht das Possessivpronomen dem Possessivbegleiter.

È tua, questa giacca? Sì, è mia.

Nach dem Verb «essere» entfällt hier der Artikel.

6.9 Die reflexiven Verben (i verbi riflessivi)

Bei den reflexiven Verben sind Subjekt und (direktes oder indirektes) Objekt identisch. Die Handlung, die am Objekt „geschieht", bezieht sich damit auch auf das Subjekt.

lamentarsi	
mi lamento	ci lamentiamo
ti lamenti	vi lamentate
si lamenta	si lamentano

Das Reflexivpronomen kann direktes wie indirektes Objekt sein.

Mi diverto molto.	(direktes Objekt)
Mi compro un telefonino.	(indirektes Objekt)

► **Attenzione!**
Es gibt im Italienischen einige Verben, die sowohl reflexiv als auch nicht reflexiv gebraucht werden:

dimenticarsi di qc / qn	– dimenticare qc / qn	*vergessen*
sbagliarsi	– sbagliare	*sich irren*
ricordarsi di qc / qn	– ricordare qc / qn	*sich erinnern*

Bei einigen dieser Verben ändert sich je nach reflexiver oder nicht reflexiver Verwendung die Bedeutung:

trovarsi / trovare — *sich befinden / etwas finden*
Dove si trova il liceo Marconi? / Dove posso trovare il signor Sciacca?

chiamarsi / chiamare — *heißen/rufen*
Mi chiamo Daniele. / Chiama tuo fratello!

alzarsi/alzare — *aufstehen/(hoch-/an-)heben*
A che ora ti alzi? / Non alzare la voce quando parli con me.

svegliarsi / svegliare — *aufwachen/wecken*
Mi sveglio sempre molto presto. / Tonino sveglia Nicola.

Eine besondere Gruppe sind die scheinbar reflexiven Verben, die im Plural eine Beziehung zwischen zwei Personen ausdrücken: Man nennt sie reziproke Verben.

abbracciarsi	*sich umarmen*	incontrarsi	*sich treffen*
aiutarsi	*sich helfen*	separarsi	*sich trennen*
baciarsi	*sich küssen*		

D / I
Nicht immer entspricht einem reflexiven Verb im Italienischen auch eines im Deutschen:

accorgersi di qc	*etwas bemerken*
fermarsi	*stehen bleiben*
svegliarsi	*aufwachen*
alzarsi	*aufstehen*

Dies gilt auch umgekehrt:

cambiare	*sich ändern*
girare	*sich drehen*

Die Stellung der Reflexivpronomen
Die Reflexivpronomen stehen normalerweise vor dem konjugierten Verb.

Giulia si preoccupa per Drago.
Ci fermiamo qui?

► **Attenzione!**
- **Imperativ:**

Lamentati!	Non lamentarti! / Non ti lamentare!
Lamentiamoci!	Non lamentiamoci! / Non ci lamentiamo!
Lamentatevi!	Non lamentatevi! / Non vi lamentate!

Das Reflexivpronomen wird an den bejahten Imperativ der 2. Person Singular (du-Form) und der 1. und 2. Person Plural angehängt. Bei den entsprechenden Personen des verneinten Imperativs kann es vorangestellt oder angehängt werden.

- Steht das reflexive Verb im Infinitiv, so wird das Reflexivpronomen angehängt. Bei der Kombination von Modalverben und Infinitiv kann es entweder an den Infinitiv angehängt oder dem Modalverb vorangestellt werden.

Invece di preoccuparti, telefona a Gina per vedere se tuo figlio è da lei.
Non mi voglio lamentare. / Non voglio lamentarmi.

6.10 Die Relativpronomen (i pronomi relativi)

Das Relativpronomen «che»

Ho **un amico**. Abita a Roma.
→ Ecco l'amico **che** abita a Roma.
Ho **un'amica**. La conosco da molti anni.
→ Ecco l'amica **che** conosco da molti anni.
Ho **degli amici**. Vorrei invitarli quest'estate.
→ Ecco gli amici **che** vorrei invitare quest'estate.
Guarda **questo motorino**. Mi piace tanto.
→ Ecco il motorino **che** mi piace tanto.
Guarda **questa casa**. La vogliamo comprare.
→ Ecco la casa **che** vogliamo comprare.
Guarde **queste scarpe**. Mi piacciono tanto.
→ Ecco le scarpe **che** mi piacciono tanto.

In der Funktion Subjekt oder direktes Objekt heißt das Relativpronomen, unabhängig davon, ob es sich auf eine Person oder eine Sache bezieht, immer «che».

► **Attenzione!**
Bezieht sich das Relativpronomen auf einen ganzen Satz, so steht «il che».

So che hai avuto un incidente, il che mi dispiace.

Allerdings wird im modernen Italienisch dafür gerne «e ciò» verwendet.

So che hai avuto un incidente e ciò mi dispiace.

D / I
Im Italienischen braucht das Relativpronomen immer ein Bezugswort. Gibt es keines, tritt «quello» an dessen Stelle.

Ti dico **quello che** ne penso io. *Ich sage dir, **was** ich darüber denke.*

Das Relativpronomen «cui»

Il film **di cui** ti ho parlato non è piaciuto a Claudia.
Chi è la ragazza **con cui** ti ho visto ieri?
Mio fratello **(a) cui** ho scritto una lettera non ha ancora risposto.

Wie «che» ist auch «cui» unveränderlich in Genus und Numerus. Es steht nach Präpositionen, wobei die Präposition «a» entfallen kann.

REZEPTIV

Attenzione!
In der Bedeutung „deren", „dessen" kann «cui» auch zwischen bestimmtem Artikel und Substantiv stehen.

Mio zio di cui ti ho letto la lettera verrà fra poco.
Mio zio la cui lettera ti ho letto verrà fra poco.

Das Relativpronomen «chi»

Chi cerca trova. *Wer sucht der findet.*

Das Relativpronomen «chi» steht ohne Bezugswort und wird für Personen in einem verallgemeinernden Sinn (z. B. Sprichwörter, Redewendungen) verwendet.

Das Relativpronomen «il/la quale – i/le quali»

Abbiamo incontrato il fratello di Marisa **il quale** è partito ieri.
Stasera conoscerai Piero e Maria **dei quali** hai già visto le fotografie.

Dieses Relativpronomen wird meist im Plural und nach Präpositionen verwendet. Im Singular soll es den Bezug auf eine bestimmte Person verdeutlichen.

6.11 Die Subjektpronomen (i pronomi personali in funzione di soggetto)

io	noi
tu	voi
lui / lei / Lei	loro

Das Italienische kann vor die konjugierten Verben Subjektpronomen stellen. Sie sind jedoch meistens überflüssig, da die Endungen die Personen bereits eindeutig kennzeichnen. Sie werden daher auch nur dann verwendet, wenn der Bezug nicht eindeutig ist

Ecco Chiara e Nicola. Lui è siciliano, lei è romana.

oder eine Person besonders betont werden soll.

Sei Gennaro? No, io sono Francesco, lui è Gennaro.

Wie das Deutsche kennt auch das Italienische eine sogenannte Höflichkeitsform für eine oder mehrere Personen. Wird eine einzelne Person angesprochen, so erfolgt diese Anrede in der 3. Person Singular Femininum.

Tu, chi sei?	Lei, chi è?
Come ti chiami?	Come si chiama?

Die Personalpronomen der Höflichkeitsform können großgeschrieben werden.

Werden mehrere Personen angesprochen, so wird in formeller Sprache die 3. Person Plural, im Allgemeinen jedoch die 2. Person Plural verwendet.

Voi, chi siete?

7. Die Adverbien (gli avverbi)

7.1 Das indikative Adverb «ecco»

Ecco – C'è – È

C'è Giulia?	*Ist Giulia da?*
Ci sono Giulia e Chiara?	*Sind Giulia und Chiara da?*
Oggi c'è un concerto.	*Heute gibt es ein Konzert.*

Chi è?	*Wer ist das?*
È Chiara.	*Es ist Chiara.*

«Ci» in der vollständigen oder apostrophierten Form heißt „da", „dort" und verweist auf einen Ort. Es gibt Auskunft über das (Nicht-)Vorhandensein einer Sache oder Person.

c'è	*da ist, da gibt es, es gibt*
ci sono	*da sind, da gibt es, es gibt*

Will man über eine Person/eine Sache sprechen, etwas über eine Person/eine Sache erfahren oder etwas definieren, dann verwendet man nur das Verb «essere».

Piazza di Spagna è a Roma.
Roma è in Italia.

«Ecco» leitet ebenfalls eine Aussage über das Vorhandensein ein, steht aber nur, wenn auf etwas gezeigt oder hingewiesen werden kann. Die betreffende Person oder Sache muss sich also im Sehbereich des Sprechers befinden. «Ecco» ist zudem unveränderlich und steht ohne ein Verb.

Ecco piazza San Giovanni.
Ecco Enrica.

(**G** → 6.5 das unbetonte direkte Objektpronomen)

7.2 Die Pronominaladverbien (i pronomi avverbiali / le particelle)

Das Pronominaladverb «ne» (il pronome avverbiale «ne»)

«Ne» mit Mengenangaben

Del pane? Mi dispiace. Non **ne** abbiamo più.
Ecco il salame. **Quanto ne** vuole? – **Ne** prendo **due etti**.
Questo formaggio non è buono. **Ne** prendo **un altro**.

«Ne» erfüllt partitive Funktion. Es bezieht sich auf etwas schon genanntes und bezeichnet eine Teilmenge davon. Es ersetzt entweder ein direktes Objekt mit einem Teilungsartikel oder einen Teil des direkten Objekts, wobei die Mengenangabe erhalten bleibt.

«Ne» als Ersatz für ein Präpositionalobjekt mit «di»

Paola, sei contenta **della nuova macchina**?
Sì, **ne** sono molto contenta.

«Ne» ersetzt Ergänzungen mit «di», die von bestimmten Verben oder Adjektiven abhängen.

Das Pronominaladverb «ci» (il pronome avverbiale «ci»)

«Ci» als Ersatz für eine Ortsangabe mit «a, da, in, per, su»

Perché va spesso **al bar S. Eustachio**?
Perché **ci** fanno un buonissimo caffè.

Andate spesso **dalla nonna**?
Sì, **ci** andiamo una volta la settimana.

Per andare a Roma passa **per Siena**?
No, questa volta non **ci** passo.

Che cosa metti **sul tavolo**?
Ci metto i biglietti per il treno.

Trovi qualcosa **in questo negozio**?
Sì, **ci** trovo sempre qualcosa.

Ortsangaben, die mit «a, in, da» *(= bei/zu)*, «su, per» eingeleitet werden, werden durch «ci» ersetzt. Bei «da» *(= bei/zu)* bezieht sich «ci» nicht auf die Person, sondern auf den Ort, an dem sie wohnt.

«Ci» als Ersatz für ein Präpositionalobjekt mit «a»

Ha pensato anche **al vino**?
Ci pensa sempre mio marito.

«Ci» ersetzt Präpositionalobjekte mit «a», die Sachen und Sachverhalte bezeichnen.

► **Attenzione!**
Bei Präpositionalobjekten mit «su» kann in der gesprochenen Sprache «ci» für Personen und Sachen verwendet werden.

Su questa persona, non ci puoi contare.

7.3 Die Bildung der Adverbien

Arten der Adverbien

Adverbien dienen dazu, Verben, Adjektive, andere Adverbien und ganze Sätze näher zu bestimmen.

Piero lavora molto.
Piero ha una sorella molto stupida.
Parlano l'italiano molto bene.
Almeno abbiamo trovato una bella casa.

Das Adverb mit -mente (l'avverbio)

Inhaltlich unterscheidet man Adverbien der Art und Weise («bene»), der Menge («molto»), des Ortes («dappertutto»), der Zeit («spesso») u. a.
Bei der Bildung hingegen gruppiert man die Adverbien nach den Elementen, aus denen sie zusammengesetzt werden.

a. **già, bene, più, qui, sempre, ancora, però, allora, anche, altrimenti**

Dies sind ursprüngliche Adverbien.

b. soprattutto, almeno, davvero

Man spricht hier von zusammengesetzten Adverbien.

c. in fretta, d'accordo, di notte

Auch Präpositionalausdrücke können als Adverbien verwendet werden.

d. Eine weitere Gruppe von Adverbien wird vom Adjektiv abgleitet.

raro/-a	→ raramente
assoluto/-a	→ assolutamente
veloce	→ velocemente

Diese Adverbien werden gebildet, indem an die feminine Form des Adjektivs das Suffix -**ment**e angehängt wird.

► **Attenzione!**
Adjektive, die auf -**re**/-**le** enden, verlieren bei der Umwandlung in Adverbien das auslautende -**e**.

final**e**	→ finalmente
particolar**e**	→ particolarmente

Unregelmäßige Adverbien:

buono	→ bene
cattivo	→ male

7.4 Die Steigerung des Adverbs (la comparazione dell'avverbio)

1. Der Komparativ und Superlativ des Adverbs

Marco ha parlato **velocemente**.
Laura ha parlato ancora **più velocemente**.
Davide ha parlato **più velocemente di tutti**.

2. Unregelmäßige Formen der Steigerung

Questo computer funziona **bene**.
Ma l'altro computer funziona **meglio**.
Questo modello però funziona **meglio di tutti**.

	Komparativ	absoluter Superlativ
bene	meglio	benissimo
male	peggio	malissmo
molto	più	moltissmo
poco	meno	pochissimo

In der alltäglichen Sprache werden **il meglio, il peggio, il più, il meno** als unveränderliches Substantiv verwendet.

8. *Die Verben (i verbi)*

8.1 Das Präsens (il presente)

Das Italienische unterscheidet drei Verbklassen nach den Infinitivendungen **-are**, **-ere**, **-ire**.

Die Verben auf -are (i verbi in -are)

Der Gruppe der Verben auf **-are** gehört der größte Teil der italienischen Verben an. Auch jene, welche neu hinzukommen, werden gewöhnlich dieser Gruppe zugeordnet (cliccare – *anklicken*, chattare – *chatten*). Diese Gruppe hat den Vorteil, besonders „regelmäßig" zu sein.

Stammbetonte Formen	Endungsbetonte Formen
aspett-are	
aspett-**o**	
aspett-**i**	
aspett-**a**	
	aspett-**iamo**
	aspett-**ate**
aspett-**ano**	

Die Verben auf **-are** behalten bei der Konjugation die Lautung des Infinitivstammes bei. Das kann bei den Verben, deren Stamm auf **-c** / **-g** endet, zu Veränderungen in der Schreibung führen. (**G** → 1.4)

pagare
pago, pag**h**i, paga, pag**h**iamo, pagate, pagano

In der Regel stehen keine zwei unbetonten **i** hintereinander.

cominciare
comincio, cominc**i**, comincia, cominc**i**amo, cominciate, cominciano

Die Verben auf -ere (i verbi in -ere)

Die meisten Verben auf **-ere** werden im Infinitiv auf dem Stamm betont («chiedere, conoscere, prendere» etc.), einige jedoch auf der Endung («vedere, potere» etc). Für die Konjugation hat dies jedoch keine Folgen.

Stammbetonte Formen	Endungsbetonte Formen
prend-ere	
prend-**o**	
prend-**i**	
prend-**e**	
	prend-**iamo**
	prend-**ete**
prend-**ono**	

► **Attenzione!**

Bei Verben, deren Stamm auf **-g**, **-c**, oder **-sc** endet, gilt:
Infinitiv auf **-are**: Die Aussprache des Infinitivs bleibt erhalten, die Schreibung ändert sich gegebenenfalls.
Infinitiv auf **-ere**: Die Schreibung des Infinitivs bleibt erhalten, die Aussprache ändert sich entsprechend.

conoscere, conosco [sk], conosci, conosce, conosciamo, conoscete, conoscono [sk]

(G → 1.4)

Zahlreiche Verben aus dieser Gruppe sind unregelmäßig.

Die Verben auf -ire (i verbi in -ire)

1. Die Formen ohne Stammerweiterung lauten:

Stammbetonte Formen	Endungsbetonte Formen
dorm-ire	
dorm-o	
dorm-i	
dorm-e	
	dorm-iamo
	dorm-ite
dorm-ono	

ebenso: «sentire, aprire, offrire», u. a.

2. Daneben gibt es eine weitere, umfangreichere Gruppe von Verben auf **-ire**, welche die stammbetonten Formen mit der Stammerweiterung **-sc-** bildet.

Stammbetonte Formen	Endungsbetonte Formen
capire	
capi-sc-o	
capi-sc-i	
capi-sc-e	
	capiamo
	capite
capi-sc-ono	

ebenso: «preferire, finire, sparire, spedire», u.a.

8.2 Das passato prossimo (il passato prossimo)

Das **passato prossimo** ist eine der möglichen Vergangenheitszeiten im Italienischen. Es wird gebildet aus einer konjugierten Form von «avere» oder «essere» (je nach Verb) und dem Partizip Perfekt des betreffenden Verbs.

Bildung des Partizip Perfekt

mangi -are → mangi -ato
vend -ere → vend **-u**to
sent -ire → sent -ito

▶ **Attenzione!**
Bei der Partizipialbildung sind zahlreiche unregelmäßige Formen zu beachten.

accendere	acceso	permettere	permesso
accorgersi	accorto	piangere	pianto
aprire	aperto	predire	predetto
bere	bevuto	prendere	preso
chiedere	chiesto	produrre	prodotto
chiudere	chiuso	proporre	proposto
convincere	convinto	proteggere	protetto
correre	corso	raggiungere	raggiunto
corrispondere	corrisposto	ridere	riso
difendere	difeso	rimanere	rimasto
dipingere	dipinto	risolvere	risolto
dire	detto	rispondere	risposto
distruggere	distrutto	scendere	sceso
esistere	esistito	scoprire	scoperto
esprimere	espresso	scrivere	scritto
essere	stato	sorprendere	sorpreso
fare	fatto	spendere	speso
interrompere	interrotto	svolgersi	svolto
introdurre	introdotto	togliere	tolto
leggere	letto	trascorrere	trascorso
mettere	messo	vedere	visto/veduto
morire	morto	venire	venuto
nascere	nato	vincere	vinto

«Stato» ist also sowohl Partizip Perfekt von «essere» als auch von «stare».

Die Formen des passato prossimo mit dem Hilfverb «avere»

mangiare	vendere	sentire
ho mangiato	ho venduto	ho sentito
hai mangiato	hai venduto	hai sentito
ha mangiato	ha venduto	ha sentito
abbiamo mangiato	abbiamo venduto	abbiamo sentito
avete mangiato	avete venduto	avete sentito
hanno mangiato	hanno venduto	hanno sentito

Alle transitiven und die meisten intransitiven Verben bilden das **passato prossimo** mit «avere».

Bei der Wahl des Hilfsverbs kann man sich meist nach dem Deutschen richten:

Ho aperto. *Ich habe geöffnet.*

(**G** → 6.5 Angleichung des Partizips bei «avere»)

D / I

Ho viaggiato. *Ich bin gereist.*

Die Formen des passato prossimo mit dem Hilfsverb «essere»

entrare	cadere	uscire
sono entrato, -a	sono caduto, -a	sono uscito, -a
sei entrato, -a	sei caduto, -a	sei uscito, -a
è entrato, -a	è caduto, -a	è uscito, -a
siamo entrati, -e	siamo caduti, -e	siamo usciti, -e
siete entrati, -e	siete caduti, -e	siete usciti, -e
sono entrati, -e	sono caduti, -e	sono usciti, -e

• Auch einige intransitive Verben bilden das **passato prossimo** mit «essere». Hierzu gehören Verben, die eine Bewegungs**richtung** (nicht Bewegungsart!) ausdrücken, z. B. tornare, entrare, andare, partire, scendere, salire, uscire, arrivare.
Sono tornato, -a. Sei entrato, -a. Siamo scesi, -e.
Jedoch: Ho camminato. *Ich bin gegangen/gelaufen.* Ha saltato. *Er ist gesprungen.*
«Camminare» und «saltare» bezeichnen im Italienischen eine Bewegungsart.
• Alle Partizipien des **passato prossimo** mit «essere» richten sich in Genus und Numerus nach dem Subjekt.
Mia madre è andat**a** a fare un controllo medico. I carabinieri sono già partit**i**.
• «Essere» und «stare» bilden das **passato prossimo** ebenfalls mit «essere».
L'anno scorso sono stata a Roma.
• Mit «essere» werden auch alle reflexiven Verben gebildet, wobei das Partizip an das Subjekt angeglichen wird.
Il signor Sciacca si è alzato presto.
Chiara si è alzata tardi, vero?
I ragazzi si sono svegliati presto.
Chiara e la nonna si sono preoccupate per Paola. (G → 6.9 reflexive Verben)

▶ **Attenzione!**
In der Verbindung mit Modalverben richtet sich die Wahl des Hilfsverbs nach dem Vollverb.

Sono dovuto, -a partire. Siamo potuti, -e uscire.

D / I
Das **passato prossimo** von «bastare, costare» und «piacere» wird mit «essere» gebildet.

I tramezzini non **sono** bastati.	... ***haben*** *nicht gereicht.*
Il caffè **è** costato troppo.	... ***hat*** *zu viel gekostet.*
La città non **è** piaciuta ai turisti.	... ***hat*** *den Touristen nicht gefallen.*

Das **passato prossimo** von «cominciare» und «finere» wird, je nachdem, ob das Verb transitiv oder intransitiv verwendet wird, mit «avere» oder «essere» gebildet.

La professoressa ha cominciato la lezione con qualche minuto di ritardo.
La lezione è già cominciata.
Abbiamo finito i compiti poco fa.
Le lezioni sono finite.

8.3 Das imperfetto (l'imperfetto)

parlare	prendere	partire
parl-a-vo	prend-e-vo	part-i-vo
parl-a-vi	prend-e-vi	part-i-vi
parl-a-va	prend-e-va	part-i-va
parl-**a**-vamo	prend-**e**-vamo	part-**i**-vamo
parl-**a**-vate	prend-**e**-vate	part-**i**-vate
parl-a-vano	prend-e-vano	part-i-vano

Das **imperfetto** dient vor allem der Beschreibung von Zuständen und Vorgängen in der Vergangenheit. Wie bei den Präsensformen sind nur die 1. und 2. Person Plural endungsbetont.

Die wenigen Ausnahmen gehen auf den lateinischen Ursprung zurück:

essere	→	ero, eri, era, eravamo, eravate, erano
fare	→	facevo
dire	→	dicevo
bere	→	bevevo
proporre	→	proponevo

8.4 Die Verwendung von imperfetto und passato prossimo

Der Gebrauch des imperfetto
Das **imperfetto** wird vorwiegend in zwei Fällen verwendet:

a. Es bezeichnet Vorgänge, die zu einem bestimmten Zeitpunkt in der Vergangenheit noch nicht abgeschlossen, sondern noch im Verlauf waren:

Mentre Giulia scriveva, è arrivata Chiara. *Als Giulia (gerade) schrieb, ...*

b. Es bezeichnet Zustände und Vorgänge, die sich in der Vergangenheit (fast) unbegrenzt oft wiederholten (z. B. Gewohnheiten etc.):

Passavamo dai nonni tutte le domeniche. *Jeden Sonntag ...*

Der Gebrauch des passato prossimo
Das **passato prossimo** hingegen bezeichnet Vorgänge, die in der Vergangenheit abgeschlossen wurden,

a. aber noch nicht sehr lange zurückliegen:

Ieri abbiamo festeggiato il mio compleanno.
Mario è partito stamattina.

b. aber noch in die Gegenwart oder gar in die Zukunft hineinwirken und gegebenenfalls einen Erfahrungswert beinhalten:

Mi sono fatto male.
Sono stata tre volte in Italia.

In einer zusammenhängenden Erzählung hat das **imperfetto** Rahmen bildenden Charakter, während das **passato prossimo** für neueinsetzende

Handlungen (Signalwörter: «subito, in questo momento» etc.) oder in Handlungsketten (Signalwörter: «poi, dopo» etc.) verwendet wird.

D / I
Im süddeutschen Raum wird in der gesprochenen Sprache kaum das Imperfekt verwendet, sodass die korrekte Verwendung im Italienischen oft ungewohnt erscheint.

8.5 Das trapassato prossimo (il trapassato prossimo)

Das **trapassato prossimo** entspricht in etwa dem Plusquamperfekt der deutschen Grammatik.

dire	andare
avevo detto	ero andato, -a
avevi detto	eri andato, -a
aveva detto	era andato, -a
avevamo detto	eravamo andati, -e
avevate detto	eravate andati, -e
avevano detto	erano andati, -e

Das **trapassato prossimo** wird gebildet aus den Imperfektformen der Hilfsverben «avere» oder «essere» und dem **participio passato**. Für die Wahl des Hilfsverbs und eine eventuelle Veränderung der Partizipien gelten die Regeln des **passato prossimo**. (G → 8.2)

Gebrauch des trapassato prossimo

Das **trapassato prossimo** drückt eine Vorzeitigkeit gegenüber einer Handlung oder einem Zustand in der Vergangenheit aus.

Mi ha dato un CD di cui avevo già sentito parlare.
I nonni erano già partiti quando ci hai chiamato.

► **Attenzione!** In Temporalsätzen wird das **trapassato prossimo** gerne durch
- Konstruktionen mit dem Infinitiv der Vergangenheit

Dopo aver speso i suoi soldi, ne ha chiesti altri alla nonna.

- oder Partizipialkonstruktionen ersetzt.

Lavatosi le mani ha iniziato a preparare il dolce. **Usciti** dal cinema sono andati a prendere un aperitivo in un bar. **Morta** la nonna nessuno andava più in quella vecchia casa.

8.6 Das passato remoto (il passato remoto)

and-are	tem-ere	fin-ire
and-**ai**	tem-**ei**/tem-**etti**	fin-**ii**
and-**asti**	tem-**esti**	fin-**isti**
and-**ò**	tem-**è**/tem-**ette**	fin-**ì**
and-**ammo**	tem-**emmo**	fin-**immo**
and-**aste**	tem-**este**	fin-**iste**
and-**arono**	tem-**erono**/tem-**ettero**	fin-**irono**

Beachte die folgenden unregelmäßigen Formen

stare: stetti, stesti, stette, stemmo, steste, stettero
***dare**: diedi (detti), desti, diede (dette), demmo, deste, diedero (dettero)
***fare**: feci, facesti, fece, facemmo, faceste, fecero
***dire**: dissi, dicesti, disse, dicemmo, diceste, dissero
***essere**: fui, fosti, fu, fummo, foste, furono

Sowohl bei den -**ett**-Formen der -**ere** Konjugation, sowie bei den genannten unregelmäßigen Formen lässt sich erkennen, dass die 1. Person Singular und die 1. und 3. Person Plural einerseits und die 1. Person Plural und die 2. Person Singular und Plural andererseits je eine andere Stammform zugrunde legen. Dieses Schema gilt für viele andere Verben:

accendere: accesi, accendesti …
apparire: apparsi/apparvi, apparisti …
***avere**: ebbi, avesti …
bere: bevvi, bevesti …
cadere: caddi, cadesti …
***chiedere**: chiesi, chiedesti …
chiudere: chiusi, chiudesti …
conoscere: conobbi, conoscesti …
correre: corsi, corresti …
decidere: decisi, decidesti …
difendere: difesi, difendesti …
leggere: lessi, leggesti …
***mettere**: misi, mettesti …
muovere: mossi, m(u)ovesti …
nascere: nacqui, nascesti …
nascondere: nascosi, nascondesti …
***perdere**: persi, perdesti …
piacere: pacqui, piacesti …
piangere: piansi, piangesti …
***prendere**: presi, prendesti …
proporre: proposi, proponesti …
rendere: resi, rendesti …
ridere: risi, ridesti …
rimanere: rimasi, rimanesti …
***rispondere**: risposi, rispondesti …
sapere: seppi, sapesti …
scegliere: scelsi, scegliesti …
scrivere: scrissi, scrivesti …
spendere: spesi, spendesti …
tacere: tacqui, tacesti …
tenere: tenni, tenesti …
tradurre: tradussi, traducesti …
***vedere**: vidi, vedesti …
***venire**: venni, venisti …
vincere: vinsi, vincesti …
vivere: vissi, vivesti …
volere: volli, volesti …

Für den aktiven Gebrauch solltest du dir vor allem die 1. und 3. Person Singular und die 3. Person Plural der regelmäßigen Verben, sowie der mit einem * versehenen unregelmäßigen Verben einprägen.

Die stammbetonten Formen sind die eigentlichen unregelmäßigen Formen, die endungsbetonten Formen hingegen orientieren sich am Stamm des Infinitivs.

Gebrauch

Obwohl sich in der gesprochenen Sprache ein deutlicher Unterschied zwischen Nord- und Süditalien in der Häufigkeit der Verwendung des **passato remoto** erkennen lässt, wäre es völlig falsch, zu behaupten, dass das **passato remoto** eine archaische Sprachform ist, welche nur mehr im Süden Verwendung findet.

passato remoto und passato prossimo

Wie das **passato prossimo** bezeichnet das **passato remoto** eine einmalige Handlung in der Vergangenheit, ohne sich jedoch wie jenes auf die Gegenwart zu beziehen. Im Gegenteil, der durch ein **passato remoto** gekennzeichnete Vorgang wird als völlig abgeschlossen gesehen.
Daher ist das **passato remoto** die klassische Zeitform für Romane, Erzählungen und geschichtliche Ereignisse. In gesprochener Sprache wird bei berichtendem Erzählen häufig das **passato prossimo** verwendet, weil der Vorfall entweder nur kurze Zeit zurückliegt oder aber den Sprecher unmittelbar betrifft, so dass man von einem Bezug zur Gegenwart sprechen kann. Sobald jedoch über ein Ereignis gesprochen wird, das sich vor längerer Zeit zugetragen hat, wird auch in der alltäglichen Unterhaltung sehr wohl das **passato remoto** verwendet.

passato remoto und imperfetto

- Wird für eine Geschichte oder Erzählung das **passato remoto** gewählt, so übernimmt dieses die Handlung, welche die Geschichte vorantreibt, während das **imperfetto** für statische, ausschmückende Erklärungen und Beschreibungen zuständig ist.
- Ist eine Handlung bereits im Gange, wenn eine weitere Handlung einsetzt, so wird erste, andauernde Handlung durch das **imperfetto** wiedergeben, die neu einsetzende durch das **passato remoto**.
- Folgen mehrere Handlungen aufeinander, kann nur das **passato remoto** stehen.
- Wird die Dauer einer Handlung zeitlich genau begrenzt, steht ebenfalls das **passato remoto**.

8.7 Das trapassato remoto (il trapassato remoto)

REZEPTIV

dire	andare
ebbi detto	fui andato, -a
avesti detto	fosti andato, -a
ebbe detto	fu andato, -a
avemmo detto	fummo andati, -e
aveste detto	foste andati, -e
ebbero detto	furono andati, -e

Das **trapassato remoto** drückt eine Vorvergangenheit zum **passato remoto** aus. Das **trapassato prossimo** wird gebildet aus den Formen des **passato remoto** der Hilfsverben «avere» bzw. «essere» und dem Partizip Perfekt des Hauptverbs. Für die Wahl des Hilfsverbs und eine eventuelle Angleichung der Partizipien an das Subjekt gelten die entsprechenden Regeln des **passato prossimo**. (G → 8.2)

8.8 Das Futur I (il futuro semplice)

lavorare	prendere	partire
lavor-**e**-rò	prend-**e**-rò	part-**i**-rò
lavor-**e**-rai	prend-**e**-rai	part-**i**-rai
lavor-**e**-rà	prend-**e**-rà	part-**i**-rà
lavor-**e**-remo	prend-**e**-remo	part-**i**-remo
lavor-**e**-rete	prend-**e**-rete	part-**i**-rete
lavor-**e**-ranno	prend-**e**-ranno	part-**i**-ranno

Die Verben auf -**are** schwächen den Endungsvokal zu -**e** ab.
Unregelmäßige Futurformen entstanden oft durch Zusammenziehung oder Angleichung von Lauten:

avere → avrò	bere → berrò	essere → sarò
dovere → dovrò	tenere → terrò	stare → starò
potere → potrò	rimanere → rimarrò	dare → darò
sapere → saprò	venire → verrò	fare → farò
vedere → vedrò	volere → vorrò	

► **Attenzione!**
Bei den Verben auf -**are** ergeben sich einige Besonderheiten in der Schreibung:

cercare → cerc**h**erò
pagare → pag**h**erò
mang**i**are → mangerò
sba**gli**are → sba**gli**erò

Gebrauch des Futurs

Das Futur dient dem Berichten oder Sprechen über Zukünftiges.

In agosto partiremo per Palermo.

Man kann damit Vermutungen äußern.

Avrà 15 anni. *Er wird so 15 Jahre alt sein.*
Suona il telefono. Chi sarà? *Wer mag das wohl sein?*

Wenn jemand kurz davor ist, etwas zu tun, kann der futurische Aspekt durch **stare per** ausgedrückt werden.

L'aereo sta per partire. *Das Flugzeug ist abflugbereit.*

D/I

Die italienische Sprache ist in der Anwendung des Futurs genauer als das Deutsche.

Nächstes Jahr fahren wir nicht nach Italien.
L'anno prossimo non andremo in Italia.

8.9 Das Futur II (il futuro anteriore)

REZEPTIV

finire	partire
avrò finito	sarò partito, -a
avrai finito	sarai partito, -a
avrà finito	sarà partito, -a
avremo finito	saremo partiti, -e
avrete finito	sarete partiti, -e
avranno finito	saranno partiti, -e

Das Futur II wird gebildet aus der Futurform der Hilfsverben «avere» bzw. «essere» und dem Partizip Perfekt des Hauptverbs. Für die Wahl des Hilfsverbs und eine eventuelle Angleichung der Partizipien an das Subjekt gelten die entsprechenden Regeln des **passato prossimo**.

Gebrauch des Futur II

Ti dirò tutto quando ne avrò parlato con lui.
Quando si saranno calmati un po' puoi dare loro il regalo.

Das Futur II wird verwendet, um auszudrücken, dass eine Handlung vor einem bestimmten Zeitpunkt in der Zukunft beendet sein wird.

8.10 Das Konditional (il condizionale)

Das Konditional I (il condizionale presente)

visitare	prendere	preferire
visit-**e**-rei	prend-**e**-rei	prefer-**i**-rei
visit-**e**-resti	prend-**e**-resti	prefer-**i**-resti
visit-**e**-rebbe	prend-**e**-rebbe	prefer-**i**-rebbe
visit-**e**-remmo	prend-**e**-remmo	prefer-**i**-remmo
visit-**e**-reste	prend-**e**-reste	prefer-**i**-reste
visit-**e**-rebbero	prend-**e**-rebbero	prefer-**i**-rebbero

Das Konditional wird mit dem gleichen Stamm wie das Futur gebildet.

visiterò	prenderò	preferirò
visiterei	prenderei	preferirei

Dies gilt auch für die unregelmäßigen Verben.

avere → avrei	bere → berrei	essere → sarei
dovere → dovrei	tenere → terrei	stare → starei
potere → potrei	rimanere → rimarrei	dare → darei
sapere → saprei	venire → verrei	fare → farei
vedere → vedrei	volere → vorrei	

► **Attenzione!**
Bei den Verben auf **-are** ergeben sich wie beim Futur Besonderheiten in der Schreibung:

cercare	→ cerc**h**erei
pagare	→ pag**h**erei
mang**i**are	→ mangerei
sba**gli**are	→ sba**gli**erei

Gebrauch des Konditionals

Das Konditional dient vor allem zum Ausdruck eines Wunsches, einer höflichen Bitte oder einer Aufforderung.

Weitere Anwendungen:

- Abschwächen einer Äußerung

Potrebbe darsi che …	*es wäre möglich, dass …*
Non si **direbbe** che …	*Man würde nicht denken, dass …*

- vorsichtige Wiedergabe von Nachrichten und Mitteilungen

Secondo questo giornale il nuovo CD di Jovanotti **dovrebbe** uscire fra poco.	*Diese Zeitung sagt, dass die neue CD von Jovanotti angeblich demnächst erscheint.*

- Ausdruck von Entrüstung/Erstaunen über eine Unterstellung/Annahme

Io **dovrei** venire con voi?	*Und ich soll also mit euch gehen?*

D/I

Im Deutschen gibt es keine eigene Konditionalform. Diese Form wird im Deutschen entweder durch die Umschreibung mit «würde» oder durch den Konjunktiv II wiedergegeben.

Io **andrei** volentieri in Sicilia.	*Ich würde gern nach Sizilien fahren.* *Ich führe gern nach Sizilien.*

Das Konditional II (il condizionale passato)

dire	andare
avrei detto	sarei andato, -a
avresti detto	saresti andato, -a
avrebbe detto	sarebbe andato, -a
avremmo detto	saremmo andati, -e
avreste detto	sareste andati, -e
avrebbero detto	sarebbero andati, -e

Das Konditional II wird gebildet aus der Konditionalform der Hilfsverben «avere» bzw. «essere» und dem Partizip Perfekt des Hauptverbs. Für die Wahl des Hilfsverbs und eine eventuelle Angleichung der Partizipien an das Subjekt gelten die entsprechenden Regeln des **passato prossimo**. (**G** → 8.2)

Gebrauch des Konditional II

Io te l'avrei detto.
Sapevano che sarebbero tornati.

Das Konditional II dient dazu, eine Möglichkeit auszudrücken, die in der Vergangenheit bestanden hätte. Es wird häufig in Bedingungsgefügen aber auch in der indirekten Rede verwendet. (G → 14.2; 15)

8.11 Der Konjunktiv (il congiuntivo)

Der Konjunktiv Präsens (il congiuntivo presente)

Wie das Deutsche unterscheidet auch das Italienische zwischen den Modi Indikativ und Konjunktiv. Der Gebrauch des Konjunktivs ist in den beiden Sprachen jedoch sehr unterschiedlich.
Einige Formen sind schon aus dem Imperativ bekannt.

Scusi! *Entschuldigen Sie!* Senta! *Hören Sie!* Prenda! *Nehmen Sie!*

	arriv-are	**prend-ere**	**part-ire**	**fin-ire**
che (io)	arriv-i	prend-a	part-a	fin-isc-a
che (tu)	arriv-i	prend-a	part-a	fin-isc-a
che (lui/lei)	arriv-i	prend-a	part-a	fin-isc-a
che (noi)	arriv-iamo	prend-iamo	part-iamo	fin-iamo
che (voi)	arriv-iate	prend-iate	part-iate	fin-iate
che (loro)	arriv-ino	prend-ano	part-ano	fin-isc-ano

Bei den Verben auf -ire mit Stammerweiterung werden die Konjunktivformen des Singulars und die 3. Person Plural gemäß der 1. Person Singular Indikativ gebildet (finisco → finisca, finiscano), die 1. und 2. Person Plural hingegen gemäß der 1. Person Plural Indikativ (finiamo → finiamo, finiate).

Beachte folgende Formen:

andare	→	che io vada, che noi andiamo
bere	→	che io beva, che noi beviamo
dire	→	che io dica, che noi diciamo
dovere	→	che io debba/deva, che noi dobbiamo
fare	→	che io faccia, che noi facciamo
introdurre	→	che io introduca, che noi introduciamo
tradurre	→	che io traduca, che noi traduciamo
morire	→	che io muoia, che noi moriamo
piacere	→	che io piaccia, che noi pia(c)ciamo
porre	→	che io ponga, che noi poniamo
potere	→	che io possa, che noi possiamo
rimanere	→	che io rimanga, che noi rimaniamo
salire	→	che io salga, che noi saliamo
scegliere	→	che io scelga, che noi scegliamo
sedersi	→	che mi/ti/si sieda, che ci sediamo
tenere	→	che io tenga, che noi teniamo
togliere	→	che io tolga, che noi togliamo
uscire	→	che io esca, che noi usciamo

→

→ venire	→	che io venga, che noi veniamo
volere	→	che io voglia, che noi vogliamo

Daneben gibt es noch folgende unregelmäßige Formen:

essere	→	sia, siamo, siate, siano
avere	→	abbia, abbiamo, abbiate, abbiano
dare	→	dia, diamo, diate, diano
stare	→	stia, stiamo, stiate, stiano
sapere	→	sappia, sappiamo, sappiate, sappiano

► **Attenzione!**

Die Erwähnung des Personalpronomens ist in den Singularformen häufig sinnvoll, da die Endung alleine keine Rückschlüsse auf die Person zulässt.

Mia madre vuole che (io/tu/lui/lei) la venga a prendere.

Der Gebrauch des Konjunktivs

Der Konjunktiv dient im Italienischen in erster Linie dazu, Zweifel, Wünsche, persönliches Empfinden oder eine Möglichkeit auszudrücken.

1. Der Konjunktiv im Hauptsatz

Viva l'Italia!	*Es lebe Italien.*
Lo compro, ti piaccia o no.	*Ich kaufe es, ob es dir gefällt oder nicht.*
Si salvi chi può.	*Rette sich wer kann.*
Che lo dica lui stesso.	*Das soll er selbst sagen.*

Im Hauptsatz steht der Konjunktiv in formelhaften Wendungen, die zumeist einen Wunsch ausdrücken, und bei Aufforderungen an Dritte, wobei der Satz durch «che» eingeleitet wird.

2. Der Konjunktiv im Nebensatz

Der eigentliche Anwendungsbereich des Konjunktivs ist der Nebensatz. Dieser wird zumeist mit «che» eingeleitet. Die folgenden Unterteilungen nach inhaltlichen und grammatikalischen Kriterien können nur eine Lernhilfe sein. Die Listen sind weder vollständig noch lassen sich Überschneidungen bei der Zuweisung zu den jeweiligen Gruppen vermeiden.

a. Der Konjunktiv nach Verben und Ausdrücken der Willensäußerung

Aspetto	che	lui venga.
Desideri	che	Piero lo chiami?
È d'accordo	che	loro vengano.
Volete	che	lo facciano subito?
Non **permetto**	che	lo compriate.
Preferiamo	che	ci veniate a prendere alle otto.
Spera	che	sua madre lo venga a trovare.
Non **voglio**	che	tu lo sappia.
Gli **dica**	che	torni subito! *(Aufforderung!)*
Mi **auguro**	che	non lo facciano vedere alla nonna.

Diese Verben und Ausdrücke beinhalten den Wunsch, dass etwas geschehen oder nicht geschehen soll.

▶ Attenzione!
In manchen Fällen kann der Wunsch auch ohne entsprechendes Verb nur durch die Verwendung des Konjunktivs ausgedrückt werden.

Cercano una ragazza che sappia parlare inglese. *... die Englisch können soll.*

b. Der Konjunktiv nach Verben und Ausdrücken der Gefühlsäußerung

Piero **è contento**	che	gli offrano questo lavoro.
Ho paura	che	mio fratello le dica tutto.

Diese und andere Verben und Ausdrücke drücken eine persönliche gefühlsmäßige Stellungnahme zu einem Sachverhalt aus.

c. Der Konjunktiv nach unpersönlichen Ausdrücken
Viele Ausdrücke geben trotz ihrer unpersönlichen äußeren Form eine persönliche Einschätzung eines Sachverhaltes wieder. Sie erfordern daher den Konjunktiv.

Bisogna	**che**	mi spedisca la lettera entro lunedì.	*Es ist notwendig, dass ...*
Basta	**che**	mi dia due mele.	*Es reicht, dass ...*
Ti **dispiace**	**che**	venga anche lui?	*Macht es dir etwas aus, dass ...?*
Ti **fa piacere**	**che**	venga anche lei?	*Freut es dich, dass ...?*
È meglio	che	partiate.	*Es ist besser, wenn ...*
È ora	**che**	arrivino.	*Es ist an der Zeit, dass ...*
È necessario	**che**	le scriva una lettera lunga.	*Es ist notwendig, dass ...*
È naturale	**che**	Maria l'ami.	*Es ist natürlich, dass ...*
È probabile	**che**	la veda al concerto.	*Es ist wahrscheinlich, dass ...*
È peccato	**che**	tu non conosca mio fratello.	*Schade, dass ...*
È (im)possibile	**che**	lo trovino.	*Es ist (un)möglich, dass ...*
È facile/difficile	**che**	Marta lo cerchi ancora.	*Es ist durchaus/kaum möglich, dass ...*
È inevitabile	**che**	tu lo incontri.	*Es ist unausweichlich, dass ...*
Sembra	**che**	tu non ne abbia voglia.	*Es scheint, als ob ...*
Mi pare	**che**	non ci sia.	*Mir scheint, dass ...*
Può darsi	**che**	stia male.	*Es ist möglich, dass ...*

Nach den unpersönlichen Wendungen, die eine Gewissheit ausdrücken, steht der Indikativ.

È vero	che	è già arrivato.
È sicuro	che	non verrà?
È certo	che	non parte più.
È chiaro	che	non vuole restare qui.

d. Der Konjunktiv nach Konjunktionen
Bestimmte Konjunktionen stehen immer mit Konjunktiv.

Benché/sebbene/malgrado lo sappia non mi dice niente.	*obwohl*
Torniamo a casa **perché/affinché** il piccolo possa dormire.	*damit*
Vi do il libro a **condizione che** lo riportiate stasera.	*wenn; unter der Bedingung, dass*
Signora, mi dica tutto **prima che** lo sappiano gli altri.	*bevor*
Non andare via **senza che** la nonna ti possa salutare.	*ohne dass*

e. Der Konjunktiv in Relativsätzen
In Relativsätzen steht der Konjunktiv

• nach Superlativen,	Questa è la casa **più bella** che ci sia.
• nach **l'unico, il solo, il primo, l'ultimo**	Mauro è **l'unico** che sappia parlare cinese.
• nach **non ... nessuno/niente/ nulla**	**Non** avete **nessuno** che vi possa aiutare?
• wenn der Inhalt des Relativsatzes eine Wunschvorstellung ausdrückt.	**Cerco** una ragazza che parli bene l'inglese.

f. Der Konjunktiv nach Verben und Ausdrücken des Sagens und Denkens

Credi che ti venga a trovare?
Non penso che mio padre voglia invitare la zia.

Vor allem wenn diese Verben fragend oder verneint verwendet werden, drücken sie oft einen Zweifel oder eine Unsicherheit aus. In diesem Fall wird meist der Konjunktiv verwendet.

Nach den Verben des Sagens und Denkens steht üblicherweise der Indikativ.
Dice che non vuole sempre studiare per la scuola.

► **Attenzione!**
Bei Verben wie **dire** und **scrivere** hängt die Entscheidung zwischen Indikativ und Konjunktiv davon ab, ob es sich um eine Feststellung oder um eine Aufforderung handelt.

Scrivile che **verrò** alla fine del mese.
Schreib ihr, dass ich am Ende des Monats kommen werde.
Scrivile che **venga** a trovarci.
Schreib ihr, dass sie uns besuchen soll.

Einige Verben dieser Gruppe beinhalten bereits einen Zweifel und stehen daher immer mit Konjunktiv.

Dubito che i miei genitori vengano.
Non sono sicura che parta con questo treno.

3. Infinitiv statt Konjunktiv

Ho paura di **andarci**.
Gli ha detto di non **parlare** tanto.
È pericoloso **sporgersi**. *(Es ist gefährlich, sich hinauszulehnen.)*

Statt eines Nebensatzes mit Konjunktivformen wird oft eine Infinitivkonstruktion gewählt, wenn
- Haupt- und Nebensatz dasselbe Subjekt haben,
- das Subjekt des Nebensatzes zugleich Objekt des Hauptsatzes ist,
- das Subjekt nicht bekannt ist.

Der Konjunktiv Imperfekt (il congiuntivo imperfetto)

	and-a-re	**prend-e-re**	**part-i-re**
che (io)	and-a-ssi	prend-e-ssi	part-i-ssi
che (tu)	and-a-ssi	prend-e-ssi	part-i-ssi
che (lui/lei)	and-a-sse	prend-e-sse	part-i-sse
che (noi)	and-a-ssimo	prend-e-ssimo	part-i-ssimo
che (voi)	and-a-ste	prend-e-ste	part-i-ste
che (loro)	and-a-ssero	prend-e-ssero	part-i-ssero

Im Konjunktiv Imperfekt gibt es nur wenige unregelmäßige Formen. Ausnahmen:

essere: fossi, fossi, fosse, fossimo, foste, fossero
dare: dessi, dessi, desse, dessimo, deste, dessero
stare: stessi, stessi, stesse, stessimo, steste, stessero

Bei einigen Verben werden die Konjunktivformen des Imperfekts (so wie alle Zeiten außer Futur und Konditional) von heute nicht mehr verwendeten Infinitivformen abgeleitet.

bere: bevessi …
condurre: conducessi …
tradurre: traducessi …
produrre: producessi …
dire: dicessi …
fare: facessi …
porre: ponessi …

Der Konjunktiv Perfekt (il congiuntivo passato)

	prendere	**partire**
che (io/tu/lui/lei)	abbia preso	sia partito, -a
che (noi)	abbiamo preso	siamo partiti, -e
che (voi)	abbiate preso	siate partiti, -e
che (loro)	abbiano preso	siano partiti, -e

Für die Bildung des Konjunktivs Perfekt und die Angleichung der Partizipien gelten die gleichen Regeln wie für das **passato prossimo**. (G → 8.2)

Der Konjunktiv Plusquamperfekt (il congiuntivo trapassato)

Wie der Indikativ kennt auch der Konjunktiv ein Plusquamperfekt.

	capire	**andare**
che (io)	avessi capito	fossi andato, -a
che (tu)	avessi capito	fossi andato, -a
che (lui/lei)	avesse capito	fosse andato, -a
che (noi)	avessimo capito	fossimo andati, -e
che (voi)	aveste capito	foste andati, -e
che (loro)	avessero capito	fossero andati, -e

Für die Wahl von «essere»/«avere» und eine etwaige Angleichung der Partizipien gelten sinngemäß die Regeln des **passato prossimo**. (G → 8.2)

8.12 Das Gerund (il gerundio)

Das Gerund mit «stare» («stare» + gerundio)

Formen des Gerunds	«stare» + Gerund
guard**are** → guard**ando**	Sto guardando la TV.
mett**ere** → mett**endo**	Stai mettendo i libri nell'armadio?
dorm**ire** → dorm**endo**	Sta dormendo.

Ähnlich wie die *progressive form* im Englischen betont «stare» + Gerund den Ablaufcharakter einer Handlung. (Was passiert **gerade**?)

► **Attenzione!**

Beachte die folgenden Formen, die auf den lateinischen Ursprung zurückgehen:

bere	→ bevendo
dire	→ dicendo
fare	→ facendo
proporre	→ proponendo
tradurre	→ traducendo

REZEPTIV

Das Gerund als Ersatz eines Nebensatzes

Vedendolo, l'abbiamo chiamato. *Als wir ihn sahen, riefen wir ihn.*	temporal
Essendo molto stanchi siamo andati a letto presto. *Da wir sehr müde waren, sind wir früh zu Bett gegangen.*	kausal
Abbiamo passato la serata **giocando** a carte. *Wir haben den Abend mit Kartenspielen verbracht.*	modal
Volendo potremmo passare prima da Mario. *Wenn wir wollen, könnten wir vorher bei Mario vorbeifahren.*	konditional
Pur essendo la più piccola, non ha paura di nessuno. *Obwohl sie die Kleinste ist, hat sie vor niemandem Angst.*	konzessiv

Das Gerund kann Nebensätze erstetzen, die ein temporales, kausales, modales, konditionales oder konzessives Verhältnis zum Hauptsatz haben. Soll das Gerund die konzessive Bedeutung „obwohl" ausdrücken, so steht es mit dem Wort «pur».

8.13 Der Imperativ (l'imperativo)

Um eine Person zu einer Handlung zu bewegen, kann man sie höflich bitten, sie auffordern oder ihr einen Befehl erteilen. Letzteres geschieht mit den Formen des Imperativs.

Verben auf -are

Giulia, prepar**a** la tavola!	Signora, scus**i**!
Ragazzi, guard**ate** il giornale!	Signori, entr**ate** (entr**ino**)!
Allora, and**iamo** al bar!	

Verben auf -ere

Francesco, corr**i**! È già tardi.	Signora, prend**a** un altro biscotto!
Ragazzi, chiud**ete** la porta!	Signori, decid**ete** (decid**ano**) adesso!
Allora, prend**iamo** il tram!	

Verben auf -ire

Tonino, apr**i** la porta!	Signora, sent**a**!
Ragazzi, dorm**ite**!	Signori, sent**ite** (sent**ano**)!
Allora, part**iamo** subito!	

Maria, fin**isci** di far storie!	Signore, esc**a** subito!
Ragazzi, spar**ite** con il cane!	Signori, fin**ite** (fin**iscano**) l'aperitivo!
Allora, fin**iamo** la relazione!	

Die Verben auf **-ire** mit Stammerweiterung behalten diese auch im Imperativ.

Nur bei formellen Anreden verwendet man die Formen der 3. Person Plural für den Plural der Höflichkeitsform. Sonst steht ersatzweise meist die 2. Person Plural. (**G** → 6.11 Personalpronomen)

Bei dem verneinten Imperativ der 2. Person Singular (du-Form) steht nur der Infinitiv, alle anderen Formen lauten wie im bejahten Imperativ.

Nicola, **non dormire** in classe!
Ragazzi, **non prendete** i biscotti! Sono per Andrea.
Signora, **non abbia** paura!

Unregelmäßige Imperativformen:

andare	→ va'/vai, vada	avere	→ abbi, abbia
dare	→ da'/dai, dia	dire	→ di', dica
fare	→ fa'/fai, faccia	essere	→ sii, sia
stare	→ sta'/stai, stia	sapere	→ sappi, sappia
		venire	→ vieni, venga

8.14 Die Modalverben (i verbi servili)

Die Verben «volere», «dovere», «potere» können allein oder mit einem Infinitiv stehen. In letzterem Fall nennt man sie Modalverben, weil sie das Hauptverb modifizieren.

volere	dovere	potere
voglio	devo (debbo)	posso
vuoi	devi	puoi
vuole	deve	può
vogliamo	dobbiamo	possiamo
volete	dovete	potete
vogliono	devono (debbono)	possono

► **Attenzione!**

Quanto devi a Piero?	*Wie viel schuldest du Piero?*

D / I

***Darf** ich ein Eis essen?* *Er **darf nicht** zu viel essen.*	**Posso** mangiare un gelato? **Non deve** mangiare troppo.
*Er **kann** schwimmen.* *(Er hat es gelernt und damit die Fähigkeit dazu.)*	**Sa** nuotare.
*Heute **kann** er nicht sprechen.* *(Er ist vorübergehend nicht dazu in der Lage, obwohl er sehr wohl über die generelle Fähigkeit verfügt.)*	Oggi non **può** parlare.

8.15 Die unpersönliche Konstruktion mit «si»

Die unpersönliche Konstruktion mit «si» gleicht den reflexiven Formen der 3. Person Singular und Plural und wird im Deutschen oft mit «man» wiedergegeben.

1. Bei Verben ohne direktes Objekt (si impersonale)

Questo non si dice. Oggi si lavora meno. Prima si leggeva di più.	*Das sagt man nicht.* *Heute arbeitet man weniger.* *Früher las man mehr.*

In diesem Fall steht das Verb im Singular.

Bei der Stellung der Objektpronomen und der **particelle** ist Folgendes zu beachten:

- «si» wird vor «ne» zu «se».

Non se ne parla più.	*Man spricht nicht mehr darüber.* *Sprechen wir nicht mehr darüber!*

- In Verbindung mit unbetonten Objektpronomen steht «si» unmittelbar vor dem konjugierten Verb.

Mi si dice che non è vero.	*Man erzählt mir, dass es nicht wahr ist.*

- Würden durch die Verbindung von **si impersonale** mit einem reflexiven Verb zwei «si» aufeinandertreffen, so wird das erste «si» aus lautlichen Gründen zu «ci» abgeändert.

Ci si alza presto.

Das **si impersonale** wird auch in folgenden Ausdrücken verwendet:

si fa buio	*es wird dunkel*	si fa giorno	*es wird Tag*
si fa notte	*es wird Nacht*	si fa tardi	*es wird spät*

D/I
Im Italienischen stehen Substantive und Adjektive, die sich auf ein **si impersonale** beziehen, im Plural.

Quando si è **giovani** è difficile capire gli anziani.	*Wenn man jung ist, fällt es einem schwer, die älteren Menschen zu verstehen.*
Se si è **amici** bisogna aiutarsi.	*Wenn man befreundet ist, muss man sich helfen.*

2. Bei Verben mit direktem Objekt (si passivante)

Questo **vino** non si **beve** freddo.
Qui si **vendono** solo **prodotti** della regione.

In diesem Fall wird das direkte Objekt (bere il vino) in der **si**-Konstruktion zum Subjekt, nach dem sich der Numerus des Prädikats richtet.

► Attenzione!

Affittasi camera	*Zimmer zu vermieten*
Vendonsi appartamenti	*Wohnungen zu verkaufen*

In Telegrammen, Zeitungsannoncen und Verkaufsangeboten wird «si» aus Kostengründen oft an das Verb angehängt.

3. «Si»-Konstruktionen im passato prossimo

Abbiamo parlato delle vacanze.	**Siamo** usciti presto.
Si è parlat**o** delle vacanze.	Si è usciti presto.

Bei einer **si**-Konstruktion im **passato prossimo** wird für alle Verben das Hilfsverb «essere» verwendet. Die Veränderbarkeit der Partizipien ist jedoch abhängig von dem Hilfsverb, das in der persönlichen Konstruktion verwendet würde. Stünde also auch in der persönlichen Konstruktion das Hilfsverb «essere», so wird für das Partizip die maskuline Pluralendung **-i** gewählt.

Si sono prodott**e** molte **macchine** di questo tipo.

Im Falle eines **si passivante** richtet sich die Form des Partzips nach dem Objekt.

8.16 Das Passiv (il passivo)

REZEPTIV

Das Italienische kennt verschiedene Möglichkeiten der Passivbildung.

1. Das Passiv mit «essere» und «venire»

La porta è chiusa.	*Die Tür ist geschlossen.*
La porta viene chiusa.	*Die Tür wird geschlossen.*
La camicia era lavata.	*Das Hemd war gewaschen.*
La camicia veniva lavata tutti i giorni.	*Das Hemd wurde jeden Tag gewaschen.*
La città è stata distrutta.	*Die Stadt ist zerstört worden.*
I libri erano stati venduti.	*Die Bücher waren verkauft worden.*
Il negozio sarà chiuso.	*Das Geschäft wird geschlossen sein.*
Il negozio verrà chiuso.	*Das Geschäft wird geschlossen werden.*

Das Passiv wird
- bei den einfachen Zeiten mit einer Form von «essere» oder «venire» und dem Partizip Perfekt
- bei den zusammengesetzten Zeiten mit einer Form von «essere» und dem Partizip Perfekt gebildet.

Die Formen mit «essere» bezeichnen dabei einen Zustand, jene mit «venire» einen Vorgang.

Die Partizipien richten sich in Numerus und Genus nach dem Subjekt.

I piatti sono stati lavat**i**.
La casa viene vendut**a**.

2. Das Passiv mit «andare»

Queste scarpe vanno pulite oggi.	*Diese Schuhe müssen heute geputzt werden.*
La strada andava rifatta ogni anno.	*Die Straße musste jedes Jahr ausgebessert werden.*

Das Passiv mit «andare» drückt eine Verpflichtung aus.
Es wird gebildet mit einer Form von «andare» und dem Partizip Perfekt.
Wie bei den Formen mit «venire» ist auch das Passiv mit «andare» nur in den einfachen Zeiten möglich.

► **Attenzione!**
Für das Passiv in dieser Bedeutung wird auch häufig eine Infinitivkonstruktion mit «da» gewählt.

Queste lettere vanno scritte oggi.
Queste lettere sono **da scrivere** oggi.

Der Gebrauch des Passivs

Maura	ha usato	il mio cellulare.
Il mio cellulare	è stato usato	da Maura.
Susanna	lava	la giacca.
La giacca	viene lavata	da Susanna.

Nur Verben mit einem direkten Objekt (transitiv direkte Verben) können ein Passiv bilden. Dabei wird das direkte Objekt des Aktivsatzes zum grammatischen Subjekt des Passivsatzes.

Soll der Urheber der Handlung (das Subjekt des Aktivsatzes) auch im Passivsatz genannt werden, so wird er mit der Präposition «da» angeschlossen.

D/I
Einige Verben, die im Deutschen den Dativ regieren, stehen im Italienischen mit dem direkten Objekt, sodass sie durchaus ein Passiv bilden können.

I ragazzi sono stati aiutati dai nonni.

hierzu gehören:

aiutare qn	jdm helfen
ascoltare qn	jdm zuhören
assistere qn	jdm beistehen
incontrare qn	jdm begegnen
precedere qn	jdm vorangehen
ringraziare qn	jdm danken
seguire qn	jdm folgen
soccorrere qn	jdm helfen
ubbidire qn	jdm gehorchen

(**G** → 8.18)

8.17 Die Verbergänzungen (i complementi del verbo)

Das direkte Objekt (l'oggetto diretto)

Giulia scrive un'e-mail.

Das direkte Objekt wird nicht eigens gekennzeichnet, steht aber in der Regel nach dem Prädikat.

Der Genitiv (il complemento di specificazione)

i vestiti di Chiara
i capelli di Francesco

Das Italienische kennt sowohl für den deutschen Dativ wie auch für den Genitiv keine eigene Deklinationsform. Zum Ausdrücken des Genitivs wird auf die Präposition «**di**» zurückgegriffen.

Das indirekte Objekt (l'oggetto indiretto)

Giulia scrive l'e-mail **a Melanie**.

Das indirekte Objekt wird durch die Präposition «**a**» angeschlossen.

► **Attenzione!**

Abito a Roma. Penso a Napoli.

Hier handelt es sich nicht um indirekte Objekte, sondern um die Ortsadverbiale bzw. das Präpositionalobjekt mit «**a**». Die Unterscheidung zwischen indirektem Objekt und anderen Ergänzungen mit «**a**» ist für den pronominalen Ersatz von großer Bedeutung. (**G** → 6.6; 7.2)

Vado a Roma.	Ci vado spesso.
Compra un gelato a suo figlio.	Gli compra sempre un gelato alla fragola.

8.18 Die Stellung der Objekte (la posizione dei complimenti in funzione d'oggetto)

Subjekt	Prädikat	direktes Objekt	indirektes Objekt
Riccardo	dà	il giornale	a Valeria.
Riccardo	gibt	Valeria	die Zeitung.
Subjekt	Prädikat	indirektes Objekt	direktes Objekt

Im Italienischen steht das direkte Objekt (oft eine Sache) meist vor dem indirekten Objekt (oft eine Person).

D / I
Nicht immer stimmen die Fälle der Verbergänzungen in den beiden Sprachen überein. Auf Unterschiede wird im Vokabular hingewiesen.

	telefonare / chiedere / domandare	**a una persona**
jemanden	*anrufen / bitten / fragen*	
	aiutare	**una persona**
jemandem	*helfen*	

9. *Die Zahlen (i numeri)*

9.1 Die Grundzahlen (i numeri cardinali)

Die Zahlen von 1–20

1	uno	6	sei	11	undici	16	sedici
2	due	7	sette	12	dodici	17	diciassette
3	tre	8	otto	13	tredici	18	diciotto
4	quattro	9	nove	14	quattordici	19	diciannove
5	cinque	10	dieci	15	quindici	20	venti

Die Zehner

10	dieci	60	sessanta	21	ventuno	26	ventisei
20	venti	70	settanta	22	ventidue	27	ventisette
30	trenta	80	ottanta	23	ventitré	28	ventotto
40	quaranta	90	novanta	24	ventiquattro	29	ventinove
50	cinquanta			25	venticinque		

Die Einer werden an den Zehner angehängt. Vor Vokal verliert der Zehner den Endvokal.

Die Hunderter

100	cento	101	centouno oder centuno
200	duecento	102	centodue
300	trecento	103	centotré ...
400	quattrocento	111	centoundici
	etc.		etc.

Die Hunderter werden aus der Grundzahl und einem unveränderlichen «cento» gebildet. Zehner und Einer werden angehängt. Dabei verliert «cento» vor vokalischem Anlaut jedoch nicht immer das **-o**.

Tausender, Millionen und Milliarden

1 000	**mille**
1 001	milleuno
1 100	millecento
2 000	due**mila**
10 000	diecimila
30 589	trentamilacinquecentoottantanove
100 000	centomila
1 000 000	un milione
2 000 000	due milioni
1 000 000 000	un miliardo
2 000 000 000	due miliardi

Veränderlich sind
- nach Genus: uno/una
- nach Numerus: mille/mila – milione/milioni – miliardo/miliardi

D/I

un milione	*eine Million*
un miliardo	*eine Milliarde*
Ha 16 anni.	*Er **ist** 16 Jahre alt.*

Die Grundrechenarten

l'addizione	1 + 1 = 2	uno più uno fa due
la sottrazione	3 – 1 = 2	tre meno uno fa due
la moltiplicazione	2 x 1 = 2	due per uno fa due
la divisione	4 : 2 = 2	quattro diviso (per) due fa due

Die Uhrzeit

Die Uhrzeit im offiziellen Sprachgebrauch:

09.15 Sono le nove e quindici minuti.
14.58 Sono le quattordici e cinquantotto minuti.

Die Uhrzeit in der Alltagssprache:

09.10	Sono le nove e dieci.
14.55	Sono le tre meno cinque. / Mancano cinque minuti alle tre. / Sono le tre fra cinque minuti.
15.00	Sono le tre (precise/in punto).
15.15	Sono le tre e un quarto.
15.30	Sono le tre e mezzo.
15.45	Sono le quattro meno un quarto.

9.2 Die Ordnungszahlen (i numeri ordinali)

il primo	la prima
il secondo	la seconda
il terzo	la terza
il quarto	la quarta
il quinto	la quinta
il sesto	la sesta
il settimo	la settima
l'ottavo	l'ottava
il nono	la nona
il decimo	la decima
l'undicesimo	l'undicesima
il dodicesimo	la dodicesima
il tredicesimo	la tredicesima
il quattordicesimo	la quattordicesima
il quindicesimo	la quindicesima
il sedicesimo	la sedicesima
il dicia**ss**ettesimo	la dicia**ss**ettesima
il diciottesimo	la diciottesima
il dicia**nn**ovesimo	la dicia**nn**ovesima
il ventesimo	la ventesima
il ventunesimo	la ventunesima
il ventiduesimo	la ventiduesima
il ventitr**ee**simo	la ventitr**ee**sima
il ventiquattresimo	la ventiquattresima
il venticinquesimo	la venticinquesima
il ventiseiesimo	la ventiseiesima
il ventisettesimo	la ventisettesima
il ventottesimo	la ventottesima
il ventinovesimo	la ventinovesima
il trentesimo	la trentesima

Ab 11 wird an die Grundzahl **-esimo**/**-esima** angefügt, wobei in der Regel der Endvokal der Grundzahl entfällt, außer natürlich bei dem endbetonten **-tré**.

Die Ordnungszahlen werden wie Adjektive behandelt und dementsprechend an die Substantive angeglichen.

la quint**a** **lezione**

D/I

Oggi è il tre novembre.	*Heute ist der dritte November.*
Oggi è il primo maggio.	*Heute ist der erste Mai.*

Im Italienischen werden für alle Datumsangaben – außer dem ersten Tag im Monat – die Grundzahlen verwendet.
Datumsangaben im Brief werden entweder ausgeschrieben,

Roma, 3 novembre 2008

(Nur in amtlichen Schreiben findet sich auch: Roma, **il** 3 novembre 2008)

Firenze, 1° maggio 2008

oder aber folgendermaßen abgekürzt: Milano, 3-11-2008 oder 3/11/2008.

Im Gegensatz zum Deutschen werden **keine** Punkte verwendet.

10. Die Verneinung (la negazione)

10.1 Die einfache Verneinung

Es gibt zwei Möglichkeiten, eine einfache Verneinung auszudrücken:

Non	
Non è Chiara, è Giulia.	*Es ist nicht Chiara, es ist Giulia.*
Non è di Roma.	*Er/Sie ist nicht aus Rom.*
Non sono amici.	*Sie sind keine Freunde.*

«Non» steht vor dem konjugierten Verb.

No	
Sei Francesco?	No.
Allora sei Nicola?	Sì.

«No» wird als Gegensatz zu «sì» verwendet.

► **Attenzione!**
Soll der Satz nach «no» weitergeführt werden, so steht zusätzlich «non».

Canta Zucchero? No, non canta Zucchero, canta Jovanotti.

10.2 Die zweiteilige Verneinung

Neben den Verneinungen «no» und «non» gibt es auch zweiteilige Verneinungsformen:

Non dorme **ancora**.	*Er schläft **noch nicht**.*
Vedi qualcosa? No, **non** vedo **niente**.	*Ich sehe **nichts**.*
Mia nonna **non** è **mai** venuta a Roma.	*Meine Großmutter ist **nie** nach Rom gekommen.*
Non piove **più**.	*Es regnet **nicht mehr**.*
Non ti crede **nessuno**.	*Es glaubt dir **niemand**.*
Non ho fame **neppure** io/**neanch**'io.	*Ich habe **auch keinen** Hunger.*
Non è venuto **nemmeno** lui.	***Nicht einmal** er ist gekommen.*
Non è **mica** cattivo questo vino.	*Dieser Wein ist **durchaus nicht** schlecht.*
Non invitiamo **né** Maria **né** suo marito.	*Wir laden **weder** Maria **noch** ihren Mann ein.*

Wie im Deutschen können mehrere Negationsadverbien («neanche», «nemmeno» etc.) und -pronomen («niente», «nessuno» etc.) kombiniert werden.

Non vedo **più niente**.
Da me **non** viene **mai nessuno**.

▶ Attenzione!
Steht der zweite Teil der Negation *vor* dem Verb, entfällt das «non»:

Nessuno ti crede.
Niente è impossibile.
Neanche lui ha fame.
Né Maria **né** suo marito ci hanno telefonato.

D/I

Mi dice **qualcosa** d'interessante.	*Er sagt mir **etwas** Interessantes.*
Non mi dice mai **niente**.	*Er sagt mir nie **etwas**.*

In verneintem Kontext wird «qualcosa» zu «niente».

11. *Die Präpositionen (le preposizioni)*

11.1 Präpositionen in Verbindung mit geografischen Begriffen und Personen

Sto / sono / vado / vivo	**a**	Firenze/Capri.	*(Stadt oder kleine Insel)*
	in	Calabria/Inghilterra/Corsica.	*(Region, Land oder große Insel)*
	da	Mauro.	*(Person)*

▶ Attenzione!
Regionen mit männlichem Artikel behalten auch in Verbindung mit den Präpositionen «a», «in» und «da» oft den Artikel.

Lavoro **nel** Veneto. Vado **nel** Lazio.

Vengo **da** Brindisi / **da**lla Sardegna / **da**ll'Inghilterra / **da** Francesco. *(von … her)*

12. *Die Konjunktionen (le congiunzioni)*

Konjunktionen dienen dazu, zwei Sätze miteinander zu verbinden. Man unterscheidet dabei beiordnende und unterordnende Konjunktionen, je nachdem ob zwei Hauptsätze oder ein Haupt- und ein Nebensatz verbunden werden sollen.
Die folgenden Listen zeigen – nach grammatikalischen und inhaltlichen Gesichtspunkten geordnet – eine Auswahl der wichtigsten Konjunktionen.

1. Nebenordnende Konjunktionen

Ha preso il treno **e(d)** è partito per Gela.	*… und …*
Vuoi la macchina **o** prendi la bicicletta?	*… oder …*
O viene adesso **o** non viene più.	*… entweder … oder …*

Non parla **né** con noi **né** con loro.	*... weder ... noch ...*
Vorrei andarci **ma** non posso.	*... aber ...*
Siamo malati, **dunque/quindi** non ci andiamo.	*... folglich ...*
Non la conosco bene, **perciò** non le dico tutto.	*... deshalb ...*
Ha molti soldi, **però** è molto solo.	*... dennoch ...*

2. Unterordnende Konjunktionen

Neben den ursprünglichen, einfachen Konjunktionen «quando», «mentre» etc. gibt es eine große Anzahl von zusammengesetzten Konjunktionen, welche zumeist aus der Konjunktion «che» und einem oder mehreren weiteren Elementen bestehen. Die neu entstandene Konjunktion kann aus mehreren Worten bestehen («dopo che», «prima che» etc.) oder aber im Laufe der Zeit zu einem Wort verschmolzen sein («finché», «benché» etc.).

a. mit temporalem Sinn

Dimmi tutto **prima che** vengano (!) gli altri.	*... bevor ...*
Possiamo mangiare qualcosa **quando** arriviamo.	*... wenn ...*
Da quando sei partita mi sento solo.	*... seit ...*
Dopo che mi era arrivata la lettera ho capito tutto.	*... nachdem ...*
Mentre noi aspettavamo lui comprava i biscotti.	*... während ...*
Appena arriverà il postino glielo chiedo.	*... sobald ...*
Devo aspettare **finché** (non) smetta (!) di piovere.	*... so lange ... bis ...*
Abbiamo aspettato **finché** è arrivata lei.	

Bei den Konjunktionen, die einen temporalen Nebensatz einleiten, ist zu beachten, dass einige den Konjunktiv (!) auslösen.
Die Konjunktion «finché» kann mit «non» stehen, ohne dass sich der Sinn ändert. Je nachdem, ob der Nebensatz eine Tatsache oder einen Wunsch ausdrückt, steht der Konjunktiv oder der Indikativ.

► **Attenzione!**
Bei einigen Konjunktionen wird bei gleichem Subjekt gern der Infinitiv verwendet. Dabei entfällt «che».

Dopo che avevamo finito il lavoro, siamo andati alla spiaggia.
Dopo **aver** finito il lavoro, siamo andati alla spiaggia.
Prima che (io) te lo dica, devo farti vedere una fotografia.
Prima **di dirtelo**, devo farti vedere una fotografia.

b. mit konzessivem Sinn

Benché/sebbene/per quanto/nonostante che non abbia (!) molti soldi è generoso.	*... obwohl ...*

Alle Konjunktionen mit konzessivem Sinn lösen den Konjunktiv aus.

► **Attenzione!**

Nonostante il suo mal di testa è uscito.	*(mit Substantiv)*
Nonostante (che) avesse mal di testa ...	*(mit Nebensatz)*
Nonostante ciò è uscito.	*(mit neutralem Pronomen)*

c. mit kausalem Sinn

Non mi ha risposto **perché** non sapeva cosa dire.	*... weil/da ...*
Siccome non sapeva cosa dire non ha detto niente.	
Dato che/visto che/dal momento che/pioché non sto bene preferisco non andare alla festa.	

▶ Attenzione!
Bei der Wahl zwischen den Konjunktionen «perché» und «siccome» ist die Anordnung von Haupt- und Nebensatz entscheidend.

"Perché non sei venuto?" "**Perché** avevo molto da fare."
Non ci sono andato **perché** avevo molto da fare.
Siccome avevo molto da fare non ci sono andato.

«Perché» steht entweder in einer Antwort auf eine Frage, oder wenn der Nebensatz auf den Hauptsatz folgt.
«Siccome» hingegen wird verwendet, wenn der Nebensatz an erster Stelle steht.

d. mit konditionalem Sinn

Nel caso mai/Caso mai lui venisse (!) digli che siamo già usciti.	*... falls ...*
Se mi desse i soldi, potrei comprare il vestito.	*... wenn ...*
Vi do questo libro **a condizione che** me lo riportiate (!) domani.	*... unter der Bedingung, dass ...*
Certo che verrà **sempre che/purché** ti faccia piacere.	*...aber nur, wenn...*
Partiamo domani **a meno che** non piova (!).	*... sofern nicht ...*

Da die Konjunktionen mit konditionalem Sinn meist einen Wunsch oder eine Möglichkeit ausdrücken, folgt im abhängigen Nebensatz ein Konjunktiv.

▶ Attenzione!
«Caso mai» steht meist mit dem Konjunktiv Imperfekt.

e. weitere Konjunktionen

Penso **che** lui verrà.	*... dass ...*
Ho mangiato **tanto che** non riesco più a muovermi.	*... so viel ... dass ...*
Ti ho invitato **perché/affinché** tu mi dica (!) tutto.	*... damit ...*
Ci credo anche **senza che** tu me lo faccia (!) vedere.	*... ohne dass ...*

▶ Attenzione!
Die Konjunktion «perché» hat also nicht nur kausalen, sondern auch finalen Sinn. In diesem Fall muss der Konjunktiv verwendet werden, da der Nebensatz einen Wunsch oder eine Forderung beinhaltet.

13. *Die Zeitenfolge*

Wie im Deutschen kann im Italienischen durch die Zeitenwahl in Haupt- und Nebensatz ein Zeitverhältnis zwischen den beiden Teilsätzen ausgedrückt werden. Man spricht dabei von der Zeitenfolge.

Im Nebensatz steht der Indikativ:

So che la situazione è stata critica.	*Vorzeitigkeit*
So che la situazione è critica.	*Gleichzeitigkeit*
So che la situazione sarà critica.	*Nachzeitigkeit*
Sapevo che la situazione era stata critica.	
Sapevo che la situazione era critica.	
Sapevo che la situazione sarebbe stata critica.	

Im Nebensatz steht der Konjunktiv:

Temo che la situazione sia stata critica.	*Vorzeitigkeit*
Temo che la situazione sia critica.	*Gleichzeitigkeit*
Temo che la situazione sarà critica.	*Nachzeitigkeit*
Temevo che la situazione fosse stata critica.	
Temevo che la situazione fosse critica.	
Temevo che la situazione sarebbe stata critica.	

Steht das Verb des Hauptsatzes in einer Zeit der Gegenwartsgruppe (**presente, futuro** und je nach Kontext **passato prossimo**), so werden im abhängigen Nebensatz je nach Zeitverhältnis **passato prossimo, presente** oder **futuro** gewählt.
Dabei ist zu beachten, dass das **futuro** über keine eigene Konjunktivform verfügt.
Steht das Verb des Hauptsatzes jedoch in einer Zeit der Vergangenheitsgruppe (**imperfetto, passato remoto, trapassato prossimo, trapassato remoto** und je nach Kontext **passato prossimo**), so stehen im abhängigen Nebensatz je nach Zeitverhältnis **trapassato prossimo/remoto, imperfetto** oder Konditional II. (**G** → 14.1)

14. *Die indirekte Rede*

14.1 Die indirekte Rede I (il discorso indiretto)

In der indirekten Rede unterscheidet man drei verschiedene Zeitverhältnisse zwischen Hauptsatz und Nebensatz: die Vorzeitigkeit, die Gleichzeitigkeit und die Nachzeitigkeit.

Die indirekte Aussage

Mario dice: "Sono stato a Roma."	
→ Mario **dice che** è stato a Roma.	*vorzeitig*
Gianna ripete: "La nonna non sta bene."	
→ Gianna **ripete che** la nonna non sta bene.	*gleichzeitig*
Eleonora pensa: "Piero non sarà contento."	
→ Eleonora **pensa che** Piero non sarà contento.	*nachzeitig*

Die indirekte Aussage wird mit «che» eingeleitet.

Die indirekte Frage

Daniele mi domanderà: "Vuoi accompagnarmi al concerto?"
→ Daniele mi **domanderà se** voglio accompagnarlo al concerto.
Daniele mi domanderà se lo voglio accompagnare al concerto.
Stamattina Mauro mi ha chiesto: "Perché non sei venuta?"
→ Stamattina Mauro **ha chiesto/ha voluto sapere perché** non sono venuta.

Bei einer Entscheidungsfrage wird die indirekte Frage mit «se», bei einer Wortfrage mit dem Fragewort der direkten Frage eingeleitet.

Der indirekte Befehl

La mamma mi dice: "Dammi il giornale."
→ La mamma mi **dice di** darle il giornale.
La mamma mi **dice che** le **dia** il giornale.
La mamma mi **dice che** le **devo** dare il giornale.
La mamma **vuole che** le **dia** il giornale.

Für den indirekten Befehl wird meist der Infinitiv mit «di» gewählt.
Steht das Verb des Sagens oder Fragens («affermare», «comunicare», «chiedere», «dire», «domandare», «pensare», «sapere», «sperare», «voler sapere» etc.) in einer Zeit der Gegenwartsgruppe (Präsens, Futur, **passato prossimo** nur mit engem Bezug zur Gegenwart), so steht in der indirekten Rede die gleiche Zeit wie in der direkten Rede. Verändert werden gegebenenfalls nur die Elemente, die sich auf Personen beziehen, wie Verbendungen und Pronomen.

D/I

- Im Gegensatz zum Deutschen ist im Italienischen die indirekte Rede kein Auslöser für den Konjunktiv.
- Ein «che», welches die indirekte Aussage einleitet, kann im Italienischen nicht entfallen.
- Vor der indirekten Rede steht im Italienischen kein Komma.
  Ich sage dir, er kommt nicht. Ti dico che non verrà.

14.2 Die indirekte Rede II

Steht das Verb des Sagens in einer Zeit der Vergangenheit, so müssen einige zusätzliche Aspekte beachtet werden.

La nonna diceva: "Non voglio vederlo."
→ La nonna diceva che non voleva vederlo.
Mauro raccontò: "Ho comprato questa macchina."
→ Mauro raccontò che aveva comprato quella macchina.
Mi aveva spiegato: "Ci andremo con la macchina."
→ Mi aveva spiegato che ci saremmo andati con la macchina.

Steht das Verb des Sagens in einer Zeit der Vergangenheit (**imperfetto, passato remoto, trapassato**), so verändern sich die Zeiten im Nebensatz folgendermaßen:

presente	→ imperfetto
passato prossimo	→ trapassato prossimo
passato remoto	→ trapassato prossimo
futuro	→ condizionale II

Imperfetto und **trapassato** werden unverändert in die indirekte Rede übernommen.

Das **passato prossimo** nimmt eine Sonderstellung ein. Je nach Situation kann es zur Gegenwarts- oder zur Vergangenheitsgruppe gehören.

Stamattina mi ha detto: "Mi piaci."
Stamattina mi ha detto che gli piaccio.

L'anno scorso mi ha promesso: "Ci sposeremo."
L'anno scorso mi ha promesso che ci saremmo sposati.

Besteht ein unmittelbarer Bezug zur Gegenwart (z. B. Zeitangaben mit «questo») oder hat das Gespräch erst vor kurzem stattgefunden, so zählt das **passato prossimo** zur Gegenwartsgruppe. Liegt der Zeitpunkt des Gespräches jedoch weiter zurück, wird es zur Vergangenheitsgruppe gerechnet.

Von der Zeitenverschiebung sind selbstverständlich auch die Konjunktivformen betroffen:

Spero che lui venga.	→ Speravo che lui venisse.
Credo che sia già arrivato.	→ Credevo che fosse già arrivato.

D/I
Im Italienischen löst die indirekte Rede als solche noch keinen Konjunktiv aus.
Er sagte mir, dass er käme.
Mi disse che sarebbe venuto.

Die Verschiebung der zeitlichen Perspektive hat Konsequenzen für die Demonstrativbegleiter und einige Orts- und Zeitangaben:

direkte Rede	**indirekte Rede**
questo	quello
qui/qua	lì/là
ora/adesso	allora/in quel momento
oggi	quel giorno
ieri	il giorno prima/precedente
ieri sera	la sera prima/precedente
domani	il giorno dopo/seguente/l'indomani
la settimana scorsa	la settimana prima/precedente
il prossimo mese	il mese dopo/seguente
due anni fa	due anni prima

15. Die Bedingungssätze (il periodo ipotetico)

In den Bedingungsgefügen mit der Konjunktion «se» gelten feste Regeln für die Zeitenfolge, die ausdrücken kann, ob das im Hauptsatz beschriebene Ereignis wahrscheinlich (Realis), möglich (Potentialis) oder aber schon unmöglich (Irrealis) ist.

Se **vieni** stasera, presente *Wenn du heute Abend kommst,*	ti **presento** Marco. presente *stelle ich dir Marco vor.*	→ Realis
Se **venissi** stasera, congiuntivo imperfetto *Wenn du heute Abend kämst/kommen würdest,*	ti **presenterei** Marco. condizionale I *würde ich dir Marco vorstellen.*	→ Potentialis
Se fosti venuto ieri, congiuntivo trapassato *Wenn du gestern gekommen wärst,*	ti avrei presentato Marco. condizionale II *hätte ich dir Marco vorgestellt.*	→ Irrealis

Daneben können je nach Sinnzusammenhang auch andere Kombinationen auftreten:

Se me l'avessi detto prima, non avremmo tanti problemi.
Wenn du es mir früher gesagt hättest, hätten wir (jetzt) nicht so viele Probleme.

Se mangi questo potresti sentirti male.
Wenn du das isst, könnte dir schlecht werden.

Se viene gli dirò di chiamarti.
Wenn er kommt, werde ich ihm sagen, dass er dich anrufen soll.

Im gesprochenen Italienisch können im Irrealis auch Imperfektformen verwendet werden.

Se me lo **diceva**, glielo **compravo**.
Wenn er es mir gesagt hätte, hätte ich es ihm gekauft.

▶ **Attenzione!**

Wird die Konjunktion «se» im konditionalen Sinn („wenn") verwendet, so darf in dem Nebensatz kein Konditional stehen. Dies gilt nicht, wenn «se» in der Bedeutung „ob" verwendet wird.

Vorrei sapere **se** lo faresti veramente.
Ich möchte wissen, ob du es wirklich machen würdest.

D/I

Das deutsche «wenn» hat im Italienischen je nach Bedeutung zwei Entsprechungen: «se» („falls") und «quando» („immer, wenn", „dann, wenn") (vgl. im Englischen if / when)

Lo dico a mamma **quando** viene.	*Ich sage es Mama,* (zu dem Zeitpunkt) *wenn sie kommt.*
Lo dico a Maria **se** viene.	*Ich sage es Maria, falls sie kommt.*

REZEPTIV

16. Die Hervorhebung (la messa in rilievo)

Im Gegensatz zum Deutschen kennt das Italienische keine Kasusformen, daher ist die Einhaltung der Stellung Subjekt-Prädikat-Objekt für ein einwandfreies Verständnis wesentlich wichtiger.

Der Mann sieht den Jungen.	L'uomo vede il ragazzo.
Den Jungen sieht der Mann.	?

Im Deutschen ist eine Umstellung von Subjekt und Objekt zum Zwecke der Hervorhebung sehr gebräuchlich, das Italienische muss oft auf andere Möglichkeiten zurückgreifen.

1. Satzsegmentierung

I miei amici sardi **li** conosco da anni.
Ne parleremo dopo della tua idea.
A Sassari non **ci** sono mai stata.
Non **le** parlo più a quella signora.

Bei der Satzsegmentierung wird der Satzteil, der betont werden soll, im gleichen Satz zusätzlich durch ein Objektpronomen oder eine **particella** aufgenommen. Dadurch kann sich der Satzteil von seiner ursprünglichen Stellung lösen und an den Anfang oder das Ende des Satzes rücken. Diese Möglichkeit der Hervorhebung erfreut sich in der gesprochenen Sprache größter Beliebtheit, wird in der geschriebenen Sprache jedoch vermieden.

2. Nachstellung des Subjektes

Mi ha accompagnato Franco. (non Piero)

Oft kann das Subjekt nachgestellt werden, wenn es besonders betont werden soll. Dies darf jedoch nicht zu Missverständnissen führen. Zur Hervorhebung des Subjekts wird auch häufig folgende Infinitivkonstruktion verwendet:

È stato Franco ad accompagnarmi.

3. «essere ... che»

È stato Franco che me l'ha detto.
È stato a Roma che ho conosciuto mio marito.
È domenica che partite?
È con Maria che avete parlato al telefono?
È capire che è importante non solo ripetere la formula.

Mit der Relativsatzkonstruktion «essere ... che» kann jeder Satzteil hervorgehoben werden.

D/I

Das Verb des Relativsatzes richtet sich im Italienischen in der Person nach dem Subjekt und nicht nach dem Relativpronomen.

Sono **io** che ci **sono** andata.	***Ich** bin es, die dorthin gegangen ist.*

Indice

*Die folgenden Seiten umfassen die systematische Grammatik der Bände **Appunto 1–3**. Da im dritten Lernjahr vorwiegend bereits vorhandene Kenntnisse vertieft und erweitert werden, wurden die neuen Grammatikkapitel an passender Stelle in die Gesamtgrammatik integriert. In den Lektionen wird auf die jeweiligen Grammatikkapitel verwiesen, sodass diese leicht aufgefunden werden können. Zudem sind die einzelnen Grammatikphänomene untereinander durch Querverweise verbunden, damit gegebenenfalls auch bereits gelernter Stoff zu dem jeweiligen Thema wiederholt werden kann. Einige Aspekte der Grammatik werden vom Lehrplan nur rezeptiv verlangt, das heißt, dass die Phänomene erkannt und verstanden werden sollen, nicht aber aktiv angewendet werden müssen. Diese Teile sind deutlich gekennzeichnet und im Index mit (r) versehen.*

Die unregelmäßigen Verben (i verbi irregolari)

Im Folgenden werden die Verben aus dem verbindlichen Wortschatz in Band 1 und 2 aufgelistet, die nach dem heutigem Sprachstand unregelmäßig sind oder zu sein scheinen. Verben aus der gleichen Wortfamilie mit analogem Bildungsmuster werden zusammengefasst. Selbstverständlich werden nur diejenigen Formen genannt, die auch wirklich unregelmäßig sind oder bei deren Bildung Unsicherheiten bestehen können.

Dabei werden folgende Abkürzungen verwendet:

pres.	*presente*	*cong. imp.*	*congiuntivo imperfetto*
cong. pres.	*congiuntivo presente*	*part. pass.*	*participio passato*
cond.	*condizionale*	*ger.*	*gerundio*
imp.	*imperfetto*		

accendere *part. pass.* acceso

accogliere (ebenso: **raccogliere**)
pres. accolgo, accogli, accoglie, accogliamo, accogliete, accolgono
cong. pres. che io colga, che voi cogliate, che loro colgano
part. pass. colto

accorgersi *part. pass.* accorto

aggiungere (ebenso: **raggiungere, ricongiungersi**)
part. pass. aggiunto

andare
pres. vado, vai, va, andiamo, andate, vanno
cong. pres. che io vada, che voi andiate, che loro vadano
imperativo va', vada, vadano
futuro andrò
cond. andrei

aparire
pres. appaio, appari, appare, appariamo, apparite, appaiono
cong. pres. che io appaia, che voi appariate, che loro appaiano
► **Attenzione!** Auch die regelmäßige Konjugation mit Stammerweiterung -**sc**- ist möglich.

aprire (ebenso: **riaprire, scoprire**)
part. pass. aperto (scoperto)

assistere (ebenso: **resistere, esistere**)
part. pass. assistito

avere
pres. ho, hai, ha, abbiamo, avete, hanno
cong. pres. che io abbia, che voi abbiate, che loro abbiano
imperativo abbi, abbia, abbiano
futuro avrò
cond. avrei

bere	*pres.* bevo, bevi, beve, beviamo, bevete, bevono *cong. pres.* che io beva, che voi beviate, che loro bevano *imperativo* bevi, beva, bevano *futuro* berrò *cond.* berrei *imp.* bevevo *cong. imp.* bevessi *part. pass.* bevuto
chiedere	*part. pass.* chiesto
chiudere	*part. pass.* chiuso
concedere (ebenso: **procedere, succedere** ***«geschehen»***)	*part. pass. concesso*
concludere	*part. pass.* concluso
condurre (ebenso: **produrre, ridurre, tradurre**)	*pres.* conduco, conduci, conduce, conduciamo, conducete, conducono *cong. pres.* che io conduca, che loro conducano *futuro* condurrò *cond.* condurrei *imp.* conducevo *cong. imp.* conducessi *part. pass.* condotto
correggere	*part. pass.* corretto
correre (ebenso: **occorrere, trascorrere**)	*part. pass.* corso
cuocere	*pres.* cuocio, cuoci, cuoce, cociamo,cocete, cuociono *cong. pres.* che io cuocia, che voi cociate, che loro cuociano *imperativo* cuoci, cuocia, cuociano *part. pass.* cotto ► **Attenzione!** Bei den endungsbetonten Formen entfällt das **u**.
dare	*pres.* do, dai, dà, diamo, date, danno *cong. pres.* che io dia, che voi diate, che loro diano *imperativo* dai/da', dia, diano *futuro* darò *cond.* darei *cong. imp.* dessi
decidere (ebenso: **uccidere**)	*part. pass.* deciso
difendere (ebenso: **offendere**)	*part. pass.* difeso

dipendere *part. pass.* dipeso

dipingere *part. pass.* dipinto

dire (ebenso: **benedire, contraddire**)
pres. dico, dici, dice, diciamo, dite, dicono
cong. pres. che io dica, che voi diciate, che loro dicano
imperativo di', dica, dicano
imp. dicevo
cong. imp. dicessi
part. pass. detto

dirigere *part. pass.* diretto

discutere *part. pass.* discusso

distinguere *part. pass.* distinto

distruggere *part. pass.* distrutto

dividere *part. pass.* diviso

dovere *pres.* devo/debbo, devi, deve, dobbiamo, dovete, devono/debbono
cong. pres. che io deva/debba, che voi dobbiate, che loro devano/debbano
futuro dovrò
cond. dovrei

esplodere Wird vorwiegend in der 3. Person verwendet.
part. pass. esploso

essere *pres.* sono, sei, è, siamo, siete, sono
cong. pres. che io sia, che voi siate, che loro siano
imperativo sii, sia, siano
futuro sarò
cond. sarei
imp. ero, eri, era, eravamo, eravate, erano
cong. imp. fossi
part. pass. stato

fare *pres.* faccio, fai, fa, facciamo, fate, fanno
cong. pres. che io faccia, che voi facciate, che loro facciano
imperativo fai/fa', fate, facciano
futuro farò
cond. farei
imp. facevo
cong. imp. facessi
part. pass. fatto

intendere (ebenso: **fraintendere**)
part. pass. inteso

interrompere *part. pass.* interrotto

leggere (ebenso: **eleggere**)	
	part. pass. letto
mettere (ebenso: **intromettersi, permettere, promettere, smettere, sottomettere**)	
	part. pass. messo
morire	*pres.* muoio, muori, muore, moriamo, morite, muoiono *cong. pres.* che io muoia, che voi moriate, che loro muoiano *futuro* morrò/morirò *cond.* morrei/morirei *part. pass.* morto ► **Attenzione!** Bei den endungsbetonten Formen entfällt das **u**.
muovere (ebenso: **promuovere**)	
	pres. muovo, muovi, muove, m(u)oviamo, m(u)ovete, muovono *part. pass.* mosso
nascere	*part. pass.* nato
offrire (ebenso: **soffrire**)	
	part. pass. offerto
opprimere	*part. pass.* opresso
parere	Wird meist nur in der 3. Person verwendet. *pres.* pare, paiono *cong. pres.* che paia, che paiano *futuro* parrò *cond.* parrebbe *part. pass.* parso
perdere (ebenso: **disperdere**)	
	part. pass. perduto, perso
piacere (ebenso: **dispiacere**)	
	pres. piaccio, piaci, piace, piac(c)iamo, piacete, piacciono *cong. pres.* che io piaccia, che loro piacciano
piangere	*part. pass.* pianto
porre (ebenso: **comporre, riporre, sovraporre**)	
	pres. pongo, poni, pone, poniamo, ponete, pongono *cong. pres.* che io ponga, che voi poniate, che loro pongano *imperativo* poni, ponga, pongano *futuro* porrò *cond.* porrei *imp.* ponevo *cong. imp.* ponessi *part. pass.* posto

potere	*pres.* posso, puoi, può, possiamo, potete, possono *cong. pres.* che io possa, che voi possiate, che loro possano *futuro* potrò *cond.* potrei
prendere	*part. pass.* preso
proteggere	*part. pass.* protetto
ridere	*part. pass.* riso
riempire	*pres.* riempio, riempi, riempe, riempiamo, riempite, riempiono *cong. pres.* che io riempia, che voi riempiate, che loro riempiano *ger.* riempiendo
riflettere	*part. pass.* riflesso «*widerspiegeln*» riflettuto «*nachdenken*»
rimanere	*pres.* rimango, rimani, rimane, rimaniamo, rimanete, rimangono *cong. pres.* che io rimanga, che voi rimaniate, che loro rimangano *imperativo* rimani, rimanga, rimangano *futuro* rimarrò *cond.* rimarrei *part. pass.* rimasto
risolvere	*part. pass.* risolto
rispondere (ebenso: **corrispondere**)	*part. pass.* risposto
rivolgersi	*part. pass.* rivolto
salire	*pres.* salgo, sali, sale, saliamo, salite, salgono *cong. pres.* che io salga, che voi saliate, che loro salgano *imperativo* sali, salga, salgano
sapere	*pres.* so, sai, sa, sappiamo, sapete, sanno *cong. pres.* che io sappia, che voi sappiate, che loro sappiano *imperativo* sappi, sappia, sappiano *futuro* saprò *cond.* saprei
scegliere	*pres.* scelgo, scegli, sceglie, scelgiamo, scegliete, scelgono *cong. pres.* che io scelga, che voi scegliate, che loro scelgano *imperativo* scegli, scelga, scelgano *part. pass.* scelto
scendere	*part. pass.* sceso

sciogliere *pres.* sciolgo, sciogli, scioglie, sciogliamo, sciogliete, sciolgono
cong. pres. che io sciolga, che voi sciogliate, che loro sciolgano
imperativo sciogli, sciolga, sciolgano
part. pass. sciolto

scrivere (ebenso: **descrivere**)
part. pass. scritto

sedersi (ebenso: **possedere**)
pres. mi siedo, ti siedi, si siede, ci sediamo, vi sedete, si siedono
cong. pres. che io mi sieda, che voi vi sediate, che loro si siedano
► **Attenzione!** Bei den endungsbetonten Formen entfällt das **i**.

spargere *part. pass.* sparso

spegnere *part. pass.* spento

spendere *part. pass.* speso

spingere *part. pass.* spinto

stare *pres.* sto, stai, sta, stiamo, state, stanno
cong. pres. che io stia, che voi stiate, che loro stiano
imperativo stai/sta', stia, stiano
futuro starò
cond. starei
cong. imp. stessi

stendere *part. pass.* steso

stringere (ebenso: **costringere**)
part. pass. stretto

tacere *pres.* taccio, taci, tace, tacciamo, tacete, tacciono
cong. pres. che io taccia, che voi tacciate, che loro tacciano
imperativo taci, taccia, tacciano

tenere (ebenso: **appartenere, trattenere, mantenere**)
pres. tengo, tieni, tiene, teniamo, tenete, tengono
cong. pres. che io tenga, che voi teniate, che loro tengano
imperativo tieni, tenga, tengano
futuro terrò
cond. terrei

togliere *pres.* tolgo, togli, toglie, togliamo, togliete, tolgono
cong. pres. che io tolga, che voi togliate, che loro tolgano
imperativo togli, tolga, tolgano
part. pass. tolto

uscire (ebenso: **riuscire**)		
	pres. esco, esci, esce, usciamo, uscite, escono *cong. pres.* che io esca, che voi usciate, che loro escano *imperativo* esci, esca, escano	
vedere (ebenso: **prevedere**)		
	futuro vedrò *cond.* vedrei *part. pass.* visto/veduto	
venire (ebenso: **avvenire**)		
	pres. vengo, vieni, viene, veniamo, venite, vengono *cong. pres.* che io venga, che voi veniate, che loro vengano *imperativo* vieni, venga, vengano *futuro* verrò *cond.* verrei	
vincere (ebenso: **convincere**)		
	part. pass. vinto	
vivere (ebenso: **rivivere, sopravvivere**)		
	part. pass. vissuto	
volere	*pres.* voglio, vuoi, vuole, vogliamo, volete, vogliono *cong. pres.* che io voglia, che voi vogliate, che loro vogliano *futuro* vorrò *cond.* vorrei	

Vocabolario

Per parlare della lingua

la (prima, seconda, ...) persona		die (erste, zweite, ...) Person	
a qualcuno	*a qn*	jemandem (Dativ)	*jdm*
l'abbreviazione		die Abkürzung	
l'accento		der Akzent	
l'aggettivo	*agg.*	das Adjektiv	*Adj.*
l'articolo		der Artikel	
l'ausiliare		das Hilfsverb	
l'avverbio	*avv.*	das Adverb	*Adv.*
la comparazione		die Steigerung/der Vergleich	
il condizionale		das Konditional	
il congiuntivo		der Konjunktiv	
la congiunzione		die Konjunktion	
il discorso diretto		die direkte Rede	
il discorso indiretto		die indirekte Rede	
l'espressione di luogo		die Ortsangabe	
l'espressione di quantità		die Mengenangabe	
l'espressione di tempo		die Zeitangabe	
femminile	*f*	feminin	*f*
la forma (del verbo, della preposizione, ...)		die Form (des Verbs, der Präposition, ...)	
la forma di cortesia		die Höflichkeitsform	
la frase		der Satz	
il futuro	*fut.*	das Futur	
il gerundio		das Gerund	
l'imperativo	*imp.*	der Imperativ, die Befehlsform	
l'imperfetto	*impf.*	das Imperfekt	
(in)definito		(un)bestimmt	
l'indicativo	*ind.*	der Indikativ	
l'infinito	*inf.*	der Infinitiv	*Inf.*
irregolare		unregelmäßig	
maschile	*m*	maskulin	*m*
la messa in rilievo		die Hervorhebung	
la negazione		die Verneinung	
l'oggetto		das Objekt	
l'ordine della frase		die Satzstellung	
l'ortografia		die Orthografie, Rechtschreibung	
la parola		das Wort	
il participio (presente/passato)	*part. (pres./pass.)*	das Partizip (Präsens/Perfekt)	
partitivo		Teilungs-	
il passato prossimo	*pass. pross.*	das Perfekt	

il passivo		das Passiv	
il periodo ipotetico		der Bedingungssatz	
il plurale	*pl.*	der Plural	*Pl.*
popolare	*pop.*	umgangssprachlich	*ugs.*
la preposizione	*prep.*	die Präposition	
il presente	*pres.*	das Präsens	
il pronome (personale, possessivo, relativo, ...)	*pron. (pers., poss.,rel., ...)*	das (Personal-, Possessiv-, Relativ-)Pronomen	
qualcosa	*qc*	etwas	
qualcuno	*qn*	jemanden (Akkusativ)	*jdn*
regolare		regelmäßig	
il raddoppiamento		die Verdoppelung	
la scenetta		das Rollenspiel	
il singolare	*sg.*	der Singular	*Sg.*
il soggetto		das Subjekt	
il sostantivo	*sost.*	das Substantiv	
il suffisso		das Suffix, die Endsilbe	
il superlativo (relativo/assoluto)	*sup.*	der (relative/absolute) Superlativ	
il testo		der Text	
il trapassato prossimo		das Plusqamperfekt	
l'uso		der Gebrauch	
il verbo	*v.*	das Verb	*V.*
in inglese		Englische Entsprechung	**E**
in francese		Französische Entsprechung	**F**
in latino		Lateinische Entsprechung	**L**

Arbeitsanweisungen

In italiano		Auf Deutsch	
Cerca/Cercate	le frasi corrispondenti nel testo.	Suche/Sucht	die entsprechenden Sätze im Text.
Completa/Completate	• la coniugazione di ogni verbo per analogia. • con le forme dei verbi al futuro. • con le preposizioni e, se necessario, con l'articolo. • la tabella con le forme del condizionale presente nel quaderno.	Vervollständige/ Vervollständigt	• analog die Konjugation aller Verben. • … mit den Formen der Verben im Futur. • … mit den Präpositionen und, falls nötig, mit dem Artikel. • die Tabelle mit den Formen des Konditionals Präsens in deinem/eurem Heft.
Contraddite	• questi cliché	Widersprecht	• diesen Klischees
Descrivi/Descrivete i disegni	• e usa/usate forme verbali al presente/futuro/… . • con le indicazioni date. • con cinque di queste espressioni.	Beschreibe/Beschreibt die Zeichnungen	• und benutze/benutzt Verbformen im Präsens/Futur. • mit den vorhandenen Angaben. • mit fünf dieser Ausdrücke.
Fa'/Fate	• una ricerca su … e presenta/ presentate i risultati alla classe. • una discussione. • un riassunto delle informazioni più importanti.		• Recherchiere/Recherchiert zu … und präsentiere/präsentiert der Klasse die Ergebnisse. • Diskutiert. • Fasse/Fasst die wichtigsten Informationen zusammen.
Fa'/Fate attenzione	ai cambiamenti necessari.	Achte/Achtet	auf die nötigen Änderungen.
Finisci/Finite	• la lettera • il dialogo • il testo e trova/trovate un motivo per il comportamento degli amici.	Beende/Beendet	• den Brief • den Dialog • den Text und finde/findet einen Grund für das Verhalten der Freunde.
Forma/Formate	(delle) frasi (intere/complete) • e usa/usate forme verbali al presente/futuro/… . • con le indicazioni date. • con cinque di queste espressioni.	Bilde/Bildet	ganze Sätze • und benutze/benutzt Verbformen im Präsens/Futur/… . • mit den vorhandenen Angaben. • mit fünf dieser Ausdrücke.
Formate	gruppi di tre persone.	Bildet	Gruppen von drei Personen.
Inserisci/Inserite	• le forme corrette dell' aggettivo *tutto*. • le forme corrette dei verbi al futuro. • le preposizioni con o senza l'articolo. • i seguenti aggettivi e pronomi indefiniti.	Setze/Setzt … ein	• die richtigen Formen des Adjektivs *tutto*. • die richtigen Formen des Verbs im Futur. • die Präpositionen mit oder ohne Artikel. • die folgenden Adjektive und Indefinitpronomen.
Metti/Mettete	• le espressioni in corsivo alla forma negativa. • le forme del presente al futuro.	Setze/Setzt/ Bringe/Bringt	• die kursiv gesetzten Ausdrücke in die negative Form. • die Präsensformen ins Futur.

In italiano		Auf Deutsch	
Metti/Mettete	• le forme adatte/giuste del futuro/dei pronomi relativi/... • gli infiniti fra parentesi al futuro. • le frasi al passivo. • i pronomi doppi al posto degli elementi sottolineati.	Setze/Setzt/ Bringe/Bringt	• die passenden/richtigen Formen des Futurs/der Relativpronomen/... • die Infinitive in Klammern ins Futur. • die Sätze in die passive Form. • die doppelten Pronomen an die Stelle der unterstrichenen Elemente.
Raccogli/Raccogliete	nel testo le informazioni appropriate.	Sammle/Sammelt	die passenden Informationen aus dem Text.
Riassumi ...		Fasse ... zusammen	
Ricopia ...		Schreibe ... ab	
Riferisciti/Riferitevi	alla tabella.	Beziehe dich/ Bezieht euch	auf die Tabelle.
Rileggi/Rileggete	il testo/il dialogo.	Lies/Lest nochmals	den Text/den Dialog.
Rispondi/ Rispondete	alle (seguenti) domande secondo • le tue/vostre esperienze. • la tua fantasia. • le informazioni trovate nel testo.	Beantworte/ Beantwortet	die folgenden Fragen gemäß • deiner/eurer Erfahrungen. • deiner Fantasie. • den Informationen aus dem Text.
Scrivi/Scrivete	• alcuni testi/alcune frasi. • un dialogo. • una lettera. • una storia personale.	Schreibe/Schreibt	• einige Texte/Sätze. • einen Dialog. • einen Brief. • eine persönliche Geschichte.
Spiega/Spiegate da	• quali frasi capisci/capite che ... • quale commento capisci/capite che ... a chi o a che cosa si riferiscono le espressioni sottolineate.	Erkläre/Erklärt, aus	• welchen Sätzen heraus du verstehst/ihr versteht, dass ... • welchem Kommentar heraus du verstehst/ihr versteht, dass ... auf wen oder was sich die unterstrichenen Ausdrücke beziehen.
Trascrivi/Trascrivete	• le forme verbali al presente/futuro/passato ... • il dialogo. • tutte le frasi che contengono una negazione.	Übertrage/Übertragt	• die Verbformen ins Präsens/Futur/in die Zeiten der Vergangenheit ... • den Dialog. • alle Sätze, die eine Negation enthalten.
Trasforma	• il discorso diretto in discorso indiretto. • le espressioni sottolineate.	Forme ... um, Verwandle ... um	• die direkte in die indirekte Rede • die unterstrichenen Ausdrücke
Usa/Usate	• le espressioni del testo per le parole in grassetto. • un dizionario bilingue.	Benutze/Benutzt	• die Ausdrücke des Textes für die fett gedruckten Wörter. • ein zweisprachiges Wörterbuch.
Verifica le tue decisioni.		Überprüfe deine Entscheidungen.	

Im folgenden Vokabelverzeichnis findet ihr die neuen Wörter jeder Lektion aufgeführt. Die **fettgedruckten** Wörter sind - wie in ***Appunto 1*** und ***2*** - Lernwortschatz und werden in der Folge als bekannt vorausgesetzt. Die übrigen Einträge gehören zum Verständniswortschatz und werden bei jedem weiteren Vorkommen erneut angegeben.

Lezione 1

	Ingresso		
E 2	**lo scrittore/la scrittrice**	der/die Schriftsteller/in	Famosi scrittori e scrittrici hanno partecipato all'incontro.
	il calciatore/ la calciatrice	der/die Fußballspieler/in	I calciatori guadagnano molto.
	pubblico, -a *agg.*; **il pubblico** *sost.*	öffentlich; die Öffentlichkeit, das Publikum	**E** public
	la professione	der Beruf	**E/F** profession
	il foglio	das Blatt (Papier)	
	contare	zählen	Questo non conta.
	la cifra	die Ziffer, Zahl	
	la percentuale	der Prozentsatz	Le cifre di queste percentuali sono corrette.
	la lavagna	die Tafel	Scriviamo sulla lavagna i verbi più importanti.
A T*1*	**l'idolo**	das Idol	I cantanti sono gli idoli di tutti i ragazzi.
	il mito	der Mythos, Traum, die Utopie	**E** myth
	la meta	das Ziel	La meta della nostra gita scolastica saranno le Marche.
	l'ingegnere *m/f*	der/die Ingenieur/in	Mi dispiace, ma l'ing. Rossi in questo momento è occupata.
	il/la commercialista	der/die Händler/in	Va bene, le dica che ha telefonato la sua commercialista.
	contattare	kontaktieren, Kontakt herstellen	Dimmi come posso contattare il prof!
	notevole	bemerkenswert, auffällig	Piero è una persona notevole!
	cogliere	sammeln	colgo, cogli, coglie ... colgono; *part. pass.* colto
	l'indagine *f*	die Untersuchung, (Nach-)Forschung	
	condurre	führen, geleiten, bringen	conduco, conduci ... conducono; *part. pass.* condotto
	il/la partecipante	der/die Teilnehmer/in	
	considerare	halten für	**E** to consider
	il sognatore/ la sognatrice	der/die Träumer/in	
	valere	gelten, wert sein	valgo, vali, vale, valiamo, valete, valgono
	internazionale	international, Länder übergreifend	
	superare	überwinden, bestehen	Devo assolutamente superare l'esame!

	classificare	einschätzen, klassifizieren	
	personale	persönlich	
	impegnare	beschäftigen, in Anspruch nehmen, engagieren	
	socialmente *avv.;* **sociale** *agg.*	sozial, gesellschaftlich	Gli hooligans sono socialmente pericolosi.
	il cambiamento	der Wechsel, die Veränderung	*v.* cambiare
	la rivoluzione	die Revolution, der Umsturz	La rivoluzione ha portato molti cambiamenti.
E 1	universitario, -a	universitär, Universitäts-	
E 6	**la promessa**	das Versprechen	**E** promise *v.* promettere
E 7	**assurdo, -a**	absurd, widersinnig	**E** absurd
T2	**il trasferimento**	der Transfer, der (Vereins-) Wechsel	
	l'esperienza	die Erfahrung	**E** experience **F** expérience
	paragonabile (a)	vergleichbar	Queste due cose non sono paragonabili.
	accorgersi (di)	wahrnehmen, sich bewusst werden	*part. pass.* accorto
	confrontarsi (con)	sich messen an, sich gegenüberstehen	
	il metodo	die Methode	
	l'allenamento	das Training	
	la mentalità	die Mentalität, Einstellung	Esistono ancora mentalità diverse nel nord e nel sud.
E 12	**il giocatore/la giocatrice**	der/die Spieler/in	*v.* giocare (a)
E 14	giudicare	beurteilen	Non giudicare sempre tutto e tutti!
	maschiaccio	das Mannweib	
	bavarese	bayerisch	
E 16	**il corso**	der Kurs	**E/F** course Vorrei fare un corso di cucina.
Info	**necessario, -a**	nötig, notwendig	**E** necessary **F** nécessaire
E 17	**oltre**	darüber hinaus, außer	**L** ultra Oltre a lui non ha telefonato nessuno.
	l'educazione *f* (fisica)	(Sport-)Unterricht, Erziehung	**E** education **F** éducation Luca interrompe sempre: non ha proprio educazione!

B

T1	**stimare**	schätzen, wertschätzen, hoch achten	
	la timidezza	die Schüchternheit	*agg.* timido
	tenere	halten, behalten	tengo, tieni, tiene, teniamo, tenete, tengono
	insicuro, -a	unsicher	*contr.* sicuro
	inferiore	unterlegen, niedriger	**E** inferior **F** inférieur
T2	**la frana**	Erdrutsch, Sturz; *hier:* Misserfolg, Fiasko	

	anonimo, -a	anonym, namenlos	**E** anonymous
	l'errore *m*	der Fehler, Irrtum	**E** error **F** erreur
	ritornare	zurückkehren, umkehren	**E** to return
E 2	**la palestra**	der Fitnessclub, die Sporthalle	Mauro va in palestra tre volte la settimana.
	il coro	der Chor	Il coro di questa scuola è molto stimato.
E 3	**rivolgersi (a)**	sich wenden (an)	Per le chiavi rivolgersi alla portinaia.
	il vantaggio	der Vorteil	**E** advantage **F** avantage Il vantaggio di questo lavoro è che non è mai noioso.
E 4	**il principe/ la principessa**	der Prinz/die Prinzessin	Valerio è perfetto, è il mio principe azzurro *(= Märchenprinz)*!
E 9	**controllare**	kontrollieren, überwachen	
E 10	**mettersi nei panni di qualcuno**	sich in jdn hineinversetzen	Mettiti nei miei panni: cosa faresti?
	arrabbiato, -a; arrabbiare	verärgert, ärgerlich; (ver)ärgern	Nel sugo "all'arrabbiata" c'è molto peperoncino.
E 11	**debole**	schwach	**L** debilis
E 12	**interpretare**	interpretieren, deuten, auslegen	
	possedere	besitzen	possiedo, possiedi, possiede, possediamo, possedete, possiedono
	la responsabilità	die Verantwortung	**E** responsibility
	educare	erziehen, bilden	Educare i figli è un lavoro duro.
	irresponsabile	verantwortungslos	Andrea si comporta come un perfetto irresponsabile!
C	**il sondaggio**	die (Meinungs-)Umfrage, Sondierung	I risultati del sondaggio sono una sorpresa.
	catalogato, -a	katalogisiert, aufgelistet	
	l'aranciata	die Orangenlimonade	
	occupare	besetzen, in Besitz nehmen	Il bagno è occupato.
	subire *-isc-*	erleiden, durchmachen, sich unterziehen	*part. pass.* subito
	la tortura	die Folter	
	tradire *-isc-*	verraten, hintergehen	
E 3	il campo semantico	das Wortfeld	**L** campus **F** champ
E 6	la biblioteca	die Bibliothek, der Bücherschrank	Dov'è la biblioteca?
	la paninoteca	der Sandwichladen	
E 8	ritrovarsi	sich wiederfinden, wiedererkennen	
	il trionfo	der Triumph	

Lezione 2

A	**globale**	global, weltweit, gesamt	**E** global
	il pianeta *pl.* **i pianeti**	der Planet	**E** planet
	l'Onu	*die UNO (United Nations Organisation)*	*Organizzazione delle nazioni unite*

sottoscrivere	unterschreiben	*part. pass.* sottoscritto
il manifesto	das Plakat, (polit.) Programm, Manifest	La città era piena di manifesti del nuovo presidente.
rendere	etw. zu etw. machen, *auch:* zurückgeben	*part. pass.* reso
il ruolo	die Rolle	Il nonno ha un ruolo importante nella famiglia.
la parità	die Gleichheit, die Ausgewogenheit, Ebenbürtigkeit	
il sesso	das Geschlecht; der Sex	**E** sex
ridurre	verringern, reduzieren	riduco, riduci ...; *part. pass.* ridotto
la mortalità	die Sterblichkeit	*agg.* morto
infantile	Kleinkind-, kindlich, Kinder-	Il tuo è un modo di fare molto infantile: cresci!
garantire *-isc-*	garantieren	Ti garantisco che è vero!
ambientale	Umwelt-	*sost.* ambiente
l'istruzione *f*	die Bildung, Erziehung; die Anleitung	L'istruzione dovrebbe essere un diritto di tutti.
primario, -a	primär, wesentlich, hauptsächlich	
la diffusione	die Verbreitung, Streuung, Ausbreitung	Questo giornale ha una grande diffusione in tutta Italia.
la malattia	die Krankheit	Il mal di testa può essere una vera e propria malattia.
lo sviluppo	die Entwicklung	*v.* sviluppare/svilupparsi
concentrar(si)	(sich) konzentrieren, zusammenziehen, ansammeln	Concentrati di più a scuola!

T

prevedere	vorhersehen, voraussehen	Avevamo previsto tutto.
aumentare	ansteigen, vermehren, erhöhen	La criminalità è aumentata.
l'aumento	der Anstieg, die Erhöhung	*v.* aumentare
il gas	das Gas	
provocare	hervorrufen, provozieren, herausfordern	La miseria provoca molte malattie.
il trasporto	der Transport	**E/F** transport
l'effetto	der Effekt, die Auswirkung	Vedere i sassi di Matera mi ha fatto un grande effetto.
visibile	sichtbar	*v.* vedere
lo scienziato/ la scienziata	der/die Wissenschaftler/in	Questa scienziata ha vinto il premio Nobel.
l'oceano	der Ozean, das Weltmeer	**E** ocean
prevedibile	vorhersehbar	*v.* prevedere
il delta	das Delta, die Flussmündung	I delta dei fiumi sono sempre ricchi di animali e piante.
intenso, -a	intensiv, angestrengt	**E** intensive **F** intensif
coltivare	kultivieren, anbauen	Che cosa si coltiva in Calabria?
fornire *-isc-*	liefern, ausstatten	
il grano	der Weizen	**E** grain

la pianura	die Ebene, das Flachland	
potabile	trinkbar, Trink-	acqua non potabile
diminuire *-isc-*	verringern, reduzieren, kleiner werden, abnehmen	
la conseguenza	die Folge, Konsequenz	Stasera non verrò: di conseguenza non aspettarmi!
l'inondazione *f*	die Überschwemmung, Überflutung	
la febbre	das Fieber	Ho la febbre: dammi il termometro, per favore!
migliaia	Tausende	un migliaio/due migliaia
vegetale	pflanzlich	Le piante sono il mondo vegetale.
capace (di) *agg.*	fähig, in der Lage	Non tutti sono capaci di imparare le lingue straniere.
sopravvivere	überleben	*part. pass.* sopravvissuto Un pesce non sopravvive fuori dall'acqua.
polare; l'orso polare	Polar-; der Eisbär	**E** polar bear
il pinguino	der Pinguin	
il salmone	der Lachs	**E** salmon
la tigre	der Tiger	Le tigri sono animali affascinanti.
la mente	der Verstand, Geist	Non mi viene in mente niente!
l'economista *m/f*	der/die Wirtschaftswissenschaftler/in, Ökonom/in	
proporre	vorschlagen	propongo, proponi ... propongono; *part. pass.* proposto
efficiente	effizient, wirksam	La nuova impiegata è molto efficiente.
il protocollo	das Protokoll, die Niederschrift	
il documento	das Dokument, Schriftstück; *auch:* der Ausweis	Documenti, prego!
la problematica	die Problematik, Problemstellung	
firmare	unterschreiben, unterzeichnen	*sost.* firma Chi ha firmato il protocollo?
la conferenza	der Vortrag, die Konferenz	In una conferenza parla uno solo: il pubblico ascolta.
obbligare	verpflichten	**E** oblige
la transizione	der Übergang	**E/F** transition
rispetto a; il rispetto	im Vergleich zu; der Respekt, die Hochachtung	Abbi più rispetto per gli altri!
l'unione	die Einheit, Vereinigung, Gemeinschaft	L'unione fa la forza.
la riduzione	die Verringerung, Reduzierung	Un biglietto con riduzione per studenti, per favore!
il produttore/la produttrice	der/die Hersteller/in	
la quota	die Quote, der Anteil	
ratificare	ratifizieren, umsetzen	
E 2 **l'affermazione** *f*	die Aussage, Bekräftigung	È un'affermazione stupida.
la riga	die Zeile	pagina 57 riga 9
geografico, -a	geografisch, örtlich	
l'abitudine *f*	die Gewohnheit	*agg.* abituato a

	trasportare	transportieren, befördern	*sost.* trasporto
	il mutamento	die Mutation, Veränderung	
	sciogliere	schmelzen, auflösen	sciolgo sciogli ... sciolgono *part. pass.* sciolto
	sostenere	tragen, stützen; unterstützen; behaupten	sostengo, sostieni, sostiene, sosteniamo, sostenete, sostengono
	espandere	ausdehnen, erweitern	
	emettere	ausstoßen	*part. pass.* emesso
E 3	**dappertutto**	überall	Ho cercato dappertutto un bancomat.
E 4	**concreto, -a**	konkret, tatsächlich; gegenständlich	Fammi un esempio concreto.
E 6	la formazione	die Bildung, Ausbildung; *hier:* Wortbildung	
E 7	**la favola**	das Märchen	**L** fabula
E 8	**la biografia**	die Biografie, der Lebenslauf	È interessante leggere le biografie delle persone famose.

B	**agire** *-isc-*	handeln	
	l'orfano/a; orfano, -a	der/die Waise, das Waisenkind, verwaist	
	la coccola	die Streicheleinheit, Zärtlichkeit, Liebkosung	Quei due stanno sempre a farsi le coccole!
	il pannolino	die Windel	
	occidentale	westlich, West-	*ant.* orientale
	adottare	adoptieren, annehmen	Ha adottato uno stile molto personale.
	la distanza	die Entfernung, Distanz	**E/F** distance
	guarire *-isc-*	heilen, gesund werden/machen	Se non ascolti quello che dice il medico non guarirai più!
	la sofferenza	das Leiden	*v.* soffrire
	la malaria	die Malaria	
	la felicità	das Glück, die Freude	Che felicità!
	il cuoco/la cuoca	der Koch/die Köchin	Anna è un'ottima cuoca.
	ruotare	sich drehen, kreisen	
	piangere	weinen	*part. pass.* pianto
	nonostante	trotz, obwohl	
	ottenere	erhalten, bekommen	ottengo, ottieni, ottiene, otteniamo, ottenete, ottengono
	il vuoto; vuoto, -a	die Leere; leer	*ant.* il pieno; pieno
	promettere	versprechen	**E** promise **F** promettre *part. pass.* promesso
	fisico, -a	körperlich	
E 1	**la nazionalità**	die Staatsangehörigkeit, Nationalität	**E** nationality **F** nationalité Di che nazionalità sei?
	l'impegno	die Verpflichtung, der Einsatz, das Engagement; die Beschäftigung; der Auftrag	
E 5	**scambiare**	austauschen, vertauschen	*sost.* lo scambio L'ho scambiato per suo fratello.

E 7	l'infermiere/a	der/die Krankenpfleger/in, Krankenschwester	La signora Sciacca è infermiera.
	il servizio	der Dienst; die Dienstleistung	
	igienico, -a; il servizio igienico	hygienisch; die Toilette	Manca la carta igienica.
	la banda	die Bande, Schar; *auch:* die Band	Hanno arrestato tutta la banda.
	casuale	zufällig	
	doppio, -a	doppelt	Vorrei una camera doppia con bagno.
	ripartire	zurückkehren, wieder aufbrechen	
	spostare; spostarsi	verschieben, umstellen; sich wegbewegen, umsetzen	Sposta il dizionario, per favore!
	lo/la psicologo/a	der/die Psychologe/in	*pl.* gli psicologi, le psicologhe
E 8	**la disposizione**	die Verfügung, Verfügbarkeit	
	dipendere (da)	abhängen (von)	**E** depend *part. pass.* dipeso Ti piace la scuola? – Beh, dipende ...
	la pace	der Frieden	**L** pax **E** peace **F** la paix
E 9	il giornalino	kleine Zeitung; Kinder-/Schülerzeitung	Scrive per il giornalino della scuola.
	il consumo	der Konsum, Verbrauch	
E 12	l'ecoconsiglio	der Ratschlag zum Umweltschutz	
	l'anniversario	der Jahrestag	Oggi è l'anniversario di matrimonio dei miei genitori.
	efficace	effizient, wirksam	Questa medicina è molto efficace.
	realistico, -a	realistisch	Sii realistica: è impossibile riuscire a finire per stasera.
	il riscaldamento	die Heizung	
	il televisore	der Fernseher	Spegniamo il televisore!
	la lampada	die Lampe	
E 13	**l'apparecchio**	der Apparat, das Gerät	Questa cucina è piena di apparecchi elettrici.
	bollire	kochen (auf 100° erhitzen)	L'acqua bolle a cento gradi.
	spegnere	ausschalten, ausmachen, löschen	spengo, spegni ... spengono *part. pass.* spento
	la luce	das Licht	**L** lux
	il motore	der Motor	Il motore non funziona.
	asciugare; l'asciugatrice *f*	trocknen, austrocknen; der Wäschetrockner	Cosa usi per asciugarti le mani?
	l'aria condizionata	die Klimaanlage	
C	premiare	auszeichnen, prämieren	
	il talento	das Talent	Ha molto talento musicale.
	creativo, -a	kreativ, schöpferisch	È un tipo molto creativo.

Lezione 3

	la migrazione	die Migration, (Aus-/Ein-)-Wanderung	
	Ingresso		
E 1	**l'emigrazione** *f*	die Auswanderung, Emigration	*v.* emigrare
	l'immigrazione *f*	die Einwanderung	**E/F** immigration
	l'integrazione *f*	die Eingliederung, Integration	
E 2	**emigrare**	auswandern	*ant.* immigrare
	immigrare	einwandern	**E** immigrate **F** immigrer
	integrare	eingliedern, integrieren	
A	la folla	die (Menschen-)Menge	Alla manifestazione c'era una gran folla.
	l'indicazione *f*	die Angabe, Anweisung, der Hinweis	Ho seguito le sue indicazioni e ... ho perso la strada.
	il cartello	das Schild	Mi dispiace, non ho visto il cartello.
	ignoto, -a	unbekannt	**L** ignotus
	il terrore	der Schrecken	**L/E** terror **F** terreur
	rimandare	zurückschicken, zurückstellen	*sin.* rispedire
	accusare	anklagen, beschuldigen	**L** accusare **E** accuse **F** accuser
	rubare	stehlen, rauben	Mi hanno rubato il portafoglio!
	il dossier *franc.*	das Dossier, die Dokumentation	
	la crescita	das Wachstum, der Anstieg	
	suscitare	verursachen, auslösen, hervorrufen	La conferenza del professore ha suscitato molto interesse.
	l'ostilità	die Feindseligkeit	**E** hostility
	la diffidenza	das Misstrauen, der Argwohn	
	l'inquietudine	die Unruhe, die Beunruhigung	Ho una sensazione di inquietudine: c'è qualcosa che non va ...
	il/la clandestino/a; clandestino, -a *agg.*	der/die illegale Einwanderer/in; *adj.* illegal eingewandert, (*wörtl.* heimlich, verborgen)	**L** clandestinus I clandestini non hanno diritti.
	la sede	der Sitz, die Niederlassung	**L** sedis La sede della FIAT è a Torino.
	la comunità	die Gemeinschaft	**E** community **F** communauté
	la solitudine	die Einsamkeit	**E** solitude
	il/la segretario/a	der/die Sekretär/in	
	generale	generell, allgemein, general-	**E** general **F** général
	eppure	dennoch, trotzdem	"Eppur si muove!" ha detto Galileo Galilei e pensava alla terra.
	l'ostacolo	das Hindernis	**E** obstacle
	il ladro	der Dieb, Räuber	I Carabinieri hanno preso subito il ladro.
	il portiere/la portiera	der/die Hausmeister/in, Portier/die Portiersfrau	
	il sostegno	die Stütze, Unterstützung, der Rückhalt; *hier:* der Haltegriff	
	infilare	einfädeln, einreihen; hineinschlüpfen; *hier:* hineingreifen	La bambina ha infilato le scarpe ed è corsa fuori.
	giù	hinunter, unten	
	il pregiudizio	das Vorurteil	**E** prejudice

eliminare	vernichten, auslöschen, beseitigen	Elimina i dolci e perderai subito qualche chilo.
perfino	sogar	
aggredire *-isc-*	überfallen, angreifen	**L** aggredi Quando è nervoso Luca aggredisce tutti con brutte parole.
la raccolta	das Sammeln; *auch:* die Ernte	*v.* raccogliere
picchiare	schlagen, stoßen	Però non picchia mai nessuno, per fortuna!
esporre	darlegen, hervorheben; *hier:* esporre denuncia = Anzeige erstatten	espongo, esponi, espone, esponiamo, esponete, espongono *part. pass.* esposto
la denuncia	die Anzeige	I Verdi hanno denunciato i padroni della fabbrica che inquina il lago. *v.* denunciare
accadere	vorfallen, passieren	
la cittadinanza	die Staatsbürgerschaft	Gli italiani che vivono in Germania possono avere la doppia cittadinanza.
accettare	annehmen, akzeptieren	**E** accept **F** accepter
la chance	die Chance, Gelegenheit	Dagli un'altra chance!
la società	die Gesellschaft	
multietnico, -a	Vielvölker-, multiethnisch	
l'inferno	die Hölle, das Inferno	*ant.* paradiso
E 1 all'incirca	circa, ungefähr	*sin.* circa
E 2 **il permesso**	die Erlaubnis	**E/F** permission Non ho il permesso di uscire tutte le sere.
E 4 **essere fidanzato, -a; il/la fidanzato/a**	verlobt sein; der/die Verlobte	Nanda e Mauro sono stati fidanzati per 14 anni!
la pensione	die Pension *(als Gasthaus und als Altersversorgung)*	Le pensioni sono spesso basse.
dividere	teilen	**L** dividere **E** divide
insopportabile	unerträglich	*v.* sopportare Ma sei proprio insopportabile oggi!
il trasloco	der Umzug	Abbiamo avuto un sacco da fare a causa del trasloco.
il rumore	der Lärm, Krach	Cerca di non fare tanto rumore quando mangi!
l'informatica	die Informatik, elektronische Datenverarbeitung	
il progresso	der Fortschritt	Con il soggiorno in Italia hai fatto molti progressi in italiano.
E 7 candidarsi	sich zur Wahl stellen; *hier:* sich bewerben	
presso	bei	c/o = presso Lisa Meier c/o Fam. Lanini Via Piave 2 50127 Firenze
esperto, -a	erfahren	
l'amministrazione *f*	die Verwaltung	
linguistico, -a	sprachlich, linguistisch	Per me la scuola più interessante è il liceo linguistico.

	multiculturale	multikulturell	Londra è veramente una città multiculturale.
	interculturale	interkulturell	
	distinto, -a; distintamente *agg.*	verschieden, klar, deutlich; Sehr geehrte/r *(Anrede im Brief)*; hochachtungsvoll *(im Brief)*	Dist. Sig.ra Anna Rossi Via Verdi 8 34170 Gorizia
E 9	respingere	zurückweisen, zurückschicken	*part. pass.* respinto
	espulso, -a	ausgewiesen, abgewiesen	È stato espulso da diverse scuole della città.
	l'immigrante *m/f*	der/die Einwanderer/in, Immigrant/in	*v.* immigrare
	illegale	illegal, gesetzwidrig	**E** illegal **F** illégal
E 10	attirare	anziehen, auf sich ziehen	Questa prof sa sempre come attirare l'attenzione degli studenti.
	rischiare	riskieren, gefährden	Non rischiare di far tardi: alzati!
	l'arma *pl.* le armi	die Waffe	
	l'analfabeta *m/f*	der/die Analphabet/in	Gli analfabeti esistono ancora oggi.
	l'emigrante *m/f*	der/die Auswanderer/in, Emigrant/in	
E 11	**limitare**	begrenzen, einschränken	
B			
T1			
E 1	**l'influsso**	der Einfluss	La TV ha grande influsso sulla vita di molta gente.
	l'impressione *f*	der Eindruck	**E/F** impression Che impressione: c'è un serpente nel giardino!
	l'intenzione *f*	die Absicht	**E/F** intention
T2			
	adeguato, -a	passend, angemessen	**E** adequate
	il pianto	das Weinen	*v.* piangere
	la bestemmia	der Fluch, das Fluchen	Le bestemmie sono insopportabili.
	coloro	jene, diejenigen	
	spaventoso, -a	erschreckend	Fa un caldo spaventoso.
	innalzare	anheben, hochheben	
	il cielo	der Himmel	**L** caelum **F** ciel
	profondo, -a	tief	**L** profundus **E** profound
	sviluppare	entwickeln	*sost.* sviluppo Ho portato a far sviluppare le foto.
	contagioso, -a	ansteckend	Quella malattia è contagiosa.
	terrorizzante	Furcht einflößend, erschreckend	
	la puzza	der Gestank	Che puzza: apri la finestra!
	a bordo	an Bord	Tutti a bordo!
	rompere	brechen	*part. pass.* rotto
	la riparazione	die Reparatur	La riparazione del mio orologio è costata 28 euro.
	pendente	hängend, sich neigend	
	il lato	die Seite	**L** latus
	rovesciare	umkippen, umstürzen	Attenti a non rovesciare il latte!

	piegare	biegen, verbiegen, (zusammen)falten	
	scatenare	auslösen	La sua reazione ha scatenato una gran confusione.
	il panico	die Panik	Cerchiamo di evitare il panico se c'è pericolo.
	il capitano	der Kapitän, Hauptmann	
	l'evacuazione *f*	die Evakuierung, Räumung	L'evacuazione va fatta senza far scatenare il panico.
	il revolver	der Revolver	Giù il revolver e mani in alto!
	il comandante	der Kommandant, Befehlshaber, Kapitän	
	affondare	untergehen, sinken, auf Grund laufen	La barca è affondata.
	settentrionale; il/la settentrionale	nördlich, Nord-; Nordländer, Norditalienier/in	La Val d'Aosta è una regione settentrionale.
	l'industrializzazione *f*	die Industrialisierung	
	la riforma	die Reform	La riforma del liceo ha portato tanti problemi.
	romanzo, -a	romanisch	L'italiano, lo spagnolo ed il francese sono lingue romanze.
	isolato, -a	abgeschlossen, abgeschieden, isoliert	
	il ghetto	das Ghetto	La parola ghetto è di origine veneziana.
	la concorrenza	die Konkurrenz, der Wettstreit	
	il mestiere	der Beruf	**F** métier
	il lavoratore/ la lavoratrice	der/die Arbeiter/in	*v.* lavorare
E 2	**il processo**	der Vorgang, Prozess	Il processo si svolgerà a porte chiuse, senza il pubblico.
	dirigere	lenken, leiten, richten	*part. pass.* diretto Chi dirige il concerto?
	inesistente	nicht vorhanden, inexistent	
	la massa	die Masse	Ci siamo persi nella massa di gente dell'Oktoberfest.
E 4 	**paragonare**	vergleichen	*sost.* il paragone
	informare	informieren	
	commettere	begehen	**E** commit *part. pass.* commesso
	chissà	wer weiß	chi + sa → chissà
E 5	sudamericano, -a; il/la sudamericano/a	südamerikanisch; Südamerikaner/in	Lo spagnolo parlato dai sudamericani è diverso da quello della Spagna.
	importare	einführen, importieren	
	la danza	der Tanz	Il nostro maestro di danza è bravissimo.
	il finanziamento	die Finanzierung	
E 6	la (radio)telegrafia	die Telegrafie	
	il telescopio	das Teleskop	
	conquistare	erobern, für sich gewinnen	**E** conquer **F** conquérir
	chiamare	rufen, anrufen	Non ha chiamato nessuno.
	la pila	die Batterie	Ricicliamo sempre le pile.

	la dinamo	der Dynamo	
	il barattolo	Dose, Büchse	Il sale è nel barattolo giallo.
E 8	**buttare**	(weg)werfen	Queste scarpe vecchie sono proprio da buttare!
	addosso	bei sich, am Leib	Mettiti qualcosa addosso prima di uscire!
	rimettere	zurückstellen, zurücklegen	*part. pass.* rimesso
C	l'occhiata	ein kurzer Blick	Da' un'occhiata all'articolo e dimmi cosa ne pensi.
	la residenza	der Aufenthalt, Wohnsitz	Molti vip hanno la residenza in Svizzera per non pagare le tasse.
	il livello	das Niveau, der Stand	Il livello della classe è ottimo.
	iniziale	anfänglich	*v.* iniziare Bisogna superare le difficoltà iniziali.
	la presenza	die Anwesenheit, Präsenz	
	il parere	die Meinung, Ansicht	*sin.* opinione Sono anch'io del tuo parere.
	coinvolgere	mit einbeziehen, beteiligen	*part. pass.* coinvolto
	riservare	reservieren	Devo riservare un tavolo per stasera.
	rifare	noch einmal machen	*part. pass.* rifatto
	coincidere	zusammentreffen, zusammenfallen	*part. pass.* coinciso
	accogliere	aufnehmen	*part. pass.* accolto *sost.* accoglienza

Lezione 4

	Ingresso		
	la tappa	die Etappe, Station, Teilstrecke	**F** étape Pisa è stata la prima tappa del nostro viaggio.
	l'Unione Europea (UE)	*die Europäische Union (EU)*	La Svizzera non è nell'Unione Europea.
	la moneta	die Münze, das Geld	Mi servono due monete da due euro.
	commemorativo, -a	Gedenk-, Gedächtnis-	
A	**comporre**	zusammensetzen, zusammenstellen, bilden	*part. pass.* composto
T 1	*la Comunità Economica Europea (CEE)*	*die Europäische Gemeinschaft (EG)*	
	promuovere	hervorrufen, anregen, fördern	**E** promote *part. pass.* promosso
	l'introduzione *f*	die Einführung; die Einleitung	**E/F** introduction Già l'introduzione *(Einleitung)* di questo libro è splendida: voglio leggerlo subito.
	attorno	um ... herum, ringsherum	*sin.* intorno
E 1	**il tema**	das Thema; *auch:* der Aufsatz	Questa prof dà sempre dei temi difficili.
	attuale	aktuell, zeitgemäß, derzeitig	L'attuale presidente della Repubblica è Giorgio Napolitano.
E 2	il referendum	das Referendum, die Volksabstimmung	In Italia si fanno spesso i referendum.
	il controllo	die Kontrolle	La situazione è sotto controllo.

	l'armonia	die Harmonie, Übereinstimmung	**E** harmony
E 3	**la globalizzazione**	die Globalisierung	La globalizzazione ci permette di mangiare specialità da tutto il mondo.
	l'invito	die Einladung	Spedisci gli inviti per la festa!
	la tovaglia	das Tischtuch, die Tischdecke	A Natale si usano le tovaglie più belle.
	il vassoio	das Tablett, Servierbrett	Sono questi i vassoi da mettere in tavola?
	il menù	die Speisekarte	Hai già chiesto il menù?
	le patatine	die Pommes frites; *auch:* Kartoffelchips	A me le patatine non piacciono.
	il dito *pl.* **le dita**	der Finger	Mi fanno male tutte le dita della mano destra!
	il gomito	der Ellbogen	Hai la maglia rotta sui gomiti.
	la tavola	der (Ess-)Tisch, die Tafel	**L** tabula La pasta è pronta: a tavola! Questo tavolo è troppo grande: nello studio non c'è posto.
	il conto	die Rechnung, das Konto	Cameriere, il conto per favore!
	la mancia	das Trinkgeld	Ma io a questo cameriere antipatico non lascio la mancia.
T2	**l'apertura**	die Öffnung(szeit)	*v.* aprire
	il sacco; un sacco di	der Sack; eine Menge *(coll.)*	Ha vinto un sacco di soldi al lotto.
	calcolare	rechnen, berechnen	Calcola quanto dobbiamo spendere!
	lo shopping *ingl.*	der Einkaufsbummel	
	enorme	enorm, riesig	Questo cantante ha un enorme successo.
	la creazione	die Schöpfung, Kreation	**F** création
	duraturo, -a	dauerhaft, nachhaltig	*v.* durare
	il membro	das Mitglied	**E** member *pl.* i membri *(die Mitglieder)*, le membra *(die Gliedmaßen)*
	la disoccupazione	die Arbeitslosigkeit	Per i giovani la disoccupazione è un grande problema.
	giovanile	jugendlich, jugendhaft	
	unificare	vereinen, zusammenfügen	L'Italia è stata unificata nel 1860.
	comportar(si)	benehmen, betragen; *auch:* mit sich bringen	Lina non si sa comportare.
	conseguire	erlangen, erreichen, erzielen	
	la laurea	der Universitätsabschluss, das Diplom	Ha due lauree: una in economia e una in lingue.
	la burocrazia	die Bürokratie	C'è troppa burocrazia in questo Paese!
	la mobilità	die Beweglichkeit, Mobilität	
E 6	**il limite**	die Grenze	**E** limit
	ecc. (eccetera)	etc. (etcetera), usw. (und so weiter)	
E 7	**comparire**	auftauchen	comparisco/compaio *part. pass.* comparso
	il bacio	der Kuss	Bacio? Parli di cioccolata, di gelato o di un bacio vero?
	la guancia	die Wange	D'inverno ho sempre le guance rosse.
	votare	wählen	**E** vote **F** voter

	l'elezione *f*	die Wahl	**E** election **F** élection
	il ciclismo	der Radsport	
	etnico, -a	ethnisch, Volks-	
	la candela	die Kerze	**E** candle È utile tenere qualche candela in casa per quando manca la luce.
	apparecchiare	den Tisch decken	Chi apparecchia? La cena è quasi pronta.
	scommettere	wetten, Wetten abschließen	*part. pass.* scommesso
	definire *-isc-*	definieren	
	il contenuto	der Inhalt	**E** content
E 8	il volantino	das Flugblatt, der Informationsaushang	
	cenare	zu Abend essen	**L** cenare
B			
T 1	**il fenomeno**	das Phänomen, die Erscheinung	
	la radice	die Wurzel	**L** radix
	la cronistoria	die Chronik, der Bericht	
	la certezza	die Gewissheit	
	il prefetto	der Präfekt, Vorsteher	
	la nobiltà	der Adel, die adelige Oberschicht	
	il monopolio	das Monopol	**E** monopoly
	amministrare	verwalten	Amministra bene i suoi soldi.
	l'unità	die Einheit	Ci incontriamo in Piazza Unità d'Italia.
	armato, -a	bewaffnet	
	potente	mächtig, kräftig, stark	È una moto molto potente.
	drastico, -a	drastisch, krass; energisch	Non essere così drastico!
	il/la nobile; nobile *agg.*	der Edelmann, die Edelfrau, der/die Adelige; adelig, edel	**L** nobilis **E/F** noble
	istruire *-isc-*	anweisen, unterweisen, anleiten, lehren	Istruiscimi, per favore: come funziona questa regola?
	sfruttare	ausnutzen, ausbeuten	
	derubare	berauben	Non sono riusciti a derubarlo.
	l'autorità	die Autorität	*pl.* le autorità *(Behörden)*
	mafioso, -a	mafiös, zur Mafia gehörig	
	la giustizia	die Justiz; die Gerechtigkeit	**L** iustizia **E/F** justice
	stabilire *-isc-*	festlegen, festigen	La legge stabilisce che è vietato fumare nei locali pubblici.
	compaesano/a	aus dem gleichen Dorf stammend	Siamo tutti e due italiani ma non compaesani.
	disponibile	bereit, zur Verfügung stehend	È un tipo disponibile: cerca sempre di aiutare tutti.
	il gangster *ingl.*	der Gangster	
	la lotta	der Kampf	
	la dittatura	die Diktatur	Purtroppo ci sono ancora molte dittature nel mondo.
	lo sbarco	die Landung, das Ausbooten	*v.* sbarcare
	rientrare	zurückkehren, wieder eintreten	Quando rientri?
	ufficiale	offiziell	**E** official **F** officiel

il dopoguerra	die Nachkriegszeit	I dopoguerra sono tempi duri per tutti.
finanziario, -a	finanziell	Nel 1929 c'è stata una grande crisi finanziaria.
la manodopera	Arbeitskräfte	Su quest'isola manca la manodopera.
l'usura	der Wucher	
la commissione	die Kommission, der Arbeitskreis	
antimafia	gegen die Mafia	
l'attentato	das Attentat, der politisch motivierte Anschlag	La polizia lo ha scoperto mentre preparava l'attentato.
il/la giudice	der/die Richter/in	**L** iudex **F** juge
arrestare	verhaften, in Haft nehmen	
il boss	der Boss	
il capo	der Chef, das Oberhaupt	In Italia lo "chef" c'è solo al ristorante: in ufficio c'è il capo.
latitante *agg.;* **il/la latitante**	flüchtig, im Untergrund lebend; der/die Flüchtige	
il/la criminale	der/die Kriminelle, Verbrecher/in	Abbandonare gli animali è da criminali.
la 'ndrangheta	*Sammelbegriff für das organisierte Verbrechen in Kalabrien*	
la camorra	*Sammelbegriff für das organisierte Verbrechen in Kampanien*	
la sacra corona unita	*Sammelbegriff für das organisierte Verbrechen in Apulien*	
provenire	herkommen, stammen aus	provengo, provieni ... provengono
lo sfruttamento	die Ausnutzung	
la prostituzione	die Prostitution	
est; l'est *m*	östlich; der Osten	
il riciclaggio	das Recycling, die Wiederverwertung	**E** recycling *v.* riciclare
il denaro	das Geld	
tramite	mittels, durch	*sin.* attraverso L'ho saputo tramite la mia amica.
l'investimento	die Investition, Geldanlage	Questo libro è stato proprio un buon investimento.
l'acquisto	der Kauf, die Beschaffung	
l'arsenale *f*	die Waffenkammer, das Waffenlager, Arsenal	
il blocco	der Block, die Blockade	Scrivo prima sul blocco, poi copio sul quaderno.
comunista *agg.;* **il/la comunista**	kommunistisch; der/die Kommunist/in	
impensabile	undenkbar	*v.* pensare
l'appoggio	die Unterstützung	Senza l'appoggio finanziario dello Stato il progetto non si realizza.
combattere	kämpfen	Sto combattendo contro il sonno, ma devo finire di studiare.
l'onestà	die Ehrlichkeit	**E** honesty
la libertà	die Freiheit	**E** liberty **F** liberté
la democrazia	die Demokratie	**E** democracy

	il coraggio	der Mut	**E/F** courage
	la gamba	das Bein	Che belle gambe!
E 1	**il lessico**	der Wortschatz; das Lexikon	
	il contrario	das Gegenteil	Fai sempre il contrario di quello che ti dicono.
	tollerante	tolerant	
	legale	legal, gesetzestreu	Far entrare clandestini in un Paese non è legale.
	viceversa	umgekehrt	Lui non può sopportare lei e viceversa.
E 2	**distribuire** *-isc-*	verteilen	Distribuisci i fogli ai compagni, per favore!
	l'articolo	der Artikel	
	l'attualità	die Aktualität	
	la copertina	die Titelseite	Quel libro ha una bella copertina.
	utilizzare	(be)nutzen	
E 4	**la collaborazione**	die Zusammenarbeit	
	classico, -a	klassisch	
	dirigere	lenken, leiten, richten	*part. pass.* diretto
	assassinare	umbringen	
	deludere	enttäuschen	*part. pass.* deluso
	la barriera	die Schranke, die Barriere	
	l'album *m*	das Album	*pl.* gli album
	premiare	auszeichnen, prämieren	La tua pazienza è stata premiata.
	il disco	die Schallplatte	
	entusiasta	enthusiastisch, begeistert	Gianni ha visto quel film e ne è entusiasta.
	l'erede *m/f*	der Erbe, die Erbin	**E** heir
E 5	**il cantautore/ la cantautrice**	der/die Liedermacher/in	Carmen Consoli è una cantautrice siciliana.
	pur	*Partikel beim konzessiven Gebrauch des Gerunds*	Pur litigando spesso Luca e Gianni sono molto amici.
	imitare	nachahmen, imitieren	**L** imitari **E** imitate
E 7	**la gallina**	die Henne	
	infine	schließlich, endlich	Ha provato e riprovato e infine ci è riuscito: finalmente!
	il tono	der Ton(fall)	

C

E 2	l'assessore	der/die Beauftragte *(im Rahmen einer Behörde)*	Le presento l'assessore Grazia Levi. – Molto piacere!
	il promotore/ la promotrice	der Förderer/die Förderin, der/die Initiator/in	
E 3	riascoltare	erneut anhören, wieder hören	Ho già riascoltato il testo tre volte, ma non ci capisco niente.
	ulteriore	weiter, sonstig, zusätzlich	Hai ulteriori informazioni?
	lo spuntino	der Imbiss, Snack	Facciamo uno spuntino? Ho una fame!
	il criterio	das Kriterium	
E 5	gastronomico, -a	gastronomisch	

	la ricotta	der Ricotta *(quarkähnlicher Weichkäse)*	
	il cantuccino	das Cantuccino *(Mandelgebäck)*	
	vegetariano, -a; il/la vegetariano/a	vegetarisch, fleischlos; der/die Vegetarier/in	Silvia è l'unica vegetariana in famiglia.
	il grasso	das Fett	
	consigliabile	empfehlenswert, ratsam	*v.* consigliare
	il tortellino	das Tortellino *(Pastasorte)*	
	la lasagna	die Lasagne	Nel nord si dice "le lasagne", mentre nel sud preferiscono "la lasagna".
	la mortadella	die Mortadella *(Wurstspezialität)*	
	il grissino	das Grissino, die dünne Brotstange	
	assaggiare	kosten, probieren	assaggio, assaggi ... assaggiano
	meravigliarsi	sich wundern	
	il tiramisù	die Tiramisù *(Süßspeise)*	C'è troppo caffè in questo tiramisù.
	il limoncello	der Zitronenlikör	
E 6	il canestro; fare canestro	der Korb; einen Korb werfen, Basketball spielen	
	la ciambella	der Kranzkuchen, Kringel	
	allenare	trainieren	
	tagliare	schneiden, kürzen	
	rinunciare	verzichten	
	l'affitto	die Miete	
	la carta di credito	die Kreditkarte	
	l'elettricità	die Elektrizität, der Strom	
	il riscaldamento	die Heizung	
	mite	mild	
	lo spirito	der Geist, Sportsgeist; die Einstellung	

Lezione 5

	il profeta	der Prophet, Vorbote	Nelle Sacre Scritture troviamo solo profeti, nessuna profetessa.
	la modernità	die Moderne	
	Ingresso		
	la Svevia	das Schwabenland	
A	**divenire**	werden	divengo, divieni, ... divengono
	incoronare	krönen	
	il papa/il Papa	der Papst, der Heilige Vater	Papa Benedetto XVI è bavarese.
	la crociata	der Kreuzzug	Faccio confusione fra i vocaboli "crociata" e "crociera".
	statale	staatlich, Staats-	Il nostro liceo è statale.
	laico, -a	laizistisch	
	il funzionario	der Funktionär	I funzionari statali guadagnano bene.
	lo stato; lo Stato	der Staat; der italienische Staat	
	la costituzione	die Konstitution, Verfassung	**E/F** constitution

	sfortunato, -a	glücklos, unglückselig, vom Pech verfolgt	*contr.* fortunato
	legittimare	legitimieren, vor dem Gesetz anerkennen	
	il Pontefice	der Pontifex, das (katholische) Kirchenoberhaupt	**L** pontifex *sin.* il Papa
	scomunicare	exkommunizieren, aus der Kirchengemeinschaft ausschließen	
	il falcone	der Falke	
	sostenere	unterstützen	sostengo, sostieni, ... sostengono
	la curiosità	die Kuriosität, Neugierde	
	il castello	das Schloss	**E** castle **F** chateau
	la corte	der (königliche/herzogliche) Hof	**E/F** court
	lo stipendio	das Gehalt	↔ la borsa di studio = *das Stipendium*
	il filosofo	der Philosoph	
	la discriminazione	die Diskriminierung	
	il predominio	die Vorherrschaft	In questo quadro i colori scuri hanno il predominio.
	seppellire *-isc-*	beerdigen, begraben	*part. pass.* sepolto
E 1	**la definizione**	die Definition	Queste definizioni non mi sono chiare: spiegamele!
	fondamentale	fundamental, grundlegend, Basis-	La Costituzione è la legge fondamentale dello Stato.
	legittimo, -a	legitim, gesetzlich anerkannt	
	la liberazione	die Befreiung	*agg.* libero, -a
	il clero	der Klerus, die kirchlichen Mitarbeiter	
	cattolico, -a	katholisch	
	svolgere	ausführen (eine Arbeit), innehaben (eine Aufgabe)	*part. pass.* svolto
	escludere	ausschließen	*part. pass.* escluso
	la razza	die Rasse, Art	**E/F** race
E 2	**la letteratura**	die Literatur	Mio fratello studia letterature romanze.
	uccidere	töten, umbringen	**L** occidere *part. pass.* ucciso
	suicidarsi	Selbstmord begehen	Voleva suicidarsi, ma sono riusciti a salvarlo.
E 3	**l'arte** *f*	die Kunst	**L** ars **E/F** art Fabio frequenta l'Accademia di Belle Arti.
E 4	**la torre**	der Turm	**L** turris **F** tour
	la gelosia	die Eifersucht	**E** jealousy
	il dubbio	der Zweifel	Ho i miei dubbi che tu possa cambiare la situazione.
	il dolore	der Schmerz	**L** dolor **F** douleur
	il lamento	die Wehklage	
	manifestare	beteuern, zeigen	
	l'innocenza	die Unschuld	*agg.* innocente
	controverso, -a	gegensätzlich, kontrovers	
	toccante	anrührend, berührend	Le sue parole erano molto toccanti.

	l'amante *m/f*	der/die Liebhaber/in	Anna è un'amante della letteratura antica.
	fittizio, -a	fiktiv, erfunden	
E 5	**numeroso, -a**	zahlreich	Ho numerosi amici in Italia.
	illegittimo, -a	illegitim, gesetzlich nicht anerkannt; unehelich	*ant.* legittimo, -a
	centralizzato, -a	zentralisiert, auf die Mitte bezogen	
	il guerriero	der Krieger	
	letterato, -a	belesen	
E 6	la trasmissione	die Übertragung, Sendung	Segue tutte le trasmissioni di quiz.
	il/la regista	der/die Regisseur/in	Conosco alcune registe italiane molto brave.
	il cadavere	der Leichnam, Kadaver	L'uomo non poteva essere accusato finché non si fosse trovato il cadavere.
	congelare	einfrieren	
	l'esilio	das Exil, die Verbannung	L'ultimo re italiano è morto in esilio.
	scoppiare	ausbrechen, entbrennen	È scoppiata a ridere nel momento sbagliato.
	atomico, -a	atomar	
	la carriera	die Karriere	
	musicale	musikalisch, Musik-	Quest'uomo ha una grande cultura musicale.
	il romanzo	der Roman	
	il/la magnate	der Magnat, Mogul	I magnati dell'economia vivono una vita felice e tranquilla?
	parziale	teilweise, Teil-	
	la basilica	die Basilika	Avete visitato la Basilica di San Marco?
	il cardinale	der Kardinal	Il cardinale Ratzinger è diventato papa col nome di Benedetto XVI.
	eleggere	wählen	**E** elect *part. pass.* eletto
	gli Azzurri	*die ital. Nationalmannschaft*	
	i campionati mondiali	die Weltmeisterschaften	Ci sono i campionati mondiali quest'anno?
	l'eruzione *f*	der Ausbruch	Le eruzioni dell'Etna si ripetono regolarmente.
E 7	ammazzare	umbringen, töten	*sin.* uccidere
E 8	il messaggero	der Bote	Il *Messaggero* è un giornale romano.
	la scala	die Treppe	
	lo schiaffo	die Ohrfeige	Buttare via il cibo è uno schiaffo alla miseria!
E 9	ampliare	ausweiten, vergößern	La prof ha detto che devo ampliare le idee del mio tema.
	informativo, -a	informativ	
B	**sezionare**	sezieren, anatomisch untersuchen	
	l'anatomia	die Anatomie, Studie des leblosen Körpers	Non tutti riescono a studiare anatomia.
	l'esperimento	das Experiment, der Versuch	

	il volo	der Flug	
	la Gioconda	*die Mona Lisa*	Un altro nome per la Gioconda è "Monna Lisa".
E 2	il supergenio	das Superhirn, Megatalent	Per capire questo compito bisogna essere supergeni!
	il genio	das Genie	
	universale	universell, generell	
	il Rinascimento	die Renaissance	
	illustrare	veranschaulichen	
	l'ingegneria	das Ingenieurswesen	Mi piacerebbe studiare ingegneria.
	il fiume	der Fluss	**L** flumen Il Po è il più lungo fiume d'Italia.
	lo/la studioso/a	der/die Gelehrte, Studierende	
	lo strumento	das Instrument, Werkzeug	Che strumento suoni?
	l'apparato	der Apparat *(fig.)*	L'apparato statale è complesso.
	apprezzare	schätzen, wertschätzen	
	il brano	der (Text-)Abschnitt, (literarische) Auszug, die Textstelle	
	rinascimentale	Renaissance-	
	l'osservazione *f*	die Beobachtung	
	l'uso	der Gebrauch	
	disegnare	zeichnen	Non so affatto disegnare!
	misurare	messen, abmessen	
	la mappa	die Karte	La mappa del tesoro era disegnata molto esattamente.
	grandioso, -a	großartig, fantastisch	
	il corpo (umano)	der (menschliche) Körper	Il David di Michelangelo ha un corpo perfetto.
	proibire *-isc-*	verbieten, untersagen	Ti proibisco di parlarmi così!
	anatomico, -a	anatomisch	
	la barzelletta	der Witz	Luisa non si ricorda mai le barzellette che le raccontano.
	l'umorismo	der Humor	
	la capacità	die Fähigkeit	*agg.* capace Non ho capacità per il disegno.
	conversare	sich mit jdm unterhalten, eine Unterhaltung führen	Mi piace conversare con lui perché sa parlare di tutto.
E 4	**il quadro**	das Bild	
	la dama	die Dame	
	l'ermellino	der Hermelin	
E 5	condannare	verurteilen	
E 7	decisivo, -a	entscheidend	
	motivare	bekräftigen	
E 8	il/la rivale	der Rivale/die Rivalin	
	sorridere	lächeln	*part. pass.* sorriso
	il salone	der Salon	
	affinché	damit, auf dass	
E 10	il ragno	die Spinne	

	la buca della chiave	das Schlüsselloch	Al buio non trovo il buco della chiave. la buca = *alt* für 'il buco'
	esplorare	erkunden, erforschen	
	affacciarsi	sich (in der Tür, am Fenster) zeigen	
	lassù	dort oben	
	la mosca	die Fliege	Che schifo, c'è una mosca nell'insalata!
	quaggiù	hier unten	
	la trappola	die Falle	**E** trap
	straordinario, -a	außergewöhnlich	**E** extraordinary **F** extraordinaire
	inattaccabile	unangreifbar	
	la fortezza	die Festung, Wehranlage	
	l'armatura	die Rüstung	Le armature antiche sono affascinanti.
	il pensiero	der Gedanke	
	giungere	hinkommen, gelangen	*part. pass.* giunto
	il passo	der Schritt	
	prudente	vorsichtig, umsichtig	Sii prudente, ma agisci!
	lo sguardo	der Blick	
	la morale	die Moral, Lehre	
E 12	la truppa	die Truppe	
	invadere	eindringen, einmarschieren	**L** invadere **E** invade *part. pass.* invaso
C	assieme	zusammen	*sin.* insieme
	contenere	beinhalten	contengo, contieni, ... contengono
	ristretto, -a	eng, begrenzt	
	il campanile	der Glockenturm	Sono salito sul campanile di San Marco.
	il battistero	die Taufkapelle	
	la Signoria	die Herrschaft *(einer Adelsfamilie in der Renaissance)*	
	gli Uffizi	die Uffizien	Abbiamo fatto due ore di coda per visitare gli Uffizi.
	il piazzale	der große Platz	
	la stradina	das Sträßchen, die kleine Straße	
	il Palio	der Palio *(Reiterwettkampf in Siena)*	Il Palio si svolge due volte all'anno.
	la Torre Pendente	der Schiefe Turm	
	imperdibile	unverzichtbar	
	sabbioso, -a	sandig	
	il promontorio	das Vorgebirge	
	roccioso, -a	felsig	
	il Medioevo	das Mittelalter	
	i Medici	die Medici *(Fürstenfamilie in Florenz)*	Lorenzo de' Medici era chiamato "il Magnifico".
	l'impronta	die Spur, der Abdruck	
	iniziale	anfänglich, Anfangs-	
	bancario, -a	Banken-	Il sistema bancario.
	assumere	annehmen; *auch:* einstellen	*part. pass.* assunto
	l'ascesa	der Anstieg	
	la ventina	ungefähr zwanzig	C'erano una ventina di persone.

tuttora	noch immer, bis heute	
la pietà	das Mitleid, die Pietät	Abbiate pietà di chi ha bisogno!
disagiato, -a	benachteiligt, Not leidend	
la fondazione	die Gründung	
mediceo, -a	mediceisch	Le Cappelle Medicee a Firenze sono splendide.
il fulgore	der Glanz, das Leuchten	
cosmopolita	kosmopolitisch, weltoffen	
la finanza	das Finanzwesen	
svagarsi	sich erholen, sich zerstreuen	Svaghiamoci un po' dopo tanto studio!
il mecenate	der Mäzen	
riunire *-isc-*	wiedervereinen, zusammenbringen	Si riuniscono sempre in piazza dopo cena.
il concetto	das Konzept	
l'antichità	die Antike	
la spalla	die Schulter	
umanista *agg.*; l'umanista	humanistisch; der/die Humanist/in	
di spicco	herausragend	
il pittore/la pittrice	der/die Maler/die Malerin	Il mio pittore preferito è Raffaello.
lo scultore/la scultrice	der/die Bildhauer/in	
la culla	die Wiege	
diffondersi	sich aus-/verbreiten	
il paragrafo	der Paragraf	Non capisco il paragrafo 8 del regolamento scolastico!

Lezione 6

T 1	
scomparire	verschwinden, sich in Luft auflösen
la traccia	die Spur
il furgone	der Lieferwagen, Kleinlaster
E 2	
il maresciallo	der Polizeimeister, *mil.* Feldwebel
il passaporto	der Pass, Reisepass
E 3	
regionale	regional
il redattore/ la redattrice	der/die Redakteur/in
scrupoloso, -a	gewissenhaft
il presentatore/ la presentatrice	der/die Moderator/in, der/ die Nachrichtensprecher/in
il telespettatore/ la telespettattrice	der/die Fernsehzu- schauer/in
indagare	nachforschen, untersuchen
il muratore	der Maurer
il cantiere	die Baustelle, Abbruchstelle
familiare *agg.*; il/la familiare	familiär, Familien-; der/die Familienangehörige
temere	fürchten, befürchten
E 4	
inghiottire *-isc-*	verschlucken
testimoniare	bezeugen, eine Zeugen- aussage machen
sporgere una denuncia	Anzeige erstatten
E 5	
il commissariato	das Kommissariat
E 6	
tragico, -a	tragisch
inverosimile	unwahrscheinlich, unglaubwürdig
E 7	
l'idraulico	der Installateur
il meccanico	der Mechaniker
il cacciavite	der Schraubenschlüssel
E 8	
sparire *-isc-*	verschwinden
E 10	
il piazzale	der große Platz
E 11	
la ferrovia	die Eisenbahn

E 12	
la gazzetta	das Nachrichtenblatt, die Zeitung
pubblicare	veröffentlichen
T 2	
lottare	kämpfen
rigido, -a	starr, fest, hart
riscaldare	aufwärmen, erwärmen
fasciare	(ein)wickeln, bandagieren
la tunica	die Tunika
militare	militärisch, Militär-
imporre	auferlegen, zwingen zu
diffondersi	sich verbreiten
l'indumento	das Gewand, die Kleidung
addetto, -a	zugeteilt, bestimmt zu, zugehörig
resistente	widerstandsfähig
strappare	reißen, entreißen
logorare	abnutzen, abtragen, verbrauchen
il cercatore/ la cercatrice	der/die Sucher/in
l'oro	das Gold
confezionare	maßschneidern, anfertigen
fabbricare	erzeugen, herstellen, bauen
il telo	die (Stoff-)Bahn, der Lein- wandstreifen
il tessuto	der Stoff, die Textilie
il cotone	die Baumwolle
la resistenza	der Widerstand
battezzare	taufen, benennen
il costruttore, la costruttrice	der/die Erbauer/in, Herstel- ler/in, Konstrukteur/in
la stoffa	der Stoff
la corruzione	die Bestechung, Korruption
stingere	entfärben, bleichen
slavato, -a	verblichen, verwaschen
indifferente	gleichgültig, unterschieds- los
rafforzare	befestigen, bekräftigen
il calzone	die Hose
il chiodo	der Nagel; *hier:* die Niete
ribattere	zurückschlagen, zurückwei- sen
brevettare	patentieren, patentrechtlich schützen
il brevetto	das Patent
dotato, -a	ausgestattet, versehen mit

la cerniera	der Reißverschluss, das Scharnier
il catalogo	der Katalog
dominare	beherrschen
mondiale	Welt-

E 1

cronologico, -a	chronologisch, zeitlich aufeinanderfolgend
temporale	zeitlich
il passo	der Schritt

E 4

l'intruso	der Eindringling
il cognato/ la cognata	der Schwager/ die Schwägerin
attrarre	anziehen
la valigia	der Koffer, das Gepäck
la tela	das Tuch, die Stoffbahn
rapido, -a	schnell
l'esitazione *f*	das Zögern
il telone	das (grobe) Tuch, die Stoffbahn
il sarto/la sarta	der Schneider/die Schneiderin
entusiasta	enthusiastisch, begeistert
ulteriore	weiter, sonstig, zusätzlich
il miglioramento	die Besserung, Verbesserung
l'ago	die Nadel

E 5

il settore	der Sektor, Bereich, Abschnitt

T 3

la stanzetta	das kleine Zimmer
la scrivania	der Schreibtisch
il soffitto	die Zimmerdecke
l'affitto	die Miete
lento, -a	langsam
disordinato, -a	unordentlich, unaufgeräumt
impazzito, -a	verrückt geworden, wahnsinnig
il profumo	der Duft, das Parfüm
il terrazzo	die Terasse, der Vorbau
ripensare	überdenken
la processione	die Prozession, der festliche Umzug
la goccia	der Tropfen
il sapone	die Seife
la scala	die Treppe
la collezione	die Sammlung
assente	abwesend
chilometrico, -a	Kilometer-
sfiorare	streifen, leicht berühren
la pancia	der Bauch
la compagnia	die Begleitung, Gesellschaft

E 3

diretto, -a	direkt, unmittelbar

E 4

la fase	die Phase
la corriera	der Überlandbus
umido, -a	feucht
la monotonia	die Monotonie, Eintönigkeit
la serenità	die Heiterkeit

E 5

l'elenco	die Liste, die Aufzählung

E 9

l'infanzia	die Kindheit

T 4

E 1

l'analisi *f*	die Analyse, Untersuchung

E 2

l'iscrizione *f*	die Einschreibung
la videoconferenza	die Videokonferenz

E 4

la spalla	die Schulter
esterofilo, -a	ausländerfreundlich, am Ausland interessiert

E 5

il questionario	der Fragebogen

E 6

il/la reporter	der/die Reporter/in
l'interprete *m/f*	der/die Dolmetscher/in

E 7

opportuno, -a	günstig, gelegen
nonché	nicht dass, dass nicht
risultare	daraus folgen
il panorama	das Panorama, die Aussicht
l'interno	das Innere
dichiarare	erklären
emergere	auftauchen, hervorgehen
baltico, -a	baltisch

T 5

le manette	die Handschellen
riprendere	wieder aufnehmen

E 1

l'assassinio	die Ermordung, das Attentat

E 2

la vignetta	die (Comic-)Zeichnung, Karikatur

E 3

il/la testimone	der Zeuge/die Zeugin
la vendetta	die Rache

E 4

rovinare	ruinieren
il suspense *ingl.*	die Spannung
eventuale	möglich, potenziell
il lettore/la lettrice	der/die Leser/in

T 6

il gattopardo	der Leopard
il/la rivoluzionario/a	der/die Revolutionär/in
il/la rappresentante *m/f*	der/die Vertreter/in
il senatore/la senatrice	der/die Senator/in
rifiutare	zurückweisen, ablehnen
estraneo, -a	nicht dazu gehörig, fremd

E 3

l'individuo	das Individuum

E 4

esaminare	untersuchen

T 7

l'indomani	tags darauf, am (darauf)folgenden Tag
attendere	erwarten
allontanarsi	sich entfernen
notturno, -a	nächtlich, Nacht-
riferire	berichten, mitteilen; melden
indubbiamente	zweifellos, zweifelsohne
il binario	das Gleis
il vagone	der Wagen, Waggon
la cuccetta	der Liegeplatz, Liegewagen
giungere	ankommen, eintreffen, gelangen
la pensilina	das Vordach, die Bahnsteigbedachung
la panchina	die (Sitz-)Bank, Parkbank
l'impazienza	die Ungeduld
tirare	ziehen, zerren
il pezzo	das Stück; der Teil
la boccia	die Kugel
la polpetta	die Frikadelle
posare	abstellen, ablegen
lo scherno	der Hohn, Spott
grasso, -a	fett
trascinare	schleppen, schleifen, nachziehen
riempire *-isc-*	füllen
il bagaglio	das Gepäck
finché	solange; solange ... bis; nicht eher ... als
il/la ferroviere/a	der/die Einsebahner/in
lo sportello	die Wagentür; der Schalter
ammucchiare	anhäufen, aufhäufen
il predellino	das Trittbrett
sistemare	ordnen, unterbringen
imminente	bevorstehend
elettrizzare	elektrisieren, begeistern, hinreißen
baciare	küssen
risalire *-isc-*	wieder einsteigen, wieder hinaufsteigen
protendersi	sich vorbeugen, sich hinauslehnen
il finestrino	das Fenster *(im Auto, Zug etc.)*
i fari	die Scheinwerfer
silenzioso, -a	still, ruhig
occupare	besetzen, in Besitz nehmen, einnehmen
lo scompartimento	das Abteil
la piccolezza	die Kleinheit
il volto	das Gesicht, Angesicht; das Wesen
aguzzo, -a	spitz, scharf
incavato, -a	hohl, eingefallen, ausgehölt
persino	sogar, geradezu
minuscolo, -a	(sehr) klein, winzig
ridente	lachend, heiter, fröhlich
inoltre	außerdem, überdies, darüber hinaus
parsimonioso, -a	sparsam, mäßig
sprecare	vergeuden, verschwenden
il gesto	die Geste, Gebärde
l'opposto	das Gegenteil
corpulento, -a	dick, beleibt, kräftig
inquieto, -a	unruhig
sfottere	aufziehen, hänseln
animato, -a	beseelt, belebt, angeregt
il sarcasmo	der Sarkasmus
l'attimo	der Augenblick
passeggiare	auf- und abgehen, umherschlendern, spazierengehen
il corridoio	der Korridor, Flur
tollerare	dulden, zulassen, erlauben; ertragen
taciturno, -a	still, schweigsam, wortkarg

la flemma	die Trägheit, Schwerfälligkeit
resistere	standhalten, widerstehen
attaccare discorso	ein Gespräch anknüpfen
il vento	der Wind
il becchino	der Totengräber
il brontolio	das Gebrumm, Geknurre
minaccioso, -a	drohend, bedrohlich
la statuina	die kleine Statue
mortuario, -a	Leichen-, Toten-
la pelliccia	der Pelz, das Fell
l'accoglienza	die Aufnahme, der Empfang
stare zitto, -a	den Mund halten, (still) schweigen
ricominciare	wieder beginnen
nauseato, -a	angeekelt, angewidert
la fabbrica	die Fabrik
il marco	die DM, Deutsche Mark
miserabile	arm, elend, erbärmlich
la bestia	das Tier, Vieh
l'orto	der Nutzgarten, Gemüsegarten
tentare	versuchen, probieren
rannicchiarsi	sich zusammenkauern
la spalliera	die Rückenlehne
riapparire *-isc-*	wieder erscheinen
trarre	ziehen, zerren
oramai	nun, jetzt, schon
il consolato	das Konsulat
sparare	schießen
affacciarsi	sich (an der Tür, am Fenster) zeigen
accostarsi	sich nähern
la tendina	der Vorhang, die Gardine
lievemente	leicht, sanft
impaurito, -a	erschreckt
chinarsi	sich beugen, bücken
fulminato, -a	vom Blitz getroffen
la scarica	die Entladung
elettrico, -a	elektrisch
emozionato, -a	aufgeregt, erregt
improvvisamente	plötzlich, unversehens
distruggere	zerstören, vernichten
sconfinato, -a	grenzenlos, unbegrenzt, unendlich
oscuro, -a	dunkel, finster; geheimnisvoll
la prigione	das Gefängnis
la cella	die Zelle, Kammer
intravedere	undeutlich sehen, unklar erkennen
la condotta	das Benehmen, Verhalten; die Haltung
la conquista	die Eroberung, Einnahme
valido, -a	gültig, wirksam; rechtskräftig
lottare	kämpfen
la giovinezza	die Jugend
dinanzi	vorne, vor; gegenüber
drammatico, -a	dramatisch
l'alba	das Morgengrauen, der Tagesanbruch
raddrizzarsi	sich wieder aufrichten
il sospiro	der Seufzer
incantarsi	bezaubert sein
il fianco	die Seite, Flanke
impercettibile	unvernehmlich, unmerklich
lo sbuffo	das Schnauben
la narice	das Nasenloch

E 1

il sottotitolo	der Untertitel

E 2

il viaggiatore/la viaggiatrice	der/die Reisende

E 3

l'atteggiamento	die Haltung, Einstellung
contrastante	widersprüchlich, unterschiedlich

E 4

elaborare	ausarbeiten

T 8

la traversata	die Überquerung, Durchquerung, Überfahrt
il/la vecchietto/a	das alte Männlein/Weiblein
il laghetto	der kleine See, Teich
l'ora di punta	die Hauptverkehrszeit
il flusso	der Strom, Lauf, Fluss
l'ingorgo	der Stau, die Verstopfung
tale	solch ein, so ein; derart
la striscia pedonale	der Zebrastreifen
avanzare	vorwärtsgehen, vorwärtskommen
respingere	zurückstoßen, zurückdrängen
indietro	zurück, rückwärts
il clacson	die Hupe
magro, -a	mager, schmächtig
l'acciuga	die Sardine
incastrato, -a	eingeklemmt, eingezwängt

il parafango	der Kotflügel
il/la proprietario/a	der/die Eigentümer/in, Besitzer/in
l'ascella	die Achselhöhle
strappare	reißen, entreißen
il cofano	die Motorhaube
sollevare	aufheben, hochheben
depositare	absetzen, -stellen, -legen
il camioncino	der Kleinlastwagen, Lieferwagen
la botta	der Schlag, Stoß
la freccia	der Pfeil; der Blinker
bestemmiare	fluchen, lästern
insultare	beleidigen, beschimpfen
posteggiare	parken, abstellen
sdraiarsi	sich hinlegen
far finta di	so tun, als ob, sich den Anschein geben, als ob
fallire *-isc-*	scheitern, versagen; misslingen
frenare	bremsen
rispedire *-isc-*	zurücksenden, zurückschicken
rimbalzare	zurückprallen, zurückgeworfen werden
ritrovarsi	sich befinden, sein
acciaccare	zerdrücken, zerquetschen
dirottare	entführen; wenden, umleiten; den Kurs wechseln
balzare	springen, hüpfen
il sellino	der Sattel
puntare	richten, zeigen, zielen auf
la pipa	die Pfeife
la schiena	der Rücken
il tabacco	der Tabak
comprendere	verstehen, begreifen
la minaccia	die Drohung
spaventare	erschrecken
voltare	drehen, wenden; abbiegen
piombare	rasen; herabstürzen, sich stürzen; treffen
centrare	treffen, erfassen
l'onorevole	der Abgeordnete
la discolpa	die Rechtfertigung, Entlastung
imprudente	unvorsichtig, unklug
malandato, -a	heruntergekommen, elend
riaccompagnare	wieder begleiten, zurückbegleiten
riportare	wieder bringen; zurückbringen
la scorta	die Begleitung, das Geleit
riattraversare	wieder überqueren
E 1	
automobilistico, -a	Auto-
E 2	
il western	der Western
E 3	
costitutivo, -a	grundlegend
l'esagerazione *f*	die Übertreibung
T 9	
psichico, -a	psychisch
affettuoso, -a	liebevoll
l'insegnante *m/f*	der/die Lehrer/in
il terrorismo	der Terrorismus
rivivere	erneut durchleben, wieder auferstehen
operaio, -a; l'operaio/a	Arbeits-; der/die Arbeiter/in
il produttore	der Produzent
il/la regista	der Regisseur/die Regisseurin
la regia	die Regie
la macchina da presa	die Filmkamera
l'operatore alla macchina	der Kameramann
la scenografia	das Drehbuch
lo scenografo	der Drehbuchautor
il montaggio	der Schnitt (Film)
il suono	der Ton
il doppiaggio	die Synchronisierung
dettagliato, -a	detailliert, genau
E 1	
il commissario	der Kommissar
E 2	
il crimine	das Verbrechen, Vergehen
E 3	
la località	der Ort (des Geschehens), die Örtlichkeit
simbolico, -a	symbolisch
l'ombra	der Schatten
E 4	
l'interrogatorio	die Befragung, das Verhör
E 5	
l'interpretazione *f*	die Interpretation, Deutung
E 6	
il maxiprocesso	der Großprozess
T 10	
la felicità	die Freude

Strategia 1 (S. 27f.)

linguistico, -a	sprachlich
a mio parere	meiner Meinung nach, meines Erachtens
a mio avviso	meines Erachtens, meiner Ansicht nach
condividere	teilen, vertreten
sottolineare	unterstreichen, betonen
il commento	die Erläuterung, der Kommentar; die Beurteilung
strutturare	strukturieren, gliedern, aufbauen
il termine	*hier:* der Ausdruck, Begriff, das Wort
generale	allgemein
il lato	die Seite
contrario, -a	gegensätzlich
inoltre	überdies, darüber hinaus
la conseguenza	die Konsequenz, Folge, Auswirkung
conseguentemente	infolgedessen, folglich
a prescindere da qc.	abgesehen von etw.
tutto sommato	alles in allem
nel complesso	insgesamt, im Ganzen; im Großen und Ganzen
contrariamente a	im Gegensatz zu
per principio	prinzipiell, aus Prinzip
purché	vorausgesetzt dass; (nur) wenn
a patto che	unter der Voraussetzung/ Bedingung dass
senza dubbio	ohne Zweifel, zweifellos
indubbiamente	zweifellos, zweifelsohne
concludere	(ab)schließen, beenden
rendere	*hier:* machen
convincente	überzeugend
la conclusione	der (Ab-)Schluss, das Ende
l'aneddoto	die Anekdote
la citazione	das Zitat
l'uso	der Gebrauch
citare	zitieren
scorrevole	flüssig, fließend
la struttura	die Struktur, Gliederung, der Aufbau
la tesi	die These
l'antitesi	die Antithese
la sintesi	die Synthese, Zusammenfassung
obbligatorio, -a	obligatorisch, Pflicht-
la tematica	die Thematik
vietare	verbieten
temere	(be)fürchten
anzi	im Gegenteil
contare	zählen
la statistica	die Statistik
il documento	das Schriftstück, die Urkunde, das Dokument
la rappresentazione	die Darstellung
la tabella	die Tabelle
il grafico	die grafische Darstellung, Veranschaulichung
la curva	die Kurve
lo schema, *pl.* gli schemi	das Schema
il paragone	der Vergleich
il confronto	der Vergleich, die Gegenüberstellung
la stima	die Schätzung
la maggioranza	die Mehrheit
l'aumento	die Erhöhung, Steigerung; der Anstieg
la diminuzione	die Verringerung, Verkleinerung
la tendenza	die Tendenz
la classifica	die Rangliste, Tabelle, Einstufung
l'illustrazione	die Illustration, Bebilderung, das Bild
la caricatura	die Karikatur
il quadro	das Bild, Gemälde
l'affresco	das Fresko, die Freskomalerei
colorato, -a	farbig, bunt
l'effetto	der Effekt, die Wirkung
mostrare	zeigen
illustrare	bebildern, illustrieren
evocare	heraufbeschwören
suscitare	hervorrufen, erwecken

Autocontrollo 1 (S. 30)

E 2

fumare	rauchen

E 3

il castello	die Burg, das Schloss

Strategia 2 *(S. 48 f.)*

soffermarsi	verweilen, sich aufhalten
il contenuto	der Inhalt
fare riferimento a qn/qc	sich auf jdn/etw. beziehen
talvolta	bisweilen, manchmal
E 2	
giù	hinunter, unten
il cuoco	der Koch
disporre	verfügen über
il battesimo	die Taufe
E 3	
il pianoforte	das Klavier, Piano

Strategia 3 *(S. 73 f.)*

corretto, -a	korrekt, richtig
il lessico	der Wortschatz; das Lexikon
geografico, -a	geografisch, Erdkunde-
colloquiale	umgangssprachlich

Strategia 4 *(S. 98 f.)*

la carriera	die Karriere, Laufbahn
il riassunto	die Zusammenfassung
suddividere	unterteilen
il paragrafo	der Abschnitt, Absatz, Paragraf
singolo, -a	einzeln
chiarire	klären, verdeutlichen
contenere	enthalten
tralasciare	auslassen, weglassen
il dettaglio	die Einzelheit, das Detail
collegare	verbinden
la locuzione	die (Rede-)Wendung, Redensart

Autocontrollo 4 (S. 100)

E 1	
impedire	(ver)hindern

Strategia 5 *(S. 125 f.)*

letterario, -a	literarisch
il saggio	der Aufsatz, Essay
narrativo, -a	erzählerisch, narrativ
drammatico, -a	dramatisch
lirico, -a	lyrisch; Opern-
il racconto	die Erzählung
la commedia	die Komödie, das Lustspiel
il romanzo	der Roman
la tragedia	die Tragödie, das Trauerspiel
il dramma	das Drama, Theaterstück
il sonetto	das Sonett
la satira	die Satire
la fiaba	das Märchen
la sezione	der Abschnitt, Teil
il brano	der Abschnitt, die Stelle, Passage
la colonna	die Spalte, Kolumne
stilistico, -a	stilistisch, Stil-
l'allusione	die Anspielung, Andeutung
la metafora	die Metapher
l'ironia	die Ironie
l'enumerazione	die Aufzählung
il parallelismo	der Parallelismus
la paratassi	die Parataxe
paratattico, -a	beigeordnet *(Satzbau)*
l'ipotassi	die Hypotaxe
ipotattico, -a	hypotaktisch, übergeordnet *(Satzbau)*
la ripetizione	die Wiederholung
il linguaggio	die Sprache, Ausdrucksweise
infantile	kindlich, Kinder-
giornalistico, -a	journalistisch, Zeitungs-
pubblicitario, -a	Werbe-, Reklame-
rivelare	enthüllen, offenbaren
servirsi	sich bedienen, verwenden
consistere in/di	bestehen aus
suggerire	raten, empfehlen; *auch:* soufflieren
essere situato/a a/in	liegen; spielen in *(Handlung)*
narrare	erzählen, berichten
specifico, -a	spezifisch, Fach-, Sach-
l'io narrante	der Icherzähler
onnisciente	allwissend
il protagonista	der Protagonist, Hauptdarsteller, die Hauptfigur
l'eroina	die Heldin
l'antagonista	der Gegner, Antagonist
secondario, -a	sekundär, Neben-
E 1	
l'orientamento	die Orientierung, Ausrichtung

la vicenda	das Ereignis, die Begebenheit
la trama	die Handlung
l'intreccio	die Verwicklung
l'avvenimento	das Ereignis, der Vorfall
l'atto	der Akt, die Handlung
il lieto fine	das Happy End
la morale	die Moral
il monologo	der Monolog, das Selbstgespräch
la retrospettiva	die Retrospektive, Rückschau
il flashback	die Rückblende, plötzliche Erinnerung
la strofa	die Strophe
il ritornello	der Kehrreim, Refrain

Autocontrollo 5 (S. 127f.)

E 1

inspiegabile	unerklärlich, unerklärbar
avvenire	geschehen, passieren
prendere in affitto	mieten
ammettere	zulassen; zugeben
sopra	auf; über; oben, darauf
il pianterreno	das Erdgeschoss, Parterre
cessare	aufhören
improvvisamente	plötzlich
ricominciare	wieder anfangen, wieder beginnen
lo scherzo	der Scherz, Spaß, Streich
logico, -a	logisch
il caminetto	der Kamin
contemporaneamente	gleichzeitig, zeitgleich
il soffitto	die Decke
la gomma	der Gummi
abbassarsi	sinken, fallen
la distanza	die Entfernung, Distanz, der Abstand
affittare	vermieten
il proprietario	der Eigentümer
precedente	vorig, vorhergehend

E 3

leggero, -a	leicht
credibile	glaubhaft, glaubwürdig
montare	steigen; reiten
sopportabile	erträglich

Alphabetisches Vokabelverzeichnis Lezioni 1 – 6

a bordo	an Bord **3**
abitudine *f*	Gewohnheit **2**
accadere	vorfallen, passieren **3**
accettare	annehmen, akzeptieren **3**
acciaccare	zerdrücken, zerquetschen 6
acciuga	Sardine 6
accoglienza	Aufnahme, Empfang 6
accogliere	aufnehmen 3
accorgersi (di)	wahrnehmen, sich bewusst werden **1**
accostarsi	sich nähern 6
accusare	anklagen, beschuldigen **3**
acquisto	Kauf, Beschaffung **4**
addetto, -a	zugeteilt, bestimmt zu, zugehörig 6
addosso	bei sich, am Leib 3
adeguato, -a	passend, angemessen **3**
adottare	adoptieren, annehmen **2**
affacciarsi	sich (in der Tür, am Fenster) zeigen 5, 6
affermazione *f*	Aussage, Bekräftigung **2**
affettuoso, -a	liebevoll 6
affinché	damit, auf dass 5
affitto	Miete 4, 6
affondare	untergehen, sinken, auf Grund laufen **3**
aggredire *-isc-*	überfallen, angreifen **3**
agire *-isc-*	handeln **2**
aguzzo, -a	spitz, scharf 6
alba	Morgengrauen, Tagesanbruch 6
album *m*	Album 4
all'incirca	circa, ungefähr 3
allenamento	Training **1**
allenare	trainieren 4
allontanarsi	sich entfernen 6
amante *m/f*	Liebhaber/in **5**
ambientale	Umwelt- **2**
ammazzare	umbringen, töten 5
amministrare	verwalten **4**
amministrazione *f*	Verwaltung 3
ammucchiare	anhäufen, aufhäufen 6
ampliare	ausweiten, vergrößern 5
analfabeta *m/f*	Analphabet/in **3**
analisi *f*	Analyse, Untersuchung 6
anatomia	Anatomie, Studie des leblosen Körpers **5**
anatomico, -a	anatomisch 5

animato, -a	beseelt, belebt, angeregt 6
anniversario	Jahrestag 2
anonimo, -a	anonym, namenlos **1**
antichità	Antike 5
antimafia	gegen die Mafia **4**
apertura	Öffnung(szeit) **4**
apparato	Apparat *(fig.)* 5
apparecchiare	den Tisch decken **4**
apparecchio	Apparat, Gerät **2**
appoggio	Unterstützung **4**
apprezzare	schätzen, wertschätzen **5**
aranciata	Orangenlimonade 1
aria condizionata	Klimaanlage 2
arma *pl.* armi	Waffe 3
armato, -a	bewaffnet **4**
armatura	Rüstung 5
armonia	Harmonie, Übereinstimmung 4
arrabbiato, -a; arrabbiare	verärgert, ärgerlich; (ver)ärgern **1**
arrestare	verhaften, in Haft nehmen **4**
arsenale *f*	Waffenkammer, Waffenlager, Arsenal **4**
arte *f*	Kunst **5**
articolo	Artikel **4**
ascella	Achselhöhle 6
ascesa	Anstieg 5
asciugare; l'asciugatrice	trocknen, austrocknen; Wäschetrockner 2
assaggiare	kosten, probieren **4**
assassinare	umbringen **4**
assassinio	Ermordung, Attentat 6
assente	abwesend 6
assessore	Beauftragte/r (im Rahmen einer Behörde) 4
assieme	zusammen 5
assumere	annehmen; *auch:* einstellen 5
assurdo, -a	absurd, widersinnig **1**
atomico, -a	atomar 5
attaccare discorso	Gespräch anknüpfen 6
atteggiamento	Haltung, Einstellung 6
attendere	erwarten 6
attentato	Attentat, polit. motivierter Anschlag **4**
attimo	Augenblick 6
attirare	anziehen, auf sich ziehen 3
attorno	um … herum, ringsherum **4**
attrarre	anziehen 6

attuale	aktuell, zeitgemäß, derzeitig **4**
attualità	Aktualität 4
aumentare	ansteigen, vermehren, erhöhen **2**
aumento	Anstieg, Erhöhung **2**
automobilistico, -a	Auto- 6
autorità	Autorität **4**
avanzare	vorwärtsgehen, vorwärts kommen 6
Azzurri	*ital. Nationalmannschaft* 5
baciare	küssen 6
bacio	Kuss **4**
bagaglio	Gepäck 6
baltico, -a	baltisch 6
balzare	springen, hüpfen 6
bancario, -a	Banken- 5
banda	Bande, Schar; *auch:* Band **2**
barriera	Schranke, Barriere 4
barzelletta	Witz 5
basilica	Basilika 5
battezzare	taufen, benennen 6
battistero	Taufkapelle 5
bavarese	bayerisch 1
becchino	Totengräber 6
bestemmia	Fluch, Fluchen **3**
bestemmiare	fluchen, lästern 6
bestia	Tier, Vieh 6
biblioteca	Bibliothek, Bücherschrank 1
binario	Gleis 6
biografia	Biografie, Lebenslauf **2**
blocco	Block, Blockade **4**
boccia	Kugel 6
bollire	kochen (auf 100° erhitzen) 2
bordo	Rand, Kante 6
boss	Boss **4**
botta	Schlag, Stoß 6
brano	(Text-)Abschnitt, *(lit.)* Auszug, Textstelle 5
brevettare	patentieren, patentrechtlich schützen 6
brevetto	Patent 6
brontolio	Gebrumm, Geknurre 6
buca della chiave	Schlüsselloch 5
burocrazia	Bürokratie **4**
buttare	(weg)werfen **3**
cacciavite	Schraubenschlüssel 6
cadavere *m*	Leichnam, Kadaver **5**
calciatore/calciatrice	Fußballspieler/in **1**
calcolare	rechnen, berechnen **4**
calzone	Hose **6**
cambiamento	Wechsel, Veränderung 1
camioncino	Kleinlastwagen, Lieferwagen 6
camorra	*Sammelbegriff für das organisierte Verbrechen in Kampanien* **4**
campanile	Glockenturm 5
campionati mondiali	Weltmeisterschaften 5
campo semantico	Wortfeld 1
candela	Kerze **4**
candidarsi	sich zur Wahl stellen; *hier:* sich bewerben 3
canestro; fare canestro	Korb; Korb werfen, Basketball spielen 4
cantautore/cantautrice	Liedermacher/in **4**
cantiere	Baustelle, Abbruchstelle 6
cantuccio	Cantuccino *(Mandelgebäck)* 4
capace (di) *agg.*	fähig, in der Lage **2**
capacità	Fähigkeit **5**
capitano	Kapitän, Hauptmann 3
capo	Chef, Oberhaupt **4**
cardinale	Kardinal 5
carriera	Karriere 5
carta di credito	Kreditkarte 4
cartello	Schild **3**
castello	Schloss **5**
casuale	zufällig 2
catalogato, -a	katalogisiert, aufgelistet 1
catalogo	Katalog 6
cattolico, -a	katholisch 5
cella	Zelle, Kammer 6
cenare	zu Abend essen 4
centralizzato, -a	zentralisiert, auf die Mitte bezogen 5
centrare	treffen, erfassen 6
cercatore/cercatrice	Sucher/in 6
cerniera	Reißverschluss; Scharnier 6
certezza	Gewissheit **4**
chance *f*	Chance, Gelegenheit **3**
chiamare	rufen, anrufen **3**
chilometrico, -a	Kilometer- 6
chinarsi	sich beugen, bücken 6
chiodo	Nagel, *hier:* Niete 6
chissà	wer weiß **3**
ciambella	Kranzkuchen, Kringel 4
ciclismo	Radsport **4**
cielo	Himmel **3**

cifra	Ziffer, Zahl **1**
cittadinanza	Staatsbürgerschaft **3**
clacson	Hupe 6
clandestino/a; clandestino, -a *agg.*	illegale/r Einwanderer/Einwanderin; *adj.* illegal eingewandert **3**
classico, -a	klassisch **4**
classificare	einschätzen, klassifizieren **1**
clero	Klerus, kirchl. Mitarbeiter 5
coccola	Streicheleinheit, Zärtlichkeit, Liebkosung 2
cofano	Motorhaube 6
cogliere	sammeln **1**
cognato/a	Schwager, Schwägerin 6
coincidere	zusammentreffen, zusammenfallen 3
coinvolgere	mit einbeziehen, beteiligen 3
collaborazione *f*	Zusammenarbeit **4**
collezionare	sammeln 6
collezione	Sammlung 6
coloro	jene, diejenigen 3
coltivare	kultivieren, anbauen **2**
comandante	Kommandant, Befehlshaber, Kapitän 3
combattere	kämpfen **4**
commemorativo, -a	Gedenk-, Gedächtnis- **4**
commercialista	Händler/in **1**
commettere	begehen **3**
commissariato	Kommissariat 6
commissario	Kommissar 6
commissione	Kommission, Arbeitskreis 4
compaesano/a	aus dem gleichen Dorf stammend **4**
compagnia	Begleitung, Gesellschaft 6
comparire	auftauchen **4**
comporre	zusammensetzen, zusammenstellen, bilden **4**
comportar(si)	benehmen, betragen; *auch:* mit sich bringen **4**
comprendere	verstehen, begreifen 6
comunista *agg.*; **comunista**	kommunistisch; Kommunist/in **4**
Comunità Economica Europea (CEE)	*Europäische Gemeinschaft (EG)* 4
comunità	Gemeinschaft **3**
concentrar(si)	(sich) konzentrieren, zusammenziehen, ansammeln **2**
concetto	Konzept 5
concorrenza	Konkurrenz, Wettstreit **3**
concreto, -a	konkret, tatsächlich; gegenständlich **2**
condannare	verurteilen 5
condotta	Benehmen, Verhalten; Haltung 6
condurre	führen, geleiten, bringen **1**
conferenza	Vortrag, Konferenz **2**
confezionare	maßschneidern, anfertigen 6
confrontarsi (con)	sich messen an, sich gegenüberstehen **1**
congelare	einfrieren 5
conquista	Eroberung, Einnahme 6
conquistare	erobern, für sich gewinnen **3**
conseguenza	Folge, Konsequenz **2**
conseguire	erlangen, erreichen, erzielen **4**
considerare	halten für **1**
consigliabile	empfehlenswert, ratsam 4
consolato	Konsulat 6
consumo	Konsum, Verbrauch **2**
contagioso, -a	ansteckend **3**
contare	zählen **1**
contattare	kontaktieren, Kontakt herstellen **1**
contenere	beinhalten 5
contenuto	Inhalt **4**
conto	Rechnung, Konto **4**
contrario	Gegenteil **4**
contrastante	widersprüchlich, unterschiedlich 6
controllare	kontrollieren, überwachen **1**
controllo	Kontrolle **4**
controverso, -a	gegensätzlich, kontrovers 5
conversare	sich mit jdm unterhalten, eine Unterhaltung führen 5
copertina	Titelseite **4**
coraggio	Mut **4**
coro	Chor **1**
corpo (umano)	(menschl.) Körper **5**
corpulento, -a	dick, beleibt, kräftig 6
corridoio	Korridor, Flur 6
corriera	Überlandbus 6
corruzione	Bestechung, Korruption 6
corso	Kurs **1**
corte *f*	(königl./herzogl.) Hof **5**
cosmopolita	kosmopolitisch, weltoffen 5
costitutivo, -a	grundlegend 6
costituzione *f*	Konstitution, Verfassung **5**
costruttore/costruttrice	Erbauer/in, Hersteller/in, Konstrukteur/in 6

cotone	Baumwolle 6
creativo, -a	kreativ, schöpferisch 2
creazione	Schöpfung, Kreation **4**
crescita	Wachstum, Anstieg **3**
criminale	Kriminelle/r, Verbrecher/in **4**
crimine	Verbrechen, Vergehen 6
criterio	Kriterium 4
crociata	Kreuzzug **5**
cronistoria	Chronik, Bericht 4
cronologico, -a	chronologisch, zeilich aufeinanderfolgend 6
cuccetta	Liegeplatz, Liegewagen 6
culla	Wiege 5
cuoco/a	Koch/Köchin **2**
curiosità	Kuriosität, Neugierde **5**
dama	Dame 5
danza	Tanz 3
dappertutto	überall **2**
debole	schwach **1**
decisivo, -a	entscheidend 5
definire *-isc-*	definieren **4**
definizione	Definition **5**
delta	Delta, Flussmündung 2
deludere	enttäuschen 4
democrazia	Demokratie **4**
denaro	Geld **4**
denuncia, *v* **denunciare**	Anzeige **3**
depositare	absetzen, -stellen, -legen 6
derubare	berauben **4**
dettagliato, -a	detailliert, genau 6
di spicco	herausragend 5
dichiarare	erklären 6
diffidenza	Misstrauen, Argwohn 3
diffondersi	sich aus-/verbreiten 5, 6
diffusione	Verbreitung, Streuung, Ausbreitung 2
diminuire *-isc-*	verringern, reduzieren, kleiner werden, abnehmen **2**
dinamo	Dynamo 3
dinanzi	vorne, vor; gegenüber 6
dipendere (da)	abhängen (von) **2**
diretto, -a	direkt, unmittelbar 6
dirigere	lenken, leiten, richten 3, 4
dirottare	entführen; wenden, umleiten; den Kurs wechseln 6
disagiato, -a	benachteiligt, Not leidend 5
disco	Schallplatte 4
discolpa	Rechtfertigung, Entlastung 6
discriminazione *f*	Diskriminierung **5**
disegnare	zeichnen **5**
disoccupazione *f*	Arbeitslosigkeit **4**
disordinato, -a	unordentlich, unaufgeräumt 6
disponibile	bereit, zur Verfügung stehend **4**
disposizione *f*	Verfügung, Verfügbarkeit **2**
dissezione	Sezierung 5
distanza	Entfernung, Distanz **2**
distinto, -a; distintamente	verschieden, klar, deutlich; Sehr geehrte/r *(im Brief)*; hochachtungsvoll *(im Brief)* 3
distribuire *-isc-*	verteilen **4**
distruggere	zerstören; vernichten 6
dito *pl.* **dita**	Finger **4**
dittatura	Diktatur **4**
divenire	werden **5**
dividere	teilen **3**
documento	Dokument, Schriftstück; *auch:* Ausweis **2**
dolore	Schmerz 5
dominare	beherrschen 6
dopoguerra	Nachkriegszeit **4**
doppiaggio	Synchronisierung 6
doppio, -a	doppelt 2
dossier *franc.*	Dossier, Dokumentation 3
dotato, -a	ausgestattet, versehen mit 6
drammatico, -a	dramatisch 6
drastico, -a	drastisch, krass; energisch **4**
dubbio	Zweifel **5**
duraturo, -a	dauerhaft, nachhaltig **4**
ecc. (eccetera)	etc. (etcetera), usw. (und so weiter) **4**
ecoconsiglio	Ratschlag z. Umweltschutz 2
economista *m/f*	Wirtschaftswissenschaftler/in, Ökonom/in 2
educare	erziehen, bilden **1**
educazione *f* (fisica)	(Sport-)Unterricht, Erziehung **1**
effetto	Effekt, Auswirkung **2**
efficace	effizient, wirksam 2
efficiente	effizient, wirksam 2
elaborare	ausarbeiten 6
eleggere	wählen 5
elenco	Liste, Aufzählung 6
elettricità	Elektrizität, Strom 4
elettrico, -a	elektrisch 6
elettrizzare	elektrisieren, begeistern, hinreißen 6

elezione *f*	Wahl **4**
eliminare	vernichten, auslöschen, beseitigen **3**
emergere	auftauchen, hervorgehen 6
emettere	ausstoßen 2
emigrante *m/f*	Auswanderer/Auswanderin, Emigrant/in **3**
emigrare	auswandern **3**
emigrazione *f*	Auswanderung, Emigration **3**
emozionato, -a	aufgeregt, errregt 6
enorme	enorm, riesig **4**
entusiasta	enthusiastisch, begeistert 4
eppure	trotzdem, dennoch **3**
erede *m/f*	Erbe, Erbin 4
ermellino	Hermelin 5
errore *m*	Fehler, Irrtum **1**
eruzione *f*	Ausbruch 5
esagerazione *f*	Übertreibung 6
esaminare	untersuchen 6
escludere	ausschließen **5**
esilio	Exil, Verbannung 5
esitazione *f*	Zögern 6
espandere	ausdehnen, erweitern 2
esperienza	Erfahrung **1**
esperimento	Experiment, Versuch **5**
esperto, -a	erfahren 3
esplorare	erkunden, erforschen 5
esporre	darlegen, hervorheben; *hier:* Anzeige erstatten **3**
espulso, -a	ausgewiesen, abgewiesen 3
essere fidanzato, -a; fidanzato/a	verlobt sein; der/die Verlobte **3**
est; est *m*	östlich; Osten **4**
esterofilo, -a	ausländerfreundlich, am Ausland interessiert 6
estraneo, -a	nicht dazu gehörig, fremd 6
etnico, -a	ethnisch, Volks- **4**
evacuazione *f*	Evakuierung, Räumung **3**
eventuale	möglich, potenziell 6
fabbrica	Fabrik 6
fabbricare	erzeugen, herstellen, bauen 6
falcone *m*	Falke **5**
fallire *-isc-*	scheitern, versagen; misslingen 6
familiare *agg.*; familiare	familiär, Familien-; Familienangehörige/r 6
far finta di	so tun, als ob; sich den Anschein geben, als ob 6
fari	Scheinwerfer 6
fasciare	(ein)wickeln, bandagieren 6
fase	Phase 6
favola	Märchen **2**
febbre *f*	Fieber **2**
felicità	Glück, Freude **2**
fenomeno	Phänomen, Erscheinung **4**
ferrovia	Eisenbahn 6
ferroviere/a	Eisenbahner/in 6
fiaba	Fabel 6
fianco	Seite, Flanke 6
filosofo	Philosoph **5**
finanza	Finanzwesen 5
finanziamento	Finanzierung 3
finanziario, -a	finanziell **4**
finché	solange; solange … bis; nicht eher … als 6
finestrino	Fenster *(im Auto, Zug etc.)* 6
firmare	unterschreiben, unterzeichnen **2**
fisico, -a	körperlich **2**
fittizio, -a	fiktiv, erfunden 5
fiume *m*	Fluss **5**
flemma	Trägheit, Schwerfälligkeit 6
flusso	Strom, Lauf, Fluss 6
foglio	Blatt Papier **1**
folla	(Menschen-)Menge 3
fondamentale	fundamental, grundlegend, Basis- 5
fondazione *f*	Gründung 5
formazione *f*	Bildung, Ausbildung 2
fornire *-isc-*	liefern, ausstatten **2**
fortezza	Festung, Wehranlage 5
frana	Erdrutsch, Sturz; *hier:* Misserfolg, Fiasko **1**
freccia	Pfeil; Blinker 6
frenare	bremsen 6
fulgore	Glanz, Leuchten 5
fulminato, -a	vom Blitz getroffen 6
funzionario	Funktionär **5**
furgone *m*	Lieferwagen, Kleinlaster 6
gallina	Henne **4**
gamba	Bein **4**
gangster *ingl.*	Gangster 4
garantire *-isc-*	garantieren **2**
gas *m*	Gas **2**
gastronomico, -a	gastronomisch 4
gattopardo	Leopard 6

gazzetta	Nachrichtenblatt, Zeitung 6
gelosia	Eifersucht 5
generale	generell, allgemein, general- **3**
genio	Genie 5
geografico, -a	geografisch, örtlich 2
gesto	Geste, Gebärde 6
ghetto	Ghetto **3**
giocatore/giocatrice	Spieler/in **1**
Gioconda	*Mona Lisa* 5
giornalino	kleine Zeitung; Kinder-/Schülerzeitung 2
giovanile	jugendlich **4**
giovinezza	Jugend 6
giù	hinunter, unten **3**
giudicare	beurteilen 1
giudice *m*	Richter/in **4**
giungere	hinkommen, ankommen, gelangen 5, 6
giustizia	Justiz; Gerechtigkeit **4**
globale	global, weltweit, gesamt **2**
globalizzazione *f*	Globalisierung **4**
goccia	Tropfen 6
gomito	Ellbogen **4**
grandioso, -a	großartig, fantastisch 5
grano	Weizen **2**
grasso	Fett 4
grasso, -a	fett 6
grissino	Grissino, dünne Brotstange 4
guancia	Wange **4**
guarire *isc*	heilen, gesund werden/machen **2**
guerriero	Krieger 5
idolo	Idol **1**
idraulico	Installateur 6
igienico, -a; servizio igienico	hygienisch; Toilette 2
ignoto, -a	unbekannt 3
illegale	illegal, gesetzwidrig **3**
illegittimo, -a	illegitim, gesetzlich nicht anerkannt; unehelich **5**
illustrare	veranschaulichen **5**
imitare	nachahmen, imitieren **4**
immigrante *m/f*	Einwanderer/Einwanderin, Immigrant/in **3**
immigrare	einwandern **3**
immigrazione *f*	Einwanderung **3**
imminente	bevorstehend 6
impaurito, -a	erschreckt 6
impazienza	Ungeduld 6
impazzito, -a	verrückt geworden, wahnsinnig 6
impegnare	beschäftigen, in Anspruch nehmen, engagieren **1**
impegno	Verpflichtung, Einsatz, Engagement; Beschäftigung, Auftrag **2**
impensabile	undenkbar **4**
impercettibile	unvernehmlich, unmerklich 6
imperdibile	unverzichtbar 5
imporre	auferlegen, zwingen zu 6
importare	einführen, importieren **3**
impressione *f*	Eindruck **3**
impronta	Spur, Abdruck 5
improvvisamente	plötzlich, unversehens 6
imprudente	unvorsichtig, unklug 6
inattaccabile	unangreifbar 5
incantarsi	bezaubert sein 6
incastrato, -a	eingeklemmt, eingezwängt 6
incavato, -a	hohl, eingefallen, ausgehöhlt 6
incoronare	krönen **5**
indagare	nachforschen, untersuchen 6
indagine *f*	Untersuchung, (Nach-)Forschung **1**
indicazione *f*	Angabe, Hinweis, Anweisung **3**
indietro	zurück, rückwärts 6
indifferente	gleichgültig, unterschiedslos 6
individuo	Individuum 6
indomani	tags darauf, am (darauf)folgenden Tag 6
indubbiamente	zweifellos, zweifelsohne 6
indumento	Gewand, Kleidung 6
industrializzazione *f*	Industrialisierung **3**
inesistente	nicht vorhanden, inexistent 3
infantile	Kleinkind-, Kinder-; kindlich 2
infanzia	Kindheit 6
inferiore	unterlegen, niedriger **1**
infermiere/a	Krankenpfleger/in, Krankenschwester 2
inferno	Hölle, Inferno **3**
infilare	einfädeln, einreihen; hineinschlüpfen; *hier:* hineingreifen **3**
infine	schließlich, endlich **4**
influsso	Einfluss **3**
informare	informieren **3**
informatica	Informatik, elektronische Datenverarbeitung **3**

informativo, -a	informativ 5
ingegnere	Ingenieur/in **1**
ingegneria	Ingenieurswesen **5**
inghiottire *-isc-*	verschlucken 6
ingorgo	Stau, Verstopfung 6
iniziale	anfänglich, Anfangs- 3, 5
innalzare	anheben, hochheben 3
innocenza	Unschuld 5
inoltre	außerdem, überdies, darüber hinaus 6
inondazione *f*	Überschwemmung, Überflutung 2
inquieto, -a	unruhig 6
inquietudine	Unruhe, Beunruhigung **3**
insegnante *m/f*	Lehrer/in 6
insicuro, -a	unsicher **1**
insopportabile	unerträglich **3**
insultare	beleidigen, beschimpfen 6
integrare	eingliedern, integrieren **3**
integrazione *f*	Eingliederung, Integration **3**
intenso, -a	intensiv, angestrengt **2**
intenzione *f*	Absicht **3**
interculturale	interkulturell 3
internazionale	international, Länder übergreifend **1**
interno	Inneres 6
interpretare	interpretieren, deuten, auslegen **1**
interpretazione *f*	Interpretation, Deutung 6
interprete *m/f*	Dolmetscher/in 6
interrogatorio	Befragung, Verhör 6
intravedere	undeutlich sehen, unklar erkennen 6
introduzione *f*	Einführung; Einleitung **4**
intruso	Eindringling 6
invadere	eindringen, einmarschieren 5
inverosimile	unwahrscheinlich, unglaubwürdig 6
investimento	Investition, Geldanlage **4**
invito	Einladung **4**
irresponsabile	verantwortungslos **1**
iscrizione *f*	Einschreibung 6
isolato, -a	abgeschlossen, abgeschieden, isoliert 3
istruire *-isc-*	anweisen, unterweisen, anleiten, lehren **4**
istruzione *f*	Bildung, Erziehung, Anleitung **2**

ladro	Dieb, Räuber **3**
laghetto	kleiner See, Teich 6
laico, -a	laizistisch 5
lamento	Wehklage 5
lampada	Lampe 2
lasagna	Lasagne 4
lassù	dort oben 5
latitante *agg.;* **latitante**	flüchtig, im Untergrund lebend **4**
lato	Seite **3**
laurea	Universitätsabschluss, Diplom **4**
lavagna	Tafel **1**
lavoratore/lavoratrice	Arbeiter/in **3**
legale	legal, gesetzestreu **4**
leggermente	leicht 6
legittimare	legitimieren, vor dem Gesetz anerkennen **5**
legittimo, -a	legitim, gesetzlich anerkannt **5**
lento, -a	langsam 6
lessico	Wortschatz, Lexikon **4**
letterato, -a	belesen 5
letteratura	Literatur **5**
lettore/lettrice	Leser/in 6
liberazione *f*	Befreiung **5**
libertà	Freiheit **4**
lievemente	leicht, sanft 6
limitare	begrenzen, einschränken **3**
limite *m*	Grenze **4**
limoncello	Zitronenlikör 4
linguistico, -a	sprachlich, linguistisch **3**
livello	Niveau, Stand **3**
località	Ort (des Geschehens), Örtlichkeit 6
logorare	abnutzen, abtragen, verbrauchen 6
lotta	Kampf **4**
lottare	kämpfen 6
luce *f*	Licht **2**
macchina da presa	Filmkamera 6
mafioso, -a	mafiös, zur Mafia gehörig **4**
magnate	Magnat, Mogul 5
magro, -a	mager, schmächtig 6
malandato, -a	heruntergekommen, elend 6
malaria	Malaria 2
malattia	Krankheit **2**
mancia	Trinkgeld **4**
manette *(pl.)*	Handschellen 6

manifestare	beteuern, zeigen 5
manifesto	Plakat, (polit.) Programm, Manifest **2**
manodopera	Arbeitskräfte **4**
mappa	Karte 5
marco	DM, Deutsche Mark 6
maresciallo	Polizeimeister, (mil.) Feldwebel 6
maschiaccio	Mannweib 1
massa	Masse 3
maxiprocesso	Großprozess 6
meccanico	Mechaniker 6
mecenate	Mäzen 5
mediceo, -a	mediceisch 5
Medici	Medici (Fürstenfamilie in Florenz) 5
Medioevo	Mittelalter **5**
membro	Mitglied **4**
mentalità	Mentalität, Einstellung **1**
mente *f*	Verstand, Geist **2**
menù	Speisekarte 4
meravigliarsi	sich wundern 4
messaggero	Bote 5
mestiere *m*	Beruf **3**
meta	Ziel **1**
metodo	Methode **1**
mettersi nei panni di qualcuno	sich in jdn hineinversetzen **1**
migliaia	Tausende 2
miglioramento	Besserung, Verbesserung 6
migrazione	Migration, (Aus-/Ein-)Wanderung **3**
militare	militärisch, Militär- 6
minaccia	Drohung 6
minaccioso, -a	drohend, bedrohlich 6
minuscolo, -a	(sehr) klein, winzig 6
miserabile	arm, elend, erbärmlich 6
misurare	messen, abmessen 5
mite	mild 4
mito	Mythos, Traum, Utopie **1**
mobilità	Beweglichkeit, Mobilität **4**
modernità	Moderne **5**
mondiale	Welt- 6
moneta	Münze, Geld **4**
monopolio	Monopol **4**
monotonia	Monotonie, Eintönigkeit 6
montaggio	Schnitt *(Film)* 6
morale	Moral, Lehre 5
mortadella	Mortadella *(Wurstspezialität)* 4

mortalità	Sterblichkeit 2
mortuario, -a	Leichen-, Toten- 6
mosca	Fliege 5
motivare	bekräftigen 5
motore *m*	Motor **2**
multiculturale	multikulturell **3**
multietnico, -a	Vielvölker-, multiethnisch **3**
muratore	Maurer 6
musicale	musikalisch, Musik- **5**
mutamento	Mutation, Veränderung 2
narice	Nasenloch 6
nauseato, -a	angeekelt, angewidert 6
nazionalità	Staatsangehörigkeit, Nationalität **2**
'ndrangheta	*Sammelbegriff für das organisierte Verbrechen in Kalabrien* **4**
necessario, -a	nötig, notwendig **1**
nobile; nobile *agg.*	Edelmann/-frau, Adelige/r; adelig, edel **4**
nobiltà	Adel, adlige Oberschicht **4**
nonché	nicht dass, dass nicht 6
nonostante	trotz, obwohl **2**
notevole	bemerkenswert, auffällig **1**
notturno, -a	nächtlich, Nacht- 6
numeroso, -a	zahlreich **5**
obbligare	verpflichten 2
occhiata	kurzer Blick 3
occidentale	westlich, West- **2**
occupare	besetzen, in Besitz nehmen, einnehmen 1, 6
oceano	Ozean, Weltmeer **2**
oltre	darüber hinaus, außer **1**
ombra	Schatten 6
onestà	Ehrlichkeit **4**
onorevole	Abgeordneter 6
Onu	Uno *(United Nations Organisation)* **2**
operaio, -a; operaio/a	Arbeits-; Arbeiter/in 6
operatore alla macchina	Kameramann 6
opportuno, -a	günstig, gelegen 6
opposto	Gegenteil 6
ora di punta	Hauptverkehrszeit 6
oramai	nun, jetzt, schon 6
orfano/a; orfano, -a	Waise, Waisenkind; verwaist **2**
oro	Gold 6
orto	Nutzgarten, Gemüsegarten 6

oscuro, -a	dunkel, finster; geheimnisvoll 6
osservazione *f*	Beobachtung 5
ostacolo	Hindernis **3**
ostilità	Feindseligkeit **3**
ottenere	erhalten, bekommen **2**
pace *f*	Frieden **2**
palestra	Fitnessclub, Sporthalle **1**
Palio	Palio (Reiterwettkampf in Siena) 5
panchina	(Sitz-)Bank, Parkbank 6
pancia	Bauch 6
panico	Panik **3**
paninoteca	Sandwichladen 1
pannolino	Windel 2
panorama	Panorama, Aussicht 6
papa/Papa	Papst, der Heilige Vater **5**
parafango	Kotflügel 6
paragonabile	vergleichbar **1**
paragonare	vergleichen **3**
parere	Meinung, Ansicht 3
parità	Gleichheit, Ausgewogenheit, Ebenbürtigkeit 2
parsimonioso, -a	sparsam, mäßig 6
partecipante	Teilnehmer/in **1**
parziale	teilweise, Teil- 5
passaporto	Pass, Reisepass 6
passeggiare	auf- und abgehen, umherschlendern, spazieren gehen 6
passo	Schritt 5, 6
patatine	Pommes frites; *auch:* Kartoffelchips **4**
pelliccia	Pelz, Fell 6
pendente	hängend, sich neigend 3
pensiero	Gedanke **5**
pensilina	Vordach, Bahnsteigbedachung 6
pensione *f*	Pension (als Gasthaus und als Altersversorgung) **3**
percentuale *f*	Prozentsatz **1**
perfino	sogar **3**
permesso	Erlaubnis **3**
persino	sogar, geradezu 6
personale	persönlich **1**
pezzo	Stück, Teil 6
pianeta *pl.* **pianeti**	Planet **2**
piangere	weinen **2**
pianto	Weinen **3**

pianura	Ebene, Flachland 2
piazzale *m*	großer Platz 5, 6
picchiare	schlagen, stoßen **3**
piccolezza	Kleinheit 6
piegare	biegen, verbiegen, (zusammen)falten 3
pietà	Mitleid, Pietät 5
pila	Batterie 3
pinguino	Pinguin 2
piombare	rasen; herabstürzen, sich stürzen; treffen 6
pipa	Pfeife 6
pittore/pittrice	Maler/in 5
polare; orso polare	Polar-; Eisbär 2
polpetta	Frikadelle 6
Pontefice	Pontifex, (kath.) Kirchenoberhaupt **5**
portiere/portiera	Hausmeister/in, Portier/Portiersfrau **3**
posare	abstellen, ablegen 6
possedere	besitzen **1**
posteggiare	parken, abstellen 6
potabile	trinkbar, Trink- **2**
potente	mächtig, kräftig, stark **4**
predellino	Trittbrett 6
predominio	Vorherrschaft **5**
prefetto	Präfekt, Vorsteher 4
pregiudizio	Vorurteil **3**
premiare	auszeichnen, prämieren 2, 4
presentatore/presentatrice	Moderator/in, Nachrichtensprecher/in 6
presenza	Anwesenheit, Präsenz **3**
presso	bei **3**
prevedere	vorhersehen, voraussehen **2**
prevedibile	vorhersehbar **2**
prigione	Gefängnis 6
primario, -a	primär, wesentlich, hauptsächlich 2
principe/principessa	Prinz/Prinzessin **1**
problematica	Problematik, Problemstellung **2**
processione	Prozession, festl. Umzug 6
processo	Vorgang, Prozess **3**
produttore/produttrice	Hersteller/in, Produzent/in 2, 6
professione *f*	Beruf **1**
profeta *m*	Prophet, Vorbote **5**
profondo, -a	tief **3**
profumo	Duft, Parfüm 6
progresso	Fortschritt **3**

proibire *-isc-*	verbieten, untersagen **5**
promessa	Versprechen **1**
promettere	versprechen **2**
promontorio	Vorgebirge 5
promotore/promotrice	Förderer/Förderin, Initiator/in 4
promuovere	hervorrufen, anregen, fördern **4**
proporre	vorschlagen **2**
proprietario/a	Eigentümer/in, Besitzer/in 6
prostituzione	Prostitution **4**
protendersi	sich vorbeugen, sich hinauslehnen 6
protocollo	Protokoll, Niederschrift **2**
provenire	herkommen, stammen aus **4**
provocare	hervorrufen, provozieren, herausfordern **2**
prudente	vorsichtig, umsichtig 5
psichico, -a	psychisch 6
psicologo/a	Psychologe/in 2
pubblicare	veröffentlichen 6
pubblico, -a *agg.*; **pubblico** *sost.*	öffentlich; Öffentlichkeit, Publikum **1**
puntare	richten, zeigen, zielen auf 6
pur	*Partikel beim konzessiven Gebrauch des Gerunds* **4**
puzza	Gestank **3**
quadro	Bild **5**
quaggiù	hier unten 5
questionario	Fragebogen 6
quota	Quote, Anteil 2
raccolta	Sammeln; *auch:* Ernte **3**
raddrizzarsi	sich wieder aufrichten 6
radice *f*	Wurzel **4**
(radio)telegrafia	Telegrafie 3
rafforzare	befestigen, bekräftigen 6
ragno	Spinne 5
rannicchiarsi	sich zusammenkauern 6
rapido, -a	schnell 6
rappresentante *m/f*	Vertreter/in 6
ratificare	ratifizieren, umsetzen 2
razza	Rasse, Art 5
realistico, -a	realistisch 2
redattore/redattrice	Redakteur/in 6
referendum *m*	Referendum, Volksabstimmung 4
regia	Regie 6
regionale	regional 6
regista *m/f*	Regisseur/in 5, 6
rendere	etw. zu etw. machen; *auch:* zurückgeben **2**
reporter	Reporter/in 6
residenza	Aufenthalt, Wohnsitz 3
resistente	widerstandsfähig 6
resistenza	Widerstand 6
resistere	standhalten, widerstehen 6
respingere	zurückweisen, zurückschicken; zurückstoßen, zurückdrängen 3, 6
responsabilità	Verantwortung **1**
revolver	Revolver 3
riaccompagnare	wieder begleiten, zurückbegleiten 6
riapparire *-isc-*	wieder erscheinen 6
riascoltare	erneut anhören, wieder hören 4
riattraversare	wieder überqueren 6
ribattere	zurückschlagen, zurückweisen 6
riciclaggio	Recycling, Wiederverwertung **4**
ricominciare	wieder beginnen 6
ricotta	Ricotta *(quarkähnlicher Weichkäse)* 4
ridente	lachend, heiter, fröhlich 6
ridurre	verringern, reduzieren **2**
riduzione	Verringerung, Reduzierung 2
riempire	füllen 6
rientrare	zurückkehren, wieder eintreten **4**
rifare	noch einmal machen 3
riferir(si) *-isc-*	(sich) beziehen 6
riferire	berichten, mitteilen; melden 6
rifiutare	zurückweisen, ablehnen 6
riforma	Reform 3
riga	Zeile **2**
rigido, -a	starr, fest, hart 6
rimandare	zurückschicken, zurückstellen **3**
rimbalzare	zurückprallen, zurückgeworfen werden 6
rimettere	zurückstellen, zurücklegen 3
rinascimentale	Renaissance- **5**
Rinascimento	Renaissance 5
rinunciare	verzichten 4
riparazione *f*	Reparatur **3**

ripartire	zurückkehren, wieder aufbrechen 2
ripensare	überdenken 6
riportare	wieder bringen, zurückbringen 6
riprendere	wieder aufnehmen 6
risalire *-isc-*	wieder einsteigen, wieder hinaufsteigen 6
riscaldamento	Heizung 2, 4
riscaldare	aufwärmen, erwärmen 6
rischiare	riskieren, gefährden **3**
riservare	reservieren 3
rispedire *-isc-*	zurücksenden, zurückschicken 6
rispetto a; rispetto	im Vergleich zu; Respekt, Hochachtung **2**
ristretto, -a	eng, begrenzt 5
risultare	daraus folgen 6
ritornare	zurückkehren, umkehren **1**
ritrovare	wiederfinden 6
ritrovarsi	sich wiederfinden, wieder erkennen; sich befinden, sein 1, 6
riunire *-isc-*	wiedervereinen, zusammenbringen 5
rivale	Rivale/Rivalin 5
rivivere	erneut durchleben, wieder auferstehen 6
rivolgersi (a)	sich wenden (an) **1**
rivoluzionario/a	Revolutionär/in 6
rivoluzione *f*	Revolution, Umsturz **1**
roccioso, -a	felsig 5
romanzo	Roman 5
romanzo, -a	romanisch 3
rompere	brechen **3**
rovesciare	umkippen, umstürzen **3**
rovinare	ruinieren 6
rubare	stehlen, rauben **3**
rumore *m*	Lärm, Krach **3**
ruolo	Rolle **2**
ruotare	sich drehen, kreisen 2
sabbioso, -a	sandig 5
sacco; un sacco di	Sack; eine Menge **4**
sacra corona unita	*Sammelbegriff für das organisierte Verbrechen in Apulien* **4**
salita	Anstieg 6
salmone *m*	Lachs 2
salone *m*	Salon 5

sapone	Seife 6
sarcasmo	Sarkasmus 6
sarto/a	Schneider/in 6
sbarco	Landung, Ausbooten **4**
sbuffo	Schnauben 6
scala	Treppe 5, 6
scambiare	austauschen, vertauschen **2**
scarica	Entladung 6
scatenare	auslösen **3**
scenografia	Drehbuch 6
scenografo	Drehbuchautor 6
scherno	Hohn, Spott 6
schiaffo	Ohrfeige 5
schiena	Rücken 6
scienziato/a	Wissenschaftler/in **2**
sciogliere	schmelzen, auflösen 2
scommettere	wetten, Wetten abschließen **4**
scomparire	verschwinden, sich in Luft auflösen 6
scompartimento	Abteil 6
scomunicare	exkommunizieren, aus der Kirchengemeinschaft ausschließen **5**
sconfinato, -a	grenzenlos, unbegrenzt, unendlich 6
scoppiare	ausbrechen, entbrennen 5
scorta	Begleitung, Geleit 6
scrittore/scrittrice	Schriftsteller/in **1**
scrivania	Schreibtisch 6
scrupoloso, -a	gewissenhaft 6
scultore/scultrice	Bildhauer/in 5
sdraiarsi	sich hinlegen 6
sede *f*	Sitz, Niederlassung **3**
segretario/a	Sekretär/in 3
sellino	Sattel 6
senatore/senatrice	Senator/in 6
seppellire *-isc-*	beerdigen, begraben **5**
serenità	Heiterkeit 6
servizio	Dienst **2**
sesso	Geschlecht; Sex **2**
settentrionale *agg.;* **settentrionale**	nördlich, Nord-; Nordländer, Norditaliener/in **3**
settore	Sektor, Bereich, Abschnitt 6
sezionare	sezieren, anatomisch untersuchen **5**
sfiorare	streifen, leicht berühren 6
sfortunato, -a	glücklos, unglückselig, vom Pech verfolgt **5**
sfottere	aufziehen, hänseln 6

sfruttamento	Ausnutzung **4**
sfruttare	ausnutzen, ausbeuten **4**
sguardo	Blick 5
shopping *ingl. m*	Einkaufsbummel **4**
Signoria	Herrschaft (einer Adelsfamilie in der Renaissance) 5
silenzioso, -a	still, ruhig 6
simbolico, -a	symbolisch 6
singolo	Einzelne/r, Einzelperson 6
sistemare	ordnen, unterbringen 6
slavato, -a	verblichen, verwaschen 6
socialmente *avv.*; **sociale** *agg.*	sozial, gesellschaftlich **1**
società	Gesellschaft **3**
sofferenza	Leiden **2**
soffitto	Zimmerdecke 6
sognatore/sognatrice	Träumer/in **1**
solitudine *f*	Einsamkeit **3**
sollevare	aufheben, hochheben 6
sondaggio	(Meinungs-)Umfrage, Sondierung **1**
sopravvivere	überleben **2**
sorridere	lächeln **5**
sospiro	Seufzer 6
sostegno	Stütze, Unterstützung, Rückhalt; *hier:* Haltegriff 3
sostenere	tragen, stützen; unterstützen; behaupten **2**
sottoscrivere	unterschreiben **2**
sottotitolo	Untertitel 6
spalla	Schulter 5, 6
spalliera	Rückenlehne 6
sparare	schießen 6
sparire *-isc-*	verschwinden 6
spaventare	erschrecken 6
spaventoso, -a	erschreckend **3**
spegnere	ausschalten, ausmachen, löschen **2**
spirito	Geist, Sportsgeist, Einstellung 4
sporgere una denuncia	Anzeige erstatten 6
sportello	Wagentür; Schalter 6
spostare; spostarsi	verschieben, umstellen; sich wegbewegen, umsetzen **2**
sprecare	vergeuden, verschwenden 6
spuntino	Imbiss, Snack 4
stabilire *-isc-*	festlegen, festigen **4**
stanzetta	kleines Zimmer 6
stare zitto, -a	Mund halten, (still) schweigen 6
statale	staatlich, Staats- **5**
stato; Stato	Staat; ital. Staat **5**
statuina	kleine Statue 6
stimare	schätzen, wertschätzen, hoch achten **1**
stingere	entfärben, bleichen 6
stipendio	Gehalt **5**
stoffa	Stoff 6
stradina	Sträßchen, kleine Straße 5
straordinario, -a	außergewöhnlich **5**
strappare	reißen, entreißen 6
striscia pedonale	Zebrastreifen 6
strumento	Instrument, Werkzeug 5
studioso/a	Gelehrte/r, Studierende/r 5
subire *-isc-*	erleiden, durchmachen, sich unterziehen 1
sudamericano, -a; sudamericano/a	südamerikanisch; Südamerikaner/in 3
suicidarsi	Selbstmord begehen **5**
suono	Ton 6
superare	überwinden, bestehen **1**
supergenio	Superhirn, Megatalent 5
suscitare	verursachen; auslösen, hervorrufen **3**
suspense *ingl.*	Spannung 6
svagarsi	sich erholen, sich zerstreuen 5
Svevia	Schwabenland 5
sviluppare	entwickeln **5**
sviluppo	Entwicklung **2**
svolgere	ausführen (eine Arbeit), innehaben (eine Aufgabe) **5**
tabacco	Tabak 6
taciturno, -a	still, schweigsam, wortkarg 6
tagliare	schneiden, kürzen 4
tale	solch ein, so ein; derart 6
talento	Talent **2**
tappa	Etappe, Station, Teilstrecke **4**
tavola	(Ess-)Tisch, Tafel **4**
tela	Tuch, Stoffbahn 6
telescopio	Teleskop 3
telespettatore/telespettatrice	Fernsehzuschauer/in 6
televisore	Fernseher 2
telo	(Stoff-)Bahn, Leinwandstreifen 6
telone	(grobes) Tuch, Stoffbahn 6
tema	Thema; *auch:* Aufsatz **4**
temere	fürchten, befürchten 6

temporale	zeitlich 6
tendina	Vorhang, Gardine 6
tenere	halten, behalten **1**
tentare	versuchen, probieren 6
terrazzo	Terrasse, Vorbau 6
terrore *m*	Schrecken **3**
terrorismo	Terrorismus 6
terrorizzante	Furcht einflößend, erschreckend 3
tessuto	Stoff, Textil 6
testimone *m/f*	Zeuge/Zeugin 6
testimoniare	bezeugen, eine Zeugenaussage machen 6
tigre *f*	Tiger 2
timidezza	Schüchternheit **1**
tiramisù	Tiramisù *(Süßspeise)* 4
tirare	ziehen, zerren 6
toccante	anrührend, berührend 5
tollerante	tolerant **4**
tollerare	dulden, zulassen, erlauben; ertragen 6
tono	Ton(fall) 4
Torre Pendente	Schiefer Turm 5
torre *f*	Turm **5**
tortellino	Tortellino *(Pastasorte)* 4
tortura	Folter 1
tovaglia	Tischtuch, Tischdecke **4**
traccia	Spur 6
tradire *-isc-*	verraten, hintergehen 1
tragico, -a	tragisch 6
tramite	mittels, durch **4**
transizione *f*	Übergang 2
trappola	Falle 5
trarre	ziehen 6
trascinare	schleppen, schleifen, nachziehen 6
trasferimento	Transfer, (Vereins-)Wechsel **1**
trasloco	Umzug **3**
trasmissione	Übertragung, Sendung 5
trasportare	transportieren, befördern 2
trasporto	Transport **2**
traversata	Überquerung, Durchquerung, Überfahrt 6
trionfo	Triumph 1
truppa	Truppe 5
tunica	Tunika 6
tuttora	noch immer, bis heute 5

uccidere	töten, umbringen **5**
ufficiale	offiziell **4**
Uffizi	Uffizien 5
ulteriore	weiter, sonstig, zusätzlich 4, 6
umanista *agg.*; umanista	humanistisch; Humanist/in 5
umido, -a	feucht 6
umorismo	Humor 5
unificare	vereinen, zusammenfügen **4**
Unione Europea (UE)	*Europäische Union (EU)* 4
unione *f*	Einheit, Vereinigung, Gemeinschaft **2**
unità	Einheit **4**
universale	universell, generell 5
universitario, -a	universitär, Universitäts- 1
uso	Gebrauch **5**
usura	Wucher 4
utilizzare	(be)nutzen **4**
vagone	Wagen, Waggon 6
valere	gelten, wert sein **1**
valido, -a	gültig; wirksam; rechtskräftig 6
valigia	Koffer, Gepäck 6
vantaggio	Vorteil **1**
vassoio	Tablett, Servierbrett **4**
vecchietto/a	altes Männlein/Weiblein 6
vegetale	pflanzlich 2
vegetariano, -a; vegetariano/a	vegetarisch, fleischlos; Vegetarier/in 4
vendetta	Rache 6
ventina	ungefähr zwanzig 5
vento	Wind 6
verbale	Verb- 4
viaggiatore/viaggiatrice	Reisende/r 6
viceversa	umgekehrt **4**
videoconferenza	Videokonferenz 6
vignetta	(Comic-)Zeichnung, Karikatur 6
visibile	sichtbar **2**
volantino	Flugblatt, Informationsaushang 4
volo	Flug **5**
voltare	drehen, wenden; abbiegen 6
volto	Gesicht, Angesicht; Wesen 6
votare	wählen **4**
vuoto; vuoto, -a	Leere; leer **2**
western	Western 6

Alphabetisches Vokabelverzeichnis Strategie und Autocontrollo

a mio avviso	meines Erachtens, meiner Ansicht nach	Strat. 1
a mio parere	meiner Meinung nach, meines Erachtens	Strat. 1
a patto che	unter der Voraussetzung/ Bedingung dass	Strat. 1
a prescindere da qc.	abgesehen von etw.	Strat. 1
abbassarsi	sinken, fallen	Aut. 5
affittare	vermieten	Aut. 5
affresco	Fresko, Freskomalerei	Strat. 1
allusione	Anspielung, Andeutung	Strat. 5
ammettere	zulassen; zugeben	Aut. 5
aneddoto	Anekdote	Strat. 1
antagonista	Gegner, Antagonist	Strat. 5
antitesi	Antithese	Strat. 1
anzi	im Gegenteil	Strat. 1
atto	Akt, Handlung	Strat. 5
aumento	Erhöhung, Steigerung; Anstieg	Strat. 1
avvenimento	Ereignis, Vorfall	Strat. 5
avvenire	geschehen, passieren	Aut. 5
battesimo	Taufe	Strat. 2
brano	Abschnitt, Stelle, Passage	Strat. 5
caminetto	Kamin	Aut. 5
caricatura	Karikatur	Strat. 1
carriera	Karriere, Laufbahn	Strat. 4
castello	Burg, Schloss	Aut. 1
cessare	aufhören	Aut. 5
chiarire	klären, verdeutlichen	Strat. 4
citare	zitieren	Strat. 1
citazione	Zitat	Strat. 1
classifica	Rangliste, Tabelle, Einstufung	Strat. 1
collegare	verbinden	Strat. 4
colloquiale	umgangssprachlich	Strat. 3
colonna	Spalte, Kolumne	Strat. 5
colorato, -a	farbig, bunt	Strat. 1
commedia	Komödie, Lustspiel	Strat. 5
commento	Erläuterung, Kommentar; Beurteilung	Strat. 1
concludere	(ab)schließen, beenden	Strat. 1
conclusione	(Ab-)Schluss, Ende	Strat. 1
condividere	teilen, vertreten	Strat. 1
confronto	Vergleich, Gegenüberstellung	Strat. 1

conseguentemente	infolgedessen, folglich	Strat. 1
conseguenza	Konsequenz, Folge, Auswirkung	Strat. 1
consistere in/di	bestehen aus	Strat. 5
contare	zählen	Strat. 1
contemporaneamente	gleichzeitig, zeitgleich	Aut. 5
contenere	enthalten	Strat. 4
contenuto	Inhalt	Strat. 2
contrariamente a	im Gegensatz zu	Strat. 1
contrario, -a	gegensätzlich	Strat. 1
convincente	überzeugend	Strat. 1
corretto, -a	korrekt, richtig	Strat. 3
credibile	glaubhaft, glaubwürdig	Aut. 5
cuoco	Koch	Strat. 2
curva	Kurve	Strat. 1
dettaglio	Einzelheit, Detail	Strat. 4
diminuzione	Verringerung, Verkleinerung	Strat. 1
disporre	verfügen über	Strat. 2
distanza	Entfernung, Distanz, Abstand	Aut. 5
documento	Schriftstück, Urkunde, Dokument	Strat. 1
dramma	Drama, Theaterstück	Strat. 5
drammatico, -a	dramatisch	Strat. 5
effetto	Effekt, Wirkung	Strat. 1
enumerazione	Aufzählung	Strat. 5
eroina	Heldin	Strat. 5
essere situato/a a/i	liegen; spielen in (Handlung)	Strat. 5
evocare	heraufbeschwören	Strat. 1
fare riferimento a qn	sich auf jdn/etw. beziehen	Strat. 2
fiaba	Märchen	Strat. 5
flashback	Rückblende, plötzliche Erinnerung	Strat. 5
fumare	rauchen	Aut. 1
generale	allgemein	Strat. 1
geografico, -a	geografisch, Erdkunde-	Strat. 3
giornalistico, -a	journalistisch, Zeitungs-	Strat. 5
giù	hinunter, unten	Strat. 2
gomma	Gummi	Aut. 5

grafico	grafische Darstellung, Veranschaulichung	Strat. 1
illustrare	bebildern, illustrieren	Strat. 1
illustrazione	Illustration, Bebilderung, Bild	Strat. 1
impedire	(ver)hindern	Aut. 4
improvvisamente	plötzlich	Aut. 5
indubbiamente	zweifellos, zweifelsohne	Strat. 1
infantile	kindlich, Kinder-	Strat. 5
inoltre	überdies, darüber hinaus	Strat. 1
inspiegabile	unerklärlich, unerklärbar	Aut. 5
intreccio	Verwicklung	Strat. 5
io narrante	Icherzähler	Strat. 5
ipotassi	Hypotaxe	Strat. 5
ipotattico, -a	hypotaktisch, übergeordnet *(Satzbau)*	Strat. 5
ironia	Ironie	Strat. 5
lato	Seite	Strat. 1
leggero, -a	leicht	Aut. 5
lessico	Wortschatz; Lexikon	Strat. 3
letterario, -a	literarisch	Strat. 5
lieto fine	Happy End	Strat. 5
linguaggio	Sprache, Ausdrucksweise	Strat. 5
linguistico, -a	sprachlich	Strat. 1
lirico, -a	lyrisch; Opern-	Strat. 5
locuzione	(Rede-)Wendung, Redensart	Strat. 4
logico, -a	logisch	Aut. 5
maggioranza	Mehrheit	Strat. 1
metafora	Metapher	Strat. 5
monologo	Monolog, Selbstgespräch	Strat. 5
montare	steigen; reiten	Aut. 5
morale	Moral	Strat. 5
mostrare	zeigen	Strat. 1
narrare	erzählen, berichten	Strat. 5
narrativo, -a	erzählerisch, narrativ	Strat. 5
nel complesso	insgesamt, im Ganzen; im Großen und Ganzen	Strat. 1
obbligatorio, -a	obligatorisch, Pflicht-	Strat. 1
onnisciente	allwissend	Strat. 5
orientamento	Orientierung, Ausrichtung	Strat. 5
paragone	Vergleich	Strat. 1
paragrafo	Abschnitt, Absatz, Paragraf	Strat. 4
parallelismo	Parallelismus	Strat. 5
paratassi	Parataxe	Strat. 5

paratattico, -a	beigeordnet *(Satzbau)*	Strat. 5
per principio	prinzipiell, aus Prinzip	Strat. 1
pianoforte	Klavier, Piano	Strat. 2
pianterreno	Erdgeschoss, Parterre	Aut. 5
precedente	vorig, vorhergehend	Aut. 5
prendere in affitto	mieten	Aut. 5
proprietario	Eigentümer	Aut. 5
protagonista	Protagonist, Hauptdarsteller, Hauptfigur	Strat. 5
pubblicitario, -a	Werbe-, Reklame-	Strat. 5
purché	vorausgesetzt dass; (nur) wenn	Strat. 1
quadro	Bild, Gemälde	Strat. 1
racconto	Erzählung	Strat. 5
rappresentazione	Darstellung	Strat. 1
rendere	*hier:* machen	Strat. 1
retrospettiva	Retrospektive, Rückschau	Strat. 5
riassunto	Zusammenfassung	Strat. 4
ricominciare	wieder anfangen, wieder beginnen	Aut. 5
ripetizione	Wiederholung	Strat. 5
ritornello	Kehrreim, Refrain	Strat. 5
rivelare	enthüllen, offenbaren	Strat. 5
romanzo	Roman	Strat. 5
saggio	Aufsatz, Essay	Strat. 5
satira	Satire	Strat. 5
schema, *pl.* gli schemi	Schema	Strat. 1
scherzo	Scherz, Spaß, Streich	Aut. 5
scorrevole	flüssig, fließend	Strat. 1
secondario, -a	sekundär, Neben-	Strat. 5
senza dubbio	ohne Zweifel, zweifellos	Strat. 1
servirsi	sich bedienen, verwenden	Strat. 5
sezione	Abschnitt, Teil	Strat. 5
singolo, -a	einzeln	Strat. 4
sintesi	Synthese, Zusammenfassung	Strat. 1
soffermarsi	verweilen, sich aufhalten	Strat. 2
soffitto	Decke	Aut. 5
sonetto	Sonett	Strat. 5
sopportabile	erträglich	Aut. 5
sopra	auf; über; oben, darauf	Aut. 5
sottolineare	unterstreichen, betonen	Strat. 1
specifico, -a	spezifisch, Fach-, Sach-	Strat. 5
statistica	Statistik	Strat. 1
stilistico, -a	stilistisch, Stil-	Strat. 5

stima	Schätzung	Strat. 1
strofa	Strophe	Strat. 5
struttura	Struktur, Gliederung, Aufbau	Strat. 1
strutturare	strukturieren, gliedern, aufbauen	Strat. 1
suddividere	unterteilen	Strat. 4
suggerire	raten, empfehlen; *auch:* soufflieren	Strat. 5
suscitare	hervorrufen, erwecken	Strat. 1
tabella	Tabelle	Strat. 1
talvolta	bisweilen, manchmal	Strat. 2
tematica	Thematik	Strat. 1
temere	(be)fürchten	Strat. 1
tendenza	Tendenz	Strat. 1
termine	*hier:* Ausdruck, Begriff, Wort	Strat. 1
tesi	These	Strat. 1
tragedia	Tragödie, Trauerspiel	Strat. 5
tralasciare	auslassen, weglassen	Strat. 4
trama	Handlung	Strat. 5
tutto sommato	alles in allem	Strat. 1
uso	Gebrauch	Strat. 1
vicenda	Ereignis, Begebenheit	Strat. 5
vietare	verbieten	Strat. 1

Le venti regioni d'Italia e i loro capoluoghi

Val d'Aosta **Aosta**	valdostano, -a aostano, -a	**Marche** **Ancona**	marchigiano, -a anconetano, -a
Piemonte **Torino**	piemontese torinese	**Umbria** **Perugia**	umbro, -a perugino, -a
Lombardia **Milano**	lombardo, -a milanese (meneghino, -a)	**Lazio** **Roma**	laziale romano, -a
Trentino-Alto Adige **Trento** **Bolzano**	trentino, -a/ alto atesino, -a trentino, -a bolzanino, -a	**Abruzzo** **L'Aquila**	abruzzese aquilano, -a
		Molise **Campobasso**	molisano, -a campobassano, -a
Veneto **Venezia**	veneto, -a veneziano, -a	**Campania** **Napoli**	campano, -a napoletano, -a
Friuli-Venezia Giulia **Trieste**	friulano, -a/ giuliano, -a triestino, -a	**Puglia** **Bari**	pugliese barese
		Basilicata **Potenza**	lucano, -a potentino, -a
Liguria **Genova**	ligure genovese	**Calabria** **Catanzaro**	calabrese catanzarese
Emilia-Romagna **Bologna**	emiliano, -a/ romagnolo, -a bolognese	**Sicilia** **Palermo**	siciliano, -a palermitano, -a
Toscana **Firenze**	toscano, -a fiorentino, -a	**Sardegna** **Cagliari**	sardo, -a cagliaritano, -a

Città del mondo

Amburgo	Hamburg	**Marsiglia**	Marseille
Barcellona	Barcelona	**Monaco (di Baviera)**	München
Basilea	Basel	**Mosca**	Moskau
Berlino	Berlin	**Parigi**	Paris
Colonia	Köln	**Praga**	Prag
Francoforte	Frankfurt	**Salisburgo**	Salzburg
Lione	Lyon	**Stoccarda**	Stuttgart
Lipsia	Leipzig	**Strasburgo**	Straßburg
Lisbona	Lissabon	**Varsavia**	Warschau
Londra	London	**Vienna**	Wien
Lubiana	Ljubiliana	**Winterthur**	Winterthur
Madrid	Madrid	**Zurigo**	Zürich
Manchester	Manchester		

Città italiane

Agrigento	Agrigent	**Mantova**	Mantua	**Siracusa**	Syrakus
Bergamo		**Milano**	Mailand	**Torino**	Turin
Bolzano	Bozen	**Modena**		**Trento**	Trient
Brindisi		**Napoli**	Neapel	**Trieste**	Triest
Cagliari		**Padova**	Padua	**Udine**	
Firenze	Florenz	**Roma**	Rom	**Venezia**	Venedig
Genova	Genua				

Paesi europei

l'Albania	albanese	Albanien	albanisch
l'Austria	**austriaco, -a**	Österreich	österreichisch
il Belgio	**belga**	Belgien	belgisch
la Bosnia	bosniaco, -a	Bosnien	bosnisch
la Croazia	croato, -a	Kroatien	kroatisch
la Danimarca	**danese**	Dänemark	dänisch
la Finlandia	**finlandese**	Finnland	finnisch
la Francia	**francese**	Frankreich	französisch
la Germania	**tedesco, -a**	Deutschland	deutsch
la Grecia	greco, -a	Griechenland	griechisch
l'Inghilterra	**inglese**	England	englisch
l'Irlanda	irlandese	Irland	irisch
l'Islanda	islandese	Island	isländisch
l'Italia	**italiano, -a**	Italien	italienisch
la Norvegia	norvegese	Norwegen	norwegisch
l'Olanda (i Paesi Bassi)	**olandese**	Holland (die Niederlande)	holländisch
la Polonia	polacco, -a	Polen	polnisch
il Portogallo	**portoghese**	Portugal	portugiesisch
la Russia	russo, -a	Russland	russisch
la Spagna	**spagnolo, -a**	Spanien	spanisch
la Svezia	**svedese**	Schweden	schwedisch
la Svizzera	**svizzero, -a**	die Schweiz	schweizerisch
la Turchia	**turco, -a**	die Türkei	türkisch

Paesi nel mondo

il Canada	canadese	Kanada	kanadisch
gli Stati Uniti/USA	statunitense/**americano**	die Vereinigten Staaten	amerikanisch
la Cina	cinese	China	chinesisch
il Giappone	giapponese	Japan	japanisch

Continenti

l'Europa	**europeo**	Europa	europäisch
l'Africa	africano	Afrika	afrikanisch
l'America	**americano**	Amerika	amerikanisch
l'Asia	asiatico	Asien	asiatisch
l'Australia	australiano	Australien	australisch

Lösungen Autocontrollo 1–5

Autocontrollo 1 (S. 30)

E 1

	congiuntivo presente	congiuntivo imperfetto	congiuntivo passato
prendo →	*che io prenda*	che io prendessi	che io abbia preso
fai →	che tu faccia	che tu facessi	che tu abbia fatto
dice →	che lui dica	*che (lui) dicesse*	che lui abbia detto
parliamo →	che (noi) parliamo	che (noi) parlassimo	che (noi) abbiamo parlato
salite →	che (voi) saliate	che (voi) saliste	che (voi) siate saliti/e
sanno →	che (loro) sappiano	che (loro) sapessero	*che (loro) abbiano saputo*

E 2
1. capiate; 2. ha detto; 3. io non capisca - piacciono; 4. avete - potete; 5. Devi/Dovresti - fuma; 6. regalassero; 7. faccia; 8. io venga; 9. potessimo; 10. sia già arrivata

E 3
1.

almeno	zumindest	in particolare	im Besonderen
altrettanto	ebenso	inoltre	außerdem
altrimenti	sonst	invece	hingegen
cosiddetto	sogenannt	ormai	inzwischen, bereits
eccome!	und wie!	oltre	außer
finora	bis jetzt	perciò	deshalb
in fondo	im Grunde	piuttosto	eher, ziemlich
in generale	im Großen und Ganzen	purtroppo	leider
in genere	im Allgemeinen	quasi	fast, beinahe
		quindi	daher, folglich

2.
1. altrettanto; 2. In fondo - oltre a; 3. invece - quasi; 4. almeno; 5. Purtroppo; 6. Eccome! 7. altrimenti; 8. Quindi; 9. cosiddetti; 10. Finora

Autocontrollo 2 (S. 52)

E 1

I tuoi ultimi minuti	La cuoca indiana e la sua colpa
Mister Brown e la sua nuova macchina	La mia morte - la tua morte
L'isola ed i suoi strani abitanti	La vostra ultima ora
I vostri soldi non sono al sicuro	Mia sorella - la mia amica?
Il mio primo caso	I ricchi e i loro segreti
I tuoi ricordi sono troppo pericolosi	Troppi morti nella nostra città

E 2

	imperfetto	passato prossimo	trapassato prossimo
so	sapevo	ho saputo	avevo saputo
vai	andavi	sei andato/a	eri andato/a
scende	scendeva	è sceso/a	era sceso/a
passiamo	passavamo	abbiamo passato	avevamo passato
mettete	mettevate	avete messo	avevate messo
vogliono	volevano	hanno voluto	avevano voluto

E 3 1. la responsa**b**ilità, la felicità, la na**z**ionalità, la special**it**à, l'università, la velocità, l'identità, la libertà, l'opportunità, la povertà, la rea**lt**à, la criminalità, la verità, la pub**b**licità, la maturità, la cit**t**à, la co**m**unità

2. la lezione, l'occasione, la relazione, la stazione, la combinazione, la co**m**unicazione, l'organi**zz**azione, la situazione, la rid**uz**ione, la sensazione, la negazione, la religione, l'unione, l'educazione, la reali**zz**azione, la nazione, l'**is**pe**z**ione, la produzione, la presentazione, la dire**z**ione, la decisione

➔ Le desinenze -tà e -zione indicano sempre un sostantivo femminile; -ione quasi sempre.

Autocontrollo 3 (S. 76)

E 1

	futuro presente	futuro anteriore	condizionale presente	condizionale passato
sono	sarò	sarò stato/a	sarei	sarei stato/a
parli	parlerai	avrai parlato	parleresti	avresti parlato
ha	avrà	avrà avuto	avrebbe	avrebbe avuto
prendiamo	prenderemo	avremo preso	prenderemmo	avremmo preso
capite	capirete	avrete capito	capireste	avreste capito
partono	partiranno	saranno partiti/e	partirebbero	sarebbero partiti/e

E 2 1.

1. Se **abbiamo** tempo **passiamo** qualche giorno al mare.
2. **Vi porto** al cinema in macchina stasera se prima **fate** la spesa per il fine settimana.
3. Se **escono** presto **li incontri** alla stazione.
4. La madre **è** sicuramente contenta se Giada **finisce** di fare i compiti.
5. Se Daniele **cambia** casa **possiamo** vederlo più spesso.

2.

1. Se **avessimo** tempo **passeremmo** qualche giorno al mare.
2. **Vi porterei** al cinema in macchina stasera se prima **faceste** la spesa per il fine settimana.
3. Se **uscissero** presto **li incontreresti** alla stazione.
4. La madre **sarebbe** sicuramente contenta se Giada **finisse** di fare i compiti.
5. Se Daniele **cambiasse** casa **potremmo** vederlo più spesso.

3.

1. Se **avessimo avuto** tempo **avremmo passato** qualche giorno al mare.
2. **Vi avrei portato** al cinema in macchina stasera se prima **aveste fatto** la spesa per il fine settimana.
3. Se **fossero usciti** presto **li avresti incontrati** alla stazione.
4. La madre **sarebbe** sicuramente **stata** contenta se Giada **avesse finito** di fare i compiti.
5. Se Daniele **avesse cambiato** casa **avremmo potuto** vederlo più spesso.

E 3

l'aiuto → aiutare l'amore → amare il confronto → confrontare attraverso → attraversare noioso → annoiar(si) notevole → notare il sognatore → sognare l'aumento → aumentare vivere → sopravvivere la diminuzione → diminuire il permesso → permettere il pianto → piangere	abitare → l'abitante, l'abitazione firmare → la firma l'amico → l'amica, l'amicizia cucinare → la cucina arrivare → l'arrivo agricolo → l'agricoltura l'architettura → l'architetto la città → il cittadino, la cittadinanza l'artigianato → l'artigiano ascoltare → l'ascolto, l'ascoltatore, l'ascoltatrice partecipare → la partecipazione, il/la partecipante giocare → il gioco, il giocatore, la giocatrice rispettare → il rispetto lavorare → il lavoro, il lavoratore, la lavoratrice	aprire → aperto, -a l'arancia → arancione il problema → problematico, -a l'attenzione → attento, -a la felicità → felice l'allegria → allegro, -a costare → costoso, -a l'attività → attivo, -a la persona → personale la timidezza → timido, -a arrabbiare → arrabbiato, -a la storia → storico, -a	lo scrittore → scrivere, la scrittura la nazione → la nazionalità, nazionale, internazionale l'allenatore → l'allenatore, l'allenatrice, allenarsi il responsabile → la responsabilità, responsabile, irresponsabile abituarsi → l'abitudine, abituato, -a la migrazione → emigrare, immigrare, l'emigrazione, l'immigrazione, l'emigrante, l'immigrato lo studio → lo studente, la studentessa, studiare realistico → realizzare, la realizzazione, la realtà sorprendere → la sorpresa, sorpreso, -a speciale → specializzato, -a, la specialità il visitatore → visitare, la visita, il visitatore, la visitatrice vedere → visibile, prevedibile, la vista

Autocontrollo 4 (S. 100)

E 1 1. che; 2. con cui; 3. che; 4. il che; 5. da cui; 6. chi; 7. di cui; 8. che; 9. che/in cui; 10. ciò che/quello che

E 2 1.
architetto – divo/diva – eroe/eroina – esperto/a – la guida – monaco/a – patrono/a – il/la paziente – pirata – clandestino/a – cuoco/a – l'ingegnere – il/la latitante – lo/la scienziato/a – il/la partecipante – l'abitante – compagno/a – impiegato/a – chiacchierone/a – medico – l'analfabeta – il/la chiromante – il/la cantante – commesso/a – postino/a – lo/la straniero/a – il/la criminale – poliziotto/donna poliziotto – sindaco – santo/a – tifoso/a – vescovo – la vittima – volontario/a

2.

-ista	-tore/trice		-iere/iera	femminile in -essa	
dentista	ascoltatore	ascoltatrice	cameriere/a	principe	principessa
egoista	attore	attrice	panettiere/a	professore	professoressa
barista	autore	autrice	parrucchiere/a	dottore	dottoressa
farmacista	imperatore	imperatrice	pasticciere/a	studente	studentessa
giornalista	pescatore	pescatrice	salumiere/a	poeta	poetessa
motociclista	spettatore	spettatrice			
turista	venditore	venditrice			
comunista	visitatore	visitatrice			
	calciatore	calciatrice			
	lavoratore	lavoratrice			
	scrittore	scrittrice			

E 3
1. Mi **è** piaciuto molto il film che abbiamo visto ieri sera.
2. La figlia è tutto **ciò/quello** che è rimasto alla madre.
3. Purtroppo **alcune** cose non funzionano ancora bene.
   Purtroppo qualche **cosa non funziona** ancora bene.
4. È venuto per domandar**le** perché l'aveva fatto.
5. Secondo me parla **come suo** fratello.
6. Martina mi aveva sempre detto che **sarebbe venuta** a trovarci a giugno.

Autocontrollo 5 (S. 127f.)

E 1 nella – a – in – con – in – da – ø – in – alle – di/del – in – a – dal – di – per/a – al – a – di – ø – a – di – per – nel/in – nella/in – con – davanti – a – alla – del – di – di – di – a – di – al – da – con – delle – fra/tra – di – ad – in – Ad – in

E 2 1. Le – Me l' – lui – mi; 2. ce ne – ti; 3. Me l' – glieli – noi – ci; 4. ti/te l' – ci – loro – ti

E 3 *accendere*: spegnere - *l'adulto*: il bambino - *noioso*: divertente - *triste*: allegro - *dolce*: amaro - *divertirsi*: annoiarsi - *antico*: moderno - *simpatico*: antipatico - *chiuso*: aperto - *la partenza*: l'arrivo - *passivo*: attivo - *autentico*: falso - *basso*: alto - *bello*: brutto - *lungo*: corto, breve - *la bugia*: la verità - *cattivo*: buono, gentile - *nessuno*: ciascuno, ognuno, tutti - *smettere*: continuare - *crudo*: cotto - *sposare*: divorziare - *l'entrata*: l'uscita - *sfortunato*: fortunato - *fuori*: dentro - *tirchio*: generoso - *spendere*: guadagnare, risparmiare - *la pace*: la guerra - *mobile*: immobile - *possibile*: impossibile - *incluso*: escluso - *credibile*: incredibile - *finire*: cominciare, iniziare - *invernale*: estivo - *largo*: stretto - *minimo*: massimo - *morire*: nascere/vivere - *l'est*: l'ovest - *migliore*: peggiore - *il paradiso*: l'inferno - *leggero*: pesante - *positivo*: negativo - *la povertà*: la ricchezza - *ridere*: piangere - *conosciuto*: sconosciuto - *pulito*: sporco - *meridionale*: settentrionale - *la morte*: la nascita, la vita - *il silenzio*: il rumore - *montare*: smontare - *il sogno*: la realtà - *stupido*: intelligente, furbo - *uscire*: entrare - *la valle*: il monte, la montagna, la collina - *veloce*: lento - *perdere*: vincere - *amare*: odiare - *arrivare*: partire - *male*: bene - *nero*: bianco - *caldo*: freddo - *con*: senza - *davanti*: dietro - *destra*: sinistra - *difficile*: facile - *piacere*: dispiacere - *la donna*: l'uomo - *la fine*: l'inizio - *forte*: debole - *grande*: piccolo - *l'estate*: l'inverno - *vicino*: lontano - *molto*: poco - *il marito*: la moglie - *la mattina*: il pomeriggio, la sera - *tutto*: niente - *il giorno*: la notte - *vecchio*: nuovo, giovane - *più*: meno - *presto*: tardi - *prima*: dopo - *primo*: ultimo - *qui*: lì - *ricco*: povero - *malato*: sano - *scuro*: chiaro - *sempre*: mai - *vietato*: permesso - *comprare*: vendere - *trovare*: cercare - *sotto*: sopra - *aggredire*: difendere - *aumentare*: diminuire - *il coraggio*: la paura - *legale*: illegale - *sicuro*: insicuro - *sopportabile*: insopportabile - *legittimo*: illegittimo - *la minoranza*: la maggioranza - *orientale*: occidentale

E 4 Sono arrivata - volevo - ho dimenticato - ho deciso - mi sono iscritta - siamo arrivate - pioveva - faceva - Abbiamo cercato - avevamo scritto - aspettava - siamo uscite - abbiamo parlato - avevi detto/hai detto